煙花與戎馬，
南北朝的紛亂歲月

從兩魏分裂到金陵漸衰

張程 著

大文豪謝靈運是被自己「狂」死的？
當皇權不在手上，遜位的每個皇帝都不得好死？

爾朱氏榮衰｜佛門天子｜王謝世族｜傀儡政權
南北朝的瘋魔、碰撞、榮耀與亂亡！

目錄

目錄

戰神傳說：陳慶之

一

南北朝中期，南方的梁朝出了一位不得不說的「百戰戰神」。他身經百戰，以少勝多，從來都是以絕對劣勢兵力取得輝煌的勝利，以一敵十、以一敵百，甚至是以一敵千。這位戰神貫穿了梁朝和北魏的恩怨戰和，影響了北魏末期的歷史。在他死後，對他戰績的稱頌和追思伴隨著質疑的聲音，延續了上千年的歷史。

他，就是陳慶之。

陳慶之，義興國山（今江蘇宜興市）人，出生於普通人家，屬於庶族子弟。南朝極端講求門第，一個庶族子弟要想在政治上飛黃騰達難於上青天，就是想進入仕途也是困難重重。陳慶之就面臨著入仕無門的困境。好在他有一樣吃飯的手藝：下圍棋。巧的是，大臣蕭衍是忠實圍棋粉絲，於是陳慶之就在蕭衍身邊找到了一份工作：陪下棋。更巧的是，蕭衍後來奪權當了皇帝，建立了梁朝，陳慶之順帶著進了皇宮成了皇帝身邊的人。蕭衍任命他做了宮中的主書（管理文書的小官）。陳慶之總算是實現了自己入仕的夢想，不過他的工作內容不變，還是陪蕭衍下棋。

蕭衍很喜歡陳慶之。倒不是因為他發現了陳慶之有什麼傑出的才能，而是陳慶之是蕭衍眾多「棋友」中最能熬夜的人。蕭衍這個人嗜棋到了通宵達旦的程度。陪他下棋的人必須要隨叫隨到、一天二十四小時不能休息，而且還要裝做很投入、很認真地輸棋。一般人做不到這一點，不是時間久了昏昏欲睡，就是一不小心讓蕭衍輸了。只有陳慶之例外，他可以做到幾天幾夜不睡覺，只要蕭衍還要下棋，就能隨時「投入

戰鬥」。所以，蕭衍很親信陳慶之。

可惜的是，皇帝的欣賞和信任並沒有為陳慶之帶來任何實質性的好處。陳慶之的出身基本決定了他的前途。即便是蕭衍褒獎他的詔書，開頭也寫道：「（陳慶之）本非將種，又非豪家。」蕭衍還只是把他當做身邊可以說上話、可以相信的陪客而已。

陳慶之個人素養似乎也有問題。他身體文弱，力氣很小，拉弓射出去的箭連紙張都穿不透，騎馬也很困難。這樣的身材放在世族子弟身上，可能不會影響仕途，該統兵的繼續統兵，該當將軍的還是當將軍。但對要真刀真槍殺出政績來的庶族寒門來說，陳慶之這樣的條件就慘了，連上戰場殺敵立功升遷的可能性都沒了。他似乎要在宮中陪蕭衍下棋，了此一生了。事實上，陳慶之從青年陪到中年，從滿頭黑髮陪到頭髮花白，一晃就過去了二十年。

不過，關注陳慶之的人往往忽視了圍棋的重要作用。下棋和辦事，甚至和做人的道理是相通的。棋下好了，很多道理也就明白了。陳慶之的二十年陪棋經歷，其實也是個人的修煉過程。機遇只眷顧有準備的人，與其埋怨社會的不公和下棋的無聊，還不如將它當做一種磨練。陳慶之就一邊潛心修煉，一邊等待機會的到來。

西元五二五年，陳慶之終於得到了一次表現的機會。已經四十二歲的他生平第一次要領兵打仗去了。

這一年，北魏的徐州刺史元法僧納土歸降，請南朝前來接收。能夠不戰而得人之地，蕭衍很高興，決定派官兵去接收。他要在派遣的將領中摻入自己信任的人，於是就任命陳慶之為武威將軍，隨同大部隊去接收徐州。這個「武威將軍」屬於雜號將軍，是南北朝時期眾多濫封的將軍名號之一，在軍隊序列中只算是中等偏上的軍銜。儘管地位不高，不過對陳慶之來說，卻是質的改變——他終於獲得了施展真正才華的舞臺！

二

　　遺憾的是，接收徐州的行動很順利，沒有遇到任何抵抗。陳慶之的第一次帶兵行動和平凱旋，並沒有打成仗。自然，陳慶之也沒有任何可以發揮才能的機會。

　　很快，陳慶之就得到了第二次機會。

　　蕭衍派兒子豫章王蕭綜接管徐州。考慮到陳慶之有接收徐州的經驗，就任命他為宣猛將軍，領兵兩千護送兒子去上任。蕭衍以為這是一個簡單的任務，所以沒有配備更多的軍隊和將領，讓陳慶之一個人挑大梁。他可能想：不就是赴任嗎？又安全又輕鬆，讓陳慶之去綽綽有餘！

　　蕭衍看錯了。北魏對徐州這塊策略要地叛降南朝非常在意，不能坐視南朝派王子和部隊接管。北魏宗師元延明、元彧奉命領兵兩萬，前來「迎接」蕭綜赴任。他們搶先在陟口一帶紮下營寨，以逸待勞，準備痛擊梁軍。兩千人對兩萬人，而且是毫無經驗、看似文弱的陳慶之對北魏鐵騎，梁朝還能接管徐州嗎？

　　蕭衍更看錯了，看低了陳慶之的能力。陳慶之旗開得勝，以少勝多，將兩萬魏軍殺得潰不成軍。他是怎麼做到的呢？就簡單的一個字：打！正面進攻。

　　關於戰鬥，人們往往附加了許多累贅的東西，比如各種策略戰術、各種策略和小動作，卻忘記了決定戰鬥勝負最原始的要素：勇敢。正面的、勇猛的、漠視死亡的廝殺永遠是影響戰鬥結果的關鍵因素，其他的都是浮雲。對於勇猛的軍隊來說，各種計策都能夠錦上添花；對於懦弱的軍隊來

說，再多的策略和伎倆也不能為他們帶來勝利。去繁就簡，最簡單的往往是最有用的。陳慶之深諳此理，得知前方有敵人後，督促軍隊逼近敵人，發動正面猛攻。在一通鼓之間，陳慶之的兩千人馬竟然擊潰了兩萬魏軍，取得了難得的勝利 —— 南朝軍隊在南北交戰中勝少敗多。

勝負已定，梁軍順利接管徐州。沒想到，陳慶之護送的豫章王蕭綜卻叛變了！原來，蕭綜的母親吳氏原是南齊末代皇帝蕭寶卷的嬪妃，蕭衍篡位後才跟了蕭衍。和蕭衍在一起七個月後，吳氏就生了蕭綜。蕭綜和其他人一樣，懷疑自己是蕭寶卷的孩子。據說，蕭綜曾經悄悄挖開蕭寶卷的墳墓，把自己的血滴在蕭寶卷的骨頭上。血滲了進去，蕭綜確信自己就是蕭寶卷的骨肉，覺得自己現在是認賊作父，連夜就帶了幾個人投奔魏軍大帳裡去了。主帥臨陣投敵，梁軍陣腳大亂。陳慶之只好斬關後退。

雖說接管徐州行動失敗，陳慶之卻一戰成名，讓南北雙方都刮目相看。

兩年後（西元五二七年），陳慶之參加了梁軍的一次大行動：進攻南北方拉鋸的據點渦陽。他依然當不了主帥，而是眾多跟隨主帥曹仲宗出征的部將之一。蕭衍發現了陳慶之的軍事才能，放他去前線歷練。出於信任，蕭衍給了陳慶之象徵皇帝親臨的「節」，可以假節代行部分皇帝職權。所以陳慶之的角色類似於部將兼監軍。

北魏很重視這場戰鬥，派遣宗室元昭等人領軍數萬迎戰（梁朝說是十五萬），先頭部隊趕到駝澗。兩軍相遇了，如何對戰？陳慶之建議正面猛攻，同事韋放認為敵人的先頭部隊都是精銳，不易取勝，反對正面進攻。陳慶之堅持自己的風格，寧願帶本部人馬進攻。他率領的人馬有多少呢？兩百人。陳慶之帶領部屬兩百人，連夜奔襲駝澗，在夜幕中一舉擊敗北魏的先頭部隊。正面交鋒似乎是北朝鐵騎的專利，當北魏主力聽

到先頭部隊被夜襲的梁軍正面擊潰後，全軍震動，士氣跌落。

南北兩軍在渦陽附近打了近一年，戰鬥上百次，未分勝負。魏軍做好了持久戰的準備，執行「堡壘戰術」，一座一座地建築堡壘，步步逼近。他們一共造了十三座堡壘，成半圓形，對梁軍形成了夾擊之勢。主帥曹仲宗、將領韋放二人見狀，沒有信心了，準備撤退。部隊都做好撤退準備了，只見陳慶之持節堵在大營門口，說：「全軍官兵在此鏖戰一年，耗費了無數糧草軍需。諸軍並無鬥志，都想要退縮，難道這是要建功立業的樣子？簡直是為了聚集搶掠。我聽說置之於死地而後生，等敵人部隊會合了我們再和他們大戰。我有密敕在此，如果誰要班師，就請他來以身試法吧！」陳慶之想置之於死地而後生是真，所謂的密敕很可能是假的，嚇唬眾人而已。但是曹仲宗、韋放等人被嚇住了，不敢撤退，還聽陳慶之指揮。陳慶之當即組織精兵強將，突襲北魏的營壘。他的打法一如既往的簡單，就是一座接著一座地去進攻堡壘。陳慶之領兵一連攻破了四座保壘，雖然沒有技術，但殺得魏軍心驚膽寒。渦陽城的守軍見狀投降。梁軍乘勝發動全面強攻，魏軍其餘九個堡壘也紛紛潰敗，魏軍的屍首淤塞了淮水的支流。梁軍大獲全勝，陳慶之聲譽日隆。

三

陳慶之最輝煌燦爛的時刻，發生在又一個兩年之後（五二九年）。那一年，蕭衍不經意地發動了一次潦草的北伐，陳慶之幸運抓住了機遇，登上了戰神的巔峰。

事情的起因是在大通二年（五二八年）北魏發生了內亂。這一年，北魏宗室在河陰之變中遭到爾朱榮大肆屠殺。一些僥倖脫逃的宗室成員倉皇逃奔梁朝，其中就包括北海王元顥。他們向蕭衍稱臣，乞求梁朝出兵平定北魏內亂。天上掉下個大餡餅，蕭衍大喜過望，封元顥為魏王，計劃派兵助他收復領土，建造一個南朝的藩屬。

　　派誰去呢？陳慶之。派多少人去呢？七千人。

　　蕭衍派陳慶之帶著七千人護送元顥北伐，是怎麼想的呢？只能說蕭衍沒有對元顥一行抱有多大的信心，反正是天上掉下來的橫財，能收多少就是多少，所以他沒有認真準備北伐。派出了陳慶之的七千人隊伍後，蕭衍就算是把元顥給敷衍過去了。沒想到，他又一次小看了陳慶之。

　　陳慶之把這支小小的隊伍指揮得出神入化、屢戰屢捷。

　　河陰之亂後，北魏內訌不斷，邊境守衛力量削弱。中大通元年（五二九年）四月，陳慶之乘虛攻占河南滎城，進軍重鎮睢陽（今河南商丘）。睢陽有北魏的上萬守軍（梁朝說是七萬守軍），以逸待勞，還修築了九座營壘滯緩梁軍的進攻。陳慶之發揮敢闖敢攻的精神，指揮部隊毫不畏懼地猛攻營壘。戰鬥從清晨開始，到中午的時候，梁軍攻陷了三座魏軍營壘，殺得其他北魏守軍喪失鬥志、舉眾投降。陳慶之成功占領睢陽。元顥旋即在睢陽登基稱帝，史稱北魏建武帝。

　　北魏的元暉業率領兩萬軍隊占據考城（在今河南蘭考），阻擋陳慶之繼續前進。考城四面環水，易守難攻。陳慶之就指揮官兵強渡護城河，逼近城牆修築土壘，越上城池殺敗守軍。此戰，陳慶之生擒元暉業，還繳獲大批糧草車架。勝利之後，陳慶之揮師西進洛陽，沿途不少州縣聞風歸降。北魏在黃河中游的統治根基鬆動了。這都是四月分一個月之內發生的事情。

北魏孝莊帝元子攸召集軍隊保衛首都洛陽。北魏左僕射楊昱、西阿王元慶、撫軍將軍元顯恭等率羽林軍數萬守滎陽（在今鄭州西部）、虎牢等地。這支軍隊是河南魏軍的精銳，正面阻擋著陳慶之前進的步伐。陳慶之督促部隊猛攻，無奈北魏羽林軍裝備精良，滎陽城的城牆又很堅固，梁軍攻之不克。

　　北魏上黨王元天穆統率著鮮卑主力，正在北方鎮壓內亂，聞訊河南危急，派將軍爾朱吐沒兒領騎兵五千、魯安率步騎九千馳援滎陽，又派出爾朱世隆、王羆率騎兵一萬進據虎牢。元天穆自己督率十數萬鮮卑主力隨後南返，計劃合圍陳慶之這支小部隊，將其消滅在滎陽附近。

　　一旦合圍成功，陳慶之將陷入數十倍於己的敵人的重重包圍中。梁軍將士都很害怕。陳慶之眼看陷入了一盤死棋。破解困局的唯一辦法，就是攻陷滎陽城！陳慶之解鞍秣馬，向大家發表了一番戰前動員：「我們北伐以來屠城略地，實為不少；你們殺人父兄，掠人子女，和北魏軍隊結下了深仇大恨。現在魏軍氣勢洶洶地來報仇了。我們才七千人，敵人超過三十萬。我們不能有僥倖圖存之心，只能奮力死戰。我們步兵在大平原上無法和鮮卑騎兵對抗，只有在他們到來之前踏平滎陽！」梁軍將士們都激起了死裡求生的心來，於是陳慶之親自擂鼓，全軍吶喊著殺向滎陽。勇士宋景休、魚天愍首先登上城牆，梁軍相繼而入，只一通鼓梁軍便悉數登城。北魏主帥楊昱被俘，三十多名將領被殺，北魏在滎陽儲備的牛馬穀帛數量眾多，都成了陳慶之的戰利品。

　　滎陽失陷，魏軍失去了合圍梁軍的支撐點。元天穆不甘心失敗，帶著數萬大軍兵臨滎陽城下。他沒想到，滎陽城城門大開！陳慶之壓根就沒想守城，挑選三千名精騎出城背水一戰。此戰，三千梁軍以必死之心奮勇殺敵，殺得魏軍節節敗退。魏將魯安在陣前投降，元天穆等人只帶

少數殘兵敗將逃生。陳慶之乘勝追擊，帶著這三千人馬進軍虎牢關。虎牢關自古便是天下雄關，有一夫當關，萬夫莫開之險。守將爾朱世隆有數千守軍，竟不敢迎戰，棄城而逃。

自此，洛陽門戶洞開，無險可守。元子攸為避梁軍鋒芒，被迫撤至山西長子。洛陽守將元彧、元延明等人向陳慶之投降。梁軍護衛著元顥進入洛陽，受到北魏降將們的歡迎。外圍的元天穆等人反撲，先後攻克大梁、睢陽，魏將費穆圍攻虎牢關。洛陽告急。陳慶之回師迎戰，元天穆等人怯戰，率軍北渡黃河；費穆則在虎牢關投降。陳慶之順利收復大梁、睢陽，洛陽之危盡解。元顥就在洛陽改元大赦，建立了稱藩梁朝的傀儡政權。他封陳慶之為侍中、車騎大將軍、左光祿大夫，增邑萬戶。

至此，陳慶之在短短的三個月時間裡，以區區七千之眾從長江邊上打到黃河邊上，一路所向披靡，歷經四十餘戰，攻破城池三十多座，殺死、俘虜或迫降敵將數百人，擊潰或殲滅敵人數以十萬計，創造了前所未有的輝煌勝利！因為陳慶之和部下皆穿白袍，所以洛陽城中童謠曰：「名師大將莫自牢，千兵萬馬避白袍。」陳慶之由此被豔稱為「白袍將軍」。

四

戰爭是一項綜合事業，英雄個人離開了背後的支持就維持不了不敗紀錄。如果陳慶之效力於蒸蒸日上的政權，他可能還會是「常勝將軍」；遺憾的是，他效忠的梁朝是一個隱患重重、軍事薄弱的政權，這就注定了他的北伐更多的是「一個人的戰鬥」。

更糟糕的是，陳慶之護送的北魏建武帝元顥是個典型的昏君。元顥先是懦弱怯戰，讓陳慶之在前面北伐，自己躲在後面觀望；占領洛陽後，他一頭栽入後宮，醉心享樂，荒廢政務。陳慶之是元顥傀儡政權的頂梁柱，但元顥君臣卻嫉妒他的輝煌戰績。那些降將們老在元顥耳朵邊說陳慶之的壞話。陳慶之眼看北方魏軍不斷雲集黃河北岸伺機反撲，便讓元顥向南梁請求援兵。元顥怕陳慶之勢力繼續增長，又怕永遠當南朝的傀儡，竟然向蕭衍上奏說北方局勢穩定，不需增兵。結果，梁朝沒有派一兵一卒增援洛陽。實際上，元顥的小朝廷雖然占據了洛陽，政令卻只能到達洛陽周邊的少數地方，多數地區依然在元子攸的統治之下。洛陽城內人心不穩，暗流湧動。

在北魏那邊，接連的失敗讓他們痛下決心，由爾朱榮傾全國之兵，號稱百萬，大舉向洛陽撲來。洛陽周邊州縣在重兵威脅下，紛紛反叛。陳慶之毅然率領孤軍，主動要求到黃河以北去防守洛陽的門戶北中郎城。北中郎城成了洛陽在黃河北岸的唯一據點，承受了爾朱榮大軍的輪番進攻。三天中，魏軍進攻這座小城十一次，都被陳慶之擊退。

爾朱榮心生退意。有個叫劉靈助者的部下，擅長天文，對爾朱榮說：「不出十日，河南大定。」爾朱榮知道這個「天意」後信心大增，調整思路，決定繞過北中郎城直接攻打洛陽。魏軍伐木造筏，主力渡過黃河去洛陽擒拿元顥。元顥哪裡是打仗的料，拔腿就棄城而逃。爾朱榮攻陷洛陽。元顥逃到臨潁（今河南漯河市北）後，被縣卒江豐斬殺。依然堅守北中郎城的陳慶之就變成了滯留敵後的孤軍，處境危險。沒有了後方、沒有了主帥，陳慶之的部隊便東撤準備返回建康。魏軍尾隨追擊。撤退途中，山水洪溢，梁軍前有洪水，後有追兵，將士死散，全軍覆滅。陳慶之化裝成和尚，孤身潛回建康。

南歸後，陳慶之雖敗猶榮。鑑於北伐的輝煌戰績，蕭衍任命陳慶之為右衛將軍，封永興縣侯，邑一千五百戶。

成就名將之譽的陳慶之此後不用再陪蕭衍下棋了。蕭衍真正意識到了陳慶之的能力，好鋼用在刀刃上，將他配置在南北征戰的前線。回歸南方的當年年底，陳慶之就北上淮河流域，都督沿淮諸州梁軍。他在任上消滅了自稱天子作亂的妖僧僧強和土豪蔡伯龍等人，平定了徐州的叛亂。中大通二年（五三〇年），陳慶之圍攻中原懸瓠（今河南汝南），大破魏軍。大同二年（五三六年）十月，東魏定州刺史侯景率七萬人南侵。陳慶之率領部下不足萬人抵擋。蕭衍聞訊，急調援軍馳援。援軍出發不久，前線傳來消息：魏軍已經被殲滅，侯景隻身逃跑。除了打仗，陳慶之還在任上展開屯田，取得很好的效果，幾年時間讓前線梁軍糧食充實；精簡機構，將虛置的州簡化為郡。

大同五年（五三九年）十月，陳慶之去世，時年五十六歲。因其忠於職守，戰功卓著，政績斐然，梁朝追贈陳慶之為散騎常侍、左衛將軍。

關於陳慶之，最可思索的就是他北伐的赫赫戰功。《梁書》記載陳慶之自述「我輩眾才七千，虜眾三十餘萬」。《南史》則升格為陳慶之破「賊眾四十餘萬」。如果記載屬實，陳慶之能夠取得如此懸殊的勝利，令人驚嘆。後人多有懷疑陳慶之的戰績，認為陳慶之和南方的史書虛誇了戰功。實際情況如何呢？

縱觀陳慶之北伐時的南北格局，南方梁軍固然虛弱，但北魏也內外交困，變亂四起。剛剛發生的河陰之變讓洛陽方圓百里內兵力空虛、士氣低落。這為陳慶之的北伐創造了良機。梁軍北伐後，魏軍主力並未在前線。比如爾朱榮所部在鎮壓葛榮起義，之後屯兵河北；元天穆所部在

濟南鎮壓邢杲起義。陳慶之消滅的敵人都是河南的小股魏軍，北魏主力並未受損。既然是小股魏軍，人數就不可能動輒數萬甚至十幾萬了。梁軍對戰果的匯報多少存在虛誇，陳慶之消滅的魏軍可能包括裹脅的北魏百姓。據今人考證，北魏總兵力在二十萬左右。那麼陳慶之北伐擊潰、殲滅的魏軍數目在幾萬左右，比較可信。

不管陳慶之的「戰神」傳說是否存在虛誇、虛誇了多少，這都無損於陳慶之勇敢善戰的精神。對於他英勇奮戰、一掃南朝柔弱氣息的壯舉，當時的人和後人都是應該稱許的。

小皇帝手刃大權臣

爾朱榮對著皇位猶猶豫豫，下不了手，結果看似文弱的元子攸搶先下手了。

　　元子攸被迫賦予爾朱榮全權，但早已看出爾朱榮取代北魏自己登基的野心。「河陰之變」血流遍野的慘象和爾朱家族飛揚跋扈的言行，更是堅定了元子攸殺爾朱榮自保的決心。

　　元子攸的皇后是爾朱榮的女兒。這不是一段美好的婚姻。爾朱皇后性情剛硬，且喜歡爭風吃醋。元子攸被皇后鬧得沒辦法了，就讓在洛陽的爾朱榮的堂弟爾朱世隆開導姪女。堂叔沒說幾句，爾朱皇后就說：「皇帝寶座是我們家給他的。今天他卻這樣子對我！我父親如果做了皇帝，現在就由不得他來教訓我了。」爾朱世隆聽了這話先是沉默不語，之後嘆氣說：「大哥本來自己想做皇帝的，本來我也可以是親王了。」爾朱世隆和爾朱皇后的對話傳到元子攸耳朵裡，自然是更加堅定了後者誅滅爾朱家族自保的決心。

　　但元子攸畢竟只是個傀儡。北魏的皇室貴族和大臣們在河陰之變中幾乎被屠殺殆盡，洛陽周圍被爾朱榮的人看得緊緊的。元子攸尋找不到勤王的力量，所以只能親自動手刺殺爾朱榮了。君王刺殺臣子自保，也算是無奈之舉了。站在元子攸一邊的大臣有城陽王元徽和大臣楊侃、李彧、元羅等少數幾人。中書舍人溫子升參與密謀，向元子攸分析了歷史上殺權臣的成敗得失，包括王允殺董卓、高貴鄉公殺司馬昭等案例，告誡元子攸不要操之過急。但是元子攸心硬如鐵，感嘆：「我即便和爾朱

榮同歸於盡也願意，更何況未必就死！我寧可像高貴鄉公（曹髦）那樣死，也不要像常道鄉公（曹奐）那樣生！」

永安三年（西元五三〇年），爾朱皇后即將生育。遠在晉陽的爾朱榮前來洛陽朝見，主要是照顧女兒的生產。元子攸與親信大臣緊張密謀，準備刺殺爾朱榮。但是大家又擔心爾朱榮在洛陽的勢力太強，刺殺不易，遲疑未決。久在洛陽的爾朱世隆感覺到了正在醞釀的刺殺密謀。他自己寫了一張「天子與楊侃等人密謀謀殺天柱大將軍」的紙條貼在自家門口。紙條迅速發酵為一起轟動事件，並被傳遞到了爾朱榮手裡。被實力迷惑了雙眼的爾朱榮完全不把皇帝的陰謀放在心裡，哈哈大笑說：「世隆真是膽小如鼠。誰敢殺我？」他笑著將紙條撕掉。

在心底，爾朱榮對元子攸也充滿疑慮。一次，爾朱榮直接問皇帝：「外面傳言陛下想謀害我！」元子攸平靜地回答：「也有人告發你準備殺我，我該不該相信呢？」爾朱榮被元子攸這麼一反問，反而放心了。

元子攸害怕計畫敗露，決定提前動手。九月十八日，元子攸邀請爾朱榮及其心腹元天穆入宮吃飯，同時命楊侃等十幾個人埋伏在明光殿東。不知道什麼原因，爾朱榮和元天穆在宴會中途就起身告辭。待楊侃等人從宮外趕上殿來的時候，爾朱榮、元天穆已經走出大殿了，失去了動手的寶貴時機。二十一日，爾朱榮又進宮，但只稍作停留，元子攸又沒有找到下手的機會。當天爾朱榮出宮後到陳留王家飲酒大醉。之後連續多日，他都稱病不出。

元子攸越來越著急了，於是在二十五日那天決心孤注一擲。他先在明光殿東廂設下伏兵，然後聲稱皇后生下皇子。宮中鼓樂齊鳴，開始慶祝皇子誕生。元徽受命飛馬到爾朱榮處報告喜訊。這時爾朱榮正在和元天穆賭博。因為女兒產期未到，爾朱榮對女兒的提前生產心存疑惑。元

徽搬出鮮卑族豪放恣縱的習俗，假裝得意忘形地摘下爾朱榮的帽子，又是歡呼又是舞蹈，鬧得王府裡一片歡笑聲。同時元子攸大規模派出文武百官，向爾朱榮道賀，並催促爾朱榮進宮。

爾朱榮於是放鬆戒備，跟著大家一起興奮起來，叫上元天穆一起進宮。兩人進宮時正遇到負責起草詔令的溫子升拿著剛寫好的大赦令往外走。這些大赦令是元子攸準備殺死爾朱榮後對天下公布的。爾朱榮高興之餘和溫子升擦肩而過。如果他當時檢視一下溫子升手裡拿著的大赦令，結果就截然相反了。

元子攸端坐在龍椅上，等待爾朱榮和元天穆的到來。他緊張得臉色都變了，近侍忙提醒說：「陛下臉色不對！」元子攸趕緊喝了幾口酒，才算鎮靜下來。元徽先進殿，向大家行禮。以此為信號，光祿卿魯安等人手持佩刀，從東廂門闖入，向隨後的爾朱榮撲去。爾朱榮也是一代梟雄，迅速反應過來，快步向文弱的元子攸撲過去。他試圖劫持皇帝，扭轉形勢。元子攸早有預料，在膝上橫著一把刀。他等爾朱榮近前，飛快地抽出利刃，一刀就刺入爾朱榮的腹部。爾朱榮痛叫倒地，魯安等人一擁而上將爾朱榮與元天穆亂刀砍死。這是中國歷史上第一起，也是唯一一起皇帝手刃權臣的流血事件。跟隨入宮的爾朱榮長子爾朱菩提、爾朱陽者等三十人也被伏兵殺死。《北史》卷五對這場政變的描寫只有短短的一句：「戊戌，帝殺榮、天穆於明光殿，及榮子菩提。」爾朱榮時年三十八歲。

從河陰之變後掌權，到被萬刀砍死，爾朱榮在權力巔峰停留了兩年多的時間。爾朱氏生前，在他的高壓下，朝野百官對河陰慘劇諱莫如深、噤若寒蟬。河陰死難者的墓誌都諱言其事，只稱墓主人「暴薨」、「暴卒」、「薨於位」、「終於其第」，最為激烈者也不過說是「橫罹亂

兵」。爾朱榮被殺的消息傳出後，洛陽城頓時沉浸在一片喜慶之中，「內外喜叫，聲滿京城」。河陰死難者家族相互弔賀。人們對爾朱榮蓄積已久的憤怒都被發洩出來了。

爾朱榮固然有殘酷的一面，但他的軍事才能和政治貢獻也不能抹殺。對他的評價很複雜，元子攸在詔告天下的詔書中，雖指斥爾朱榮「河陰之役，安忍無親」、「王公卿士，一朝塗地」的罪行，但也肯定了他匡扶帝室的功業：「頃孝昌之末，天步孔艱，女主亂政，監國無主。爾朱榮爰自晉陽，同憂王室，義旗之建，大會盟津，與世樂推，共成鴻業。論其始圖，非無勞效。」爾朱榮不僅誅滅了禍國的胡太后一黨，也指揮平定了華北各地的起義火焰，對維持北魏末期的統治，功勞甚大。但是後世幾乎都將爾朱榮定性為禍國權奸，就連出身爾朱榮集團的高歡、宇文泰等人也忙不迭地和他劃清界限。「委身爾朱」、「爾朱餘孽」等成了攻擊政敵的彈藥。

二

元子攸對刺殺事件做了周密的部署。為了消除政治動盪，他事先準備了大赦令和免死鐵券，計劃寬恕爾朱榮的餘黨。身為常年居於宮殿的皇帝，元子攸以為憑著這些契約和憑證就能穩定政局，實現親政。然而，他想得太簡單了。

宮中噩耗傳出的時候，爾朱榮的妻子和警惕性很高的爾朱世隆趁亂逃出了洛陽，在郊區召集爾朱家族的武裝力量，準備攻城。元子攸發出

大赦令和免死鐵券,想制止爾朱氏的反抗,但效果極小。爾朱世隆等人就對朝廷的大赦令和鐵券嗤之以鼻。他們對使節說:「天柱大將軍對皇帝有擁戴之功,對天下有再造功勳,卻無故遇害。這些白紙和鐵字又有什麼用處呢?」

爾朱榮死後,留守晉陽的姪子爾朱兆聞訊立即率軍南下洛陽。徐州方面的爾朱仲遠也點起兵馬,殺向洛陽興師問罪。他們和爾朱世隆合軍後,一起猛攻洛陽。洛陽外城很快被攻破,元子攸跑上內城城牆向爾朱勢力的官兵們喊話,重申罪在爾朱榮一人、其餘人一律寬大處理。但是,叛軍們對此壓根不信。權力鬥爭從來是一榮俱榮,一損俱損。爾朱兆等人起兵已經不僅僅是為了替爾朱榮報仇,還有爭奪爾朱榮權力遺產的目的。很快,洛陽被攻陷,元子攸被劫持到晉陽。

爾朱兆絞死元子攸。元子攸死前,被允許到三級寺的佛殿去最後禮拜一下佛祖。跪在三寶佛前,元子攸再三祈禱:「下次再投生為人,絕不要再當帝王了!」他又隨口作了一首五言詩:「權去生道促,憂來死路長。懷恨出國門,含悲入鬼鄉!隧門一時閉,幽庭豈後光?思鳥吟青松,哀風吹白楊。昔來聞死苦,何言身自當!」此舉開了一個惡劣的先例,前任皇帝或者礙眼的皇帝往往都被殺死在寺廟之中。寺廟本應該是修道養德、供人避難的場所,卻成為了北朝時期的皇帝屠殺場。元子攸遇害距離他刺殺爾朱榮只隔了三個月。元子攸的左右大臣也都被爾朱兆殺死。

之前,爾朱世隆、爾朱兆等人在洛陽郊區會師,為了與洛陽朝廷相抗拒,也為了取得政治優勢,他們臨時拉攏長廣王元曄,推舉他為新皇帝取代元子攸。元曄大赦所部,定年號為建明。事後,因為元曄是北魏皇室的疏遠宗室,缺乏名望,爾朱家族決定扶立新君。他們選擇了元恭。

元恭在前朝長期處於政治邊緣，託病居於龍花佛寺，很少與外人交遊聯繫。有人向元子攸打小報告說元恭城府很深，「將有異圖」。元恭的聲望很高，民間又傳說龍花佛寺有天子氣。元子攸猜忌害怕起來。元恭聞訊逃匿到上洛地區。朝廷還是找到了元恭，押送他到洛陽。元恭就裝聾作啞，佯裝智商有問題，想逃過一劫。有人說元恭是裝啞，元子攸有所懷疑，派人深夜搶劫元恭，並拔刀佯裝要殺他。元恭仍然不出一聲。元子攸這才相信，放過了元恭。元恭被拘禁多日後，因查無實據而被釋放。元子攸死後，爾朱家族認為元恭有過人氣量，試圖扶立他為新帝。他們派人試探元恭的意思，同時也看看他是不是真的啞巴。裝啞八年之久的元恭聽說要讓自己當皇帝，大喜過望，大喊一聲：「天何言哉！」

於是北魏的第一場禪讓大禮開始了。「元曄至邙南，世隆等奉帝東郭外，行禪讓禮。太尉爾朱度律奉路車，進璽紱。服袞冕，百官侍衛，入自建春、雲龍門。」在位僅四個月的元曄乖乖地將皇位禪讓給了並不那麼願意接受的元恭。元恭就是節閔帝。

這雖然是皇室內部的權力轉移，但主導它的卻是爾朱家族。只要爾朱家族願意，他們完全可以實現異姓之間的權力轉移。元恭登基後，爾朱兆為天柱大將軍、潁川王、并州刺史；爾朱仲遠為大將軍、彭城王、徐州刺史；爾朱天光為大將軍、隴西王、雍州刺史。三個人各霸一方：爾朱兆在北，兼有并州、汾州；爾朱仲遠在東南，據守徐、兗二州；爾朱天光在西，專制關中。爾朱世隆為太保、尚書令、樂平王，居中把持朝政。爾朱家族的權勢依然一時無二。

高歡「歡」起來

一

盛極必衰。爾朱家族的強盛並沒有維持多長時間。埋葬爾朱家族、推翻北魏的人物早已經穩步壯大起來了。這個人就是高歡，他已經在爾朱陣營內部摩拳擦掌多時了。

一次，爾朱榮忽然問左右：「哪天我死了，誰能夠做軍中統帥呢？」左右都回答說：「爾朱兆將軍可以做統帥。」爾朱榮不以為然地說：「爾朱兆雖然勇猛善鬥，但只能做統領幾千兵馬的部將，不適合做統帥。我死後，能代我統軍的，只有賀六渾（高歡的鮮卑名）這個小子。」話雖這麼說，爾朱榮卻不願意將大權轉移到外姓手中。他雖然欣賞高歡的才能，但也提防著高歡奪權。爾朱榮將高歡遠調為晉州刺史。他還告誡負責山西地區的爾朱兆不可輕視高歡：「將來奪權者必是賀六渾這小子。」

元子攸誅殺爾朱榮，爾朱兆發兵洛陽報仇，並沒有讓高歡參與。爾朱兆擒拿皇帝並不費力，但當黃河河套以西一帶的「賊帥」紇豆陵步蕃應偷襲秀容時，卻抵敵不過，不得不向高歡求救。幕僚都勸高歡別搭理爾朱兆，高歡卻認為此時爾朱兆頭腦簡單，不會有別的想法，坦然出兵相救。高歡與爾朱兆合作迎敵，殺死步蕃。爾朱兆很感激，與高歡起誓，結為兄弟。

爾朱兆負責現在山西地區各州，又繼承了爾朱榮的地位，實力遠在高歡之上。他正為流入并州的葛榮起義軍餘部大傷腦筋。數十萬葛榮起義軍戰敗投降後，繼續遊蕩在華北各地。其中有二十多萬人被爾朱榮遷徙到并州。這些人出身六鎮官兵，反抗性和組織性都很強，兩三年間發生過幾十次大小不等的造反。爾朱兆疲於鎮壓起義，就向高歡請教如何

處置。高歡趁機建議，對六鎮流民不能靠殺，應該挑選可靠的將領統領他們，這樣就容易管理。爾朱兆讚道：「好主意！那派誰去管理六鎮流民呢？」在座的賀拔允插話說：「高歡最合適了！」這個賀拔允出身武川鎮，是賀拔岳的哥哥。武川鎮的賀拔、宇文家族和懷朔鎮的高歡、侯景等人關係緊張。奇怪的是，賀拔允和高歡二人卻保持了不錯的私交。聽到賀拔允推薦自己，高歡心中暗喜，卻佯裝發火，對著賀拔允的嘴巴就是一拳，打斷了他的一顆牙齒。高歡罵道：「天柱大將軍在的時候，我們這些人都是鷹犬；現在天柱大將軍不在了，天下事都由大王做主，賀拔允膽敢胡說，該殺！」爾朱兆聽了這話滿心舒服，也很感動，當場拍板由高歡統率六鎮流民。幾個人抱頭痛飲，一副情深義重的樣子。

等爾朱兆喝醉了，高歡尋機跑到帳外，立即宣布：「我受命統領六鎮鎮兵。凡是原六鎮官兵，一律到汾水東岸集中聽令。」六鎮流民多年來群龍無首，四處飄零，又受爾朱勢力的欺負，普遍生活不如意，和爾朱兆離心離德。他們知道高歡當過懷朔的鎮兵，有勇有謀，都願意逃離爾朱兆追隨高歡。於是，一批批人鬧哄哄地跑去集合了。高歡很快組織起了一支不小的軍隊。

山西此前連年受災、饑饉遍地，六鎮流民更是只能抓田鼠吃，餓得個個面黃肌瘦。高歡覺得在山西沒有前途，希望到太行山以東糧食豐富的地方去。他指使劉貴向爾朱兆提出「就食山東」的要求。愚蠢的爾朱兆又一次爽快地答應了。長史慕容紹宗看出高歡有野心，勸爾朱兆說：「如今天下大亂，高歡雄才蓋世，讓他率領重兵在外，無異於將猛虎放歸山林。一旦高歡心懷異志，就無法制服了！」爾朱兆天真地說：「我和高歡昨天剛結為弟兄，他不會有異心的。」慕容紹宗冷冷地說：「親兄弟尚且骨肉相殘，何況是結義弟兄！」可是爾朱兆還是不聽，目送高歡帶著

六鎮力量緩緩東進。

　　途中，高歡殺死了部隊中親爾朱氏的軍官，又搶劫了爾朱兆採購的馬匹。同時，他嚴肅軍紀，約束六鎮官兵像之前那樣殺人搶劫，做到與百姓秋毫不犯。過麥地時，高歡帶頭下馬穿行。河北百姓見此，傾向支持高歡。普泰元年（西元五三一年）二月，高歡到達信都（今河北冀州）附近。當地豪強高乾兄弟、封隆之等人乘北魏朝廷力量衰微，驅逐朝廷命官，占據州縣當起了地頭蛇。他們支持高歡入主河北。高歡就在信都駐軍下來，將勢力向河北各地擴散。

　　向高歡送上第一塊地盤的高乾是貨真價實的渤海高氏子弟，與高歡「同宗」。高家是冀州大戶，勢力廣博。高乾兄弟四人，其中三弟高敖曹武功極佳，最為人稱道。北魏以來，人們普遍認為漢族人文弱，不堪作戰，所以北方武裝以少數民族為主。漢族人即便有當兵的，也不占軍隊的多數。但是高敖曹挑選冀州的漢人，編練了一支三千人的純漢族武裝。人們將他和他的部隊比做項羽和江東子弟兵。高歡接收了這支部隊，但是對它的戰鬥力半信半疑。

　　經過一番準備，高歡覺得羽翼豐滿，可以開闢自己的一片天了。為了挑起部隊情緒，高歡先造謠說爾朱兆要把六鎮遺民分配給契胡做部曲，引起部下們的騷動。接著，高歡又假造爾朱兆發來的兵符，要徵發一萬名士兵去山西作戰。他執行「命令」，按部就班地編組隊伍，規定了出征日期，然後讓孫騰、尉景出面請求遲五天再走。五天滿期後，孫騰等再一次請求延期五天，讓冀州的官兵醞釀足了情緒。又過了五天，高歡大張旗鼓地集中部隊，準備開拔了。官兵們無不淚流滿面，哭聲驚天動地。高歡也流著眼淚和大家告別，同時不忘進一步挑撥官兵的情緒。他說：「我和大家一樣都是失鄉客，我們都是一家人。我沒想到爾朱氏要

徵發我們去打仗，去為爾朱氏當炮灰是死路一條，被分配給契胡當奴僕也是死路一條，可誤了軍期也沒有生路，如何是好呢？」官兵的情緒激憤起來，有人高喊：「反了，反了，造反吧！」高歡便道：「看來只能反了，但必須推一個人做主。」底下都回答願意擁高歡為主。高歡卻滿口推辭道：「我可不行。你們中很多人都跟隨過葛榮，葛榮儘管有百萬之眾，終究還是失敗了。為什麼？因為他沒有法度，軍隊強橫殘暴。這樣造反是不行的。如果你們一定要以我為主，必須改正之前的錯誤。第一，不能欺負漢人；第二，不能違背軍令，一切聽我號令。如果大家做不到，我就不答應，否則又免不了失敗的結局。」現場造反的情緒很高，官兵既有造反的決心，又覺得高歡說得很有道理，齊聲說願意聽命。於是，高歡殺牛煮飯，犒賞三軍，正式宣布討伐爾朱氏。這是當年六月的事情。

高歡上書元恭，痛陳爾朱氏屠害天下、殺戮先帝、挾天子以令天下的大罪 —— 其實，出身爾朱陣營的高歡也是「共犯」。坐鎮朝廷的爾朱世隆封鎖了高歡的上書和起兵的消息。於是，高歡就以朝廷為奸臣把持、不知真偽為藉口，在信都擁立章武王元融的兒子、渤海太守元朗為新皇帝，年號中興。

二

爾朱家族對高歡的造反深惡痛絕，迅速決定聯手將他扼殺掉。

爾朱氏的實力遠在高歡之上，除了爾朱世隆控制朝廷，力量稍弱外，爾朱兆占據晉陽和秀容，獨霸山西；爾朱天光占有關中和隴西，也

就是現在的陝西、甘肅；爾朱仲遠駐軍東南，有徐克二州地盤。他們四人商定到鄴城附近集合，號稱有二十萬之眾。高歡率軍迎敵，部下戰馬不滿二千，步兵不滿三萬。雙方軍隊相差懸殊，如果不發生奇蹟，高歡絕不是爾朱家族的對手。

所有的奇蹟都是人創造的，關鍵在於主角會不會創造。高歡準確判斷爾朱家族在爾朱榮死後，並沒有一個公認的領袖，各部之間並不團結。於是，他決定先離間爾朱仲遠和爾朱兆。高歡派人到處散布流言，說「世隆、仲遠兄弟要謀害爾朱兆」、「爾朱兆和高歡同謀，要殺仲遠」等，弄得他們互相猜疑，不能協同前進。其中，爾朱兆的軍隊推進最快，在韓陵（今河南安陽東北）與高歡的部隊首先接觸。高歡列陣迎戰，把牛驢聯結起來堵塞歸路，向全軍傳達背水一戰、非勝即死的決心。戰前，高敖曹慷慨請纓，高歡就將他的純漢族軍隊安排在側翼。

戰鬥開始了。爾朱兆仗著人多勢眾，首先進攻高歡的中軍。爾朱兆一心要抓住高歡這個叛徒，督促部下發動一波波猛攻。高歡抵擋不住，大部隊開始出現潰敗跡象。就在這時，側翼的高敖曹帶著三千漢族步兵攔腰對爾朱兆發動猛烈的突襲。爾朱兆沒料到幾千步兵會主動進攻騎兵，毫無防備。他一心督促軍隊前進，導致隊伍拉得很長、首尾難以呼應。高敖曹攔腰一擊，將爾朱榮主力殺得猝不及防，混亂不堪。高歡的中軍回過頭來反攻。爾朱兆大敗，帶著殘兵敗將逃往晉陽。高歡取得了決定性的勝利。

爾朱仲遠聽說爾朱兆戰敗後，竟然引兵而逃。高歡從容指揮軍隊，於次年（五三二年）正月攻克河北重鎮鄴城。

決戰之前，逗留在爾朱陣營中的大將斛斯椿和賀拔勝就議論：「天下皆怨毒爾朱，而吾等為之用，亡無日矣。」他們都希望爾朱兆戰敗。一

看爾朱兆出現失敗的跡象，賀拔勝就在陣前向高歡投降。斛斯椿做得更絕，他帶領本部兵馬，快馬加鞭趕回洛陽。四月，斛斯椿殺爾朱世隆，生擒爾朱天光，作為見面禮送給高歡，向高歡投降。爾朱仲遠聞訊，繼續發揮逃跑的特長，一路逃到江南向蕭衍投降了。

四月，高歡帶著自己立的皇帝元朗到達洛陽城郊的邙山，爾朱氏所立的皇帝元恭派人慰勞。高歡一下子面臨手頭有兩個皇帝的問題。

高歡這時也覺得自己所立為帝的安定王枝屬疏遠，有意重新迎立元恭。他派魏蘭根去招降洛陽，同時觀察皇帝元恭的為人。魏蘭根觀察後覺得元恭智商高、聲望好，恐怕日後難以挾制，就向高歡讒謗元恭。左右將領也勸高歡說元恭是爾朱氏所立，勸高歡廢掉他。高歡於是將元恭廢掉，幽禁在崇訓佛寺中。元恭僥倖做了一年多皇帝後，又重新回到了寺廟中。失位後，元恭賦詩一首：「朱門久可患，紫極非情玩。顛覆立可待，一年三易換。時運正如此，唯有修真觀。」這樣的詩句只能讓我們後人感嘆落魄皇子皇孫的荒涼悽慘的心情，感嘆「可憐生在帝王家」的無奈。

高歡與左右親信商議，挑選新的皇帝。最初大家青睞的人選是汝南王元悅。元悅被召來開始準備登基的時候，高歡又在登基的前一天晚上改變了主意，不立元悅了。當時北魏的皇室成員四散逃逸，各個王爺難見影蹤，尋找新皇帝竟然成為了非常困難的事情。

當時有個宗室王爺元修正躲藏在洛陽城西、和他關係不錯的散騎侍郎王思政的家裡。元修是廣平王元懷的第三個兒子，能力尚可，歷封汝陽縣公、平陽王，是朝廷的侍中、尚書左僕射。也許他躲藏的地方被人告發了，高歡決定立元修為新皇帝。元修在王家躲藏了五十天左右，突然見到王思政引著斛斯椿等人，帶著四百兵馬來找他，嚇得面如死灰。

他問王思政：「你把我出賣了嗎？」王思政搖頭說沒有。元修又顫巍巍地問他：「能保我性命嗎？」王思政無奈地回答：「世事變化無常，王爺，我也不知道啊！」元修就這樣被凶神惡煞般的騎兵擁夾在中間，來到高歡的氈帳中。

高歡見了元修淚下沾襟，下拜陳述事由。元修這才知道原來是拉自己來做皇帝的。他趕緊跪下回拜高歡，連說自己德才淺薄，不敢稱帝。高歡也不多說話，隨即出去了。陸續有人將服飾呈送進來，並請元修沐浴更衣。為了防止元修逃跑，高歡全軍夜裡嚴密警備。天亮的時候，文武百官都前來朝見。廢帝元朗早按照高歡的意思寫了禪位詔書。高歡讓斛斯椿捧著勸進表前來勸進。斛斯椿進入帷門後，不敢向前。元修就讓王思政取來表，說：「看吧，我現在不得不登基稱帝了。」於是在洛陽東郭之外，北魏王朝又進行了一場禪讓典禮。沒做幾天皇帝的元朗將皇位禪讓給了元修。元修就這樣成為了北魏的末代皇帝，史稱魏孝武帝。

五月，避居佛寺的元恭被高歡毒死，年僅三十五歲。高歡又殺死曾經為帝的安定王元朗、東海王元曄。連曾經身為人選的汝南王元悅也被高歡下令殺死。在這點上，高歡比爾朱氏做得更過。

之前，爾朱天光要帶兵去剿滅高歡。賀拔岳勸他固守關中，爾朱天光不聽，留下弟弟爾朱顯壽鎮守長安，自己領軍東出和爾朱兆合兵。他一走，賀拔岳料定爾朱氏必敗，找來宇文泰商量對策。宇文泰建議：「爾朱氏必敗，我們乾脆也造反吧！」他說服關中的侯莫陳悅出兵。侯莫陳悅和賀拔岳一同攻下長安，捉了爾朱顯壽。賀拔岳輕而易舉得了關中，表面上向高歡歸順，實際上割據關中自守。他對宇文泰倍加器重，事無巨細都交由宇文泰處理。

又過了一年（永熙二年、五三三年）的正月，高歡領兵襲破秀容，爾朱兆逃到荒山上自縊而死。爾朱兆的長史慕容紹宗攜餘眾歸降，高歡認為他忠義，非但沒有因為他從前向爾朱兆進言要殺自己而計前嫌，對他優禮有加。爾朱勢力徹底滅亡，高歡在形式上統一了北魏，繼承了爾朱氏的地位。他逼元修迎娶了自己的女兒作為皇后，升格成了國丈。高歡城府很深，言行嚴肅，對於軍國大略獨斷專行。無論是元修，還是一般大臣，都猜不透高歡的決策和悲歡。北魏朝廷才出狼窩，又入虎口。

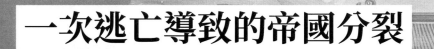

一次逃亡導致的帝國分裂

一

北魏孝武帝元修與前幾任傀儡皇帝不同，有想法，有能力。他不願意重蹈前幾任的覆轍，一開始就有除去高歡的決心。

高歡剷除爾朱勢力後，覺得爾朱榮的根據地晉陽城不錯，就留在了晉陽，將它作為大本營來經營，客觀上放鬆了對洛陽的控制。當時洛陽城裡的一批大臣、降將並不是真心降服高歡，很快聚集在元修周圍。南陽王元寶炬和將軍元毗、王思政、斛斯椿等人紛紛勸說孝武帝除掉高歡。其中斛斯椿本是爾朱榮的部將，率部投降高歡後誅殺爾朱家族有功，保留了相當一部分兵權。元修就以斛斯椿為領軍將軍，與王思政共同統帥近衛軍，視為心腹，還調整了督將及河南、關西諸刺史的人事。這樣，軍謀朝政都掌握在斛斯椿的手裡。他重新安排了宮內侍衛，挑選數百名驍勇武士擔任孝武帝的近衛軍。元修還多次以出獵為名，與斛斯椿排兵布陣，互相密謀。

僅僅依靠洛陽的這些人還不足以推翻高歡。元修繼續尋找同盟者。他主攻兩個方向，一個是尋找地方實力派軍閥作為外援，一個是從高歡陣營的內部拉攏人手。

元修準確判斷出武川的賀拔家族可以和高歡一決高低，就想倚靠賀拔兄弟。賀拔勝投降高歡後留在洛陽，元修就任命他為荊州刺史，把他作為南方的依靠。元修還暗中派人與擁兵關中的賀拔岳聯繫，準備引關中的軍隊夾擊高歡。

司空高乾是高歡起兵之初的主要盟友，他們兄弟幾個是高歡的重要依靠力量。元修就想籠絡他為己用。一次元修在華林園賜宴，散席後單獨留下高乾，大誇高乾「奕世忠良」，要與高乾結拜為兄弟。因為事出倉促，皇帝又殷勤相勸，高乾只好和元修結為異姓兄弟，事後也沒有告訴高歡。慢慢地，高乾看到元修和斛斯椿、王思政等人常常密謀，又派人聯繫賀拔岳，任命賀拔勝為荊州刺史，明顯是在樹黨自強。他擔心元修要對高歡不利，洛陽城「禍難將作，必及於我」，逃到晉陽向高歡報警。

　　高乾不談洛陽的時事，而是勸高歡乾脆逼元修禪位，奪取北魏的天下。高歡覺得時機還不成熟，趕緊用袖子掩住高乾的口說：「不要亂說！我還需要仰仗司空大人在洛陽幫我多留意時局。」高歡這麼說，反而讓高乾心中有愧，更加不安起來。接著，高歡屢次向元修推薦高乾擔任侍中，主持朝政。元修恨高乾站在高歡一邊，將高歡的奏摺置之不理。高乾夾在兩人中間，雙方都惹不起，乾脆就自求外任徐州刺史，想躲到外地去。元修見狀，既怕高乾洩漏自己的祕密，又恨高乾不為自己所用，就明白地告訴高歡：「朕曾經和高乾立下盟約，進退與共。如今高乾反覆兩端，實屬可惡。」高歡對高乾背著自己和元修勾結也很厭惡，乾脆將高乾祕密勸自己篡位的事情轉告了元修。自此，高乾被雙方都拋棄了，只有死亡一條路可走。元修將他囚禁起來，派人痛責他前後反覆無常。高乾申辯道：「臣以身奉國，義盡忠貞，是陛下要對付高歡，卻藉口我反覆無常。欲加之罪，其無辭乎？」結果，高乾被賜死，時年三十七歲。

　　在洛陽的高敖曹看到哥哥被殺，逃往晉陽向高歡哭訴。高歡裝出驚愕的樣子，將責任全都推到元修身上，好好撫慰了高敖曹一番。高敖曹更加死心塌地地站在高歡一邊。其他部將也因為元修枉殺高乾，而對他更加疏遠乃至仇視。元修想從高歡身邊挖牆腳的企圖落空了。

卻說關中的賀拔岳接到元修遞出的橄欖枝後，猶豫不定。他決定不了到底是選擇元修還是高歡，於是派宇文泰去晉陽見高歡，檢視虛實。

宇文泰和高歡的見面，是一次英雄與英雄惺惺相惜的會面。宇文泰看到了一個有志於天下的英雄。高歡則看到一個相貌非凡，精神抖擻的年輕將領（身長八尺，垂手過膝）。高歡想留下宇文泰為自己效力，不想宇文泰走向自己的對立面。但是宇文泰也是有志於天下的英雄，他不想離開事業已有起色的關中，更不想只做高歡的部將。因此宇文泰堅持要返回關中。高歡猶豫再三，最後鬆了口，允許宇文泰返回關中。宇文泰剛走，高歡就後悔了，想要殺掉宇文泰以絕後患。可是宇文泰已經抓住機會，快馬加鞭返回關中了。高歡的追兵一路趕到關口也未追上宇文泰。高歡的直覺是對的，最後消滅高歡後代的就是宇文家族。

返回關中後，宇文泰告訴賀拔岳，高歡是有心蕩平天下的梟雄，站在他的一邊無異於與虎謀皮，不如藉助元修的力量與高歡抗衡。於是，賀拔岳選擇了元修。

高歡自然要對付賀拔岳。永熙二年（五三三年），高歡要調賀拔岳做冀州刺史。賀拔岳不願離開關中老窩，謝絕了任命。一計不成，高歡又生一計。賀拔岳這個「關中王」是形式上的，關中和隴西還有一些地頭蛇不服從他的指揮，尤其是地位僅次於賀拔岳的侯莫陳悅是個有勇無謀的赳赳武夫，見利忘義。高歡誘惑侯莫陳悅，答應只要他殺害賀拔岳，就讓他取而代之。侯莫陳悅欣然答應。

靈州（今寧夏靈武）刺史曹泥不服從賀拔岳。永熙三年（五三四年），賀拔岳邀約侯莫陳悅會師高平（今寧夏固原），計劃一起討伐曹泥。侯莫陳悅就趁賀拔岳來找自己商討軍機的時候下手。他誘賀拔岳進入營帳，坐論兵事，途中藉口腹痛，起身退出。馬上，侯莫陳悅的女婿

元洪景就帶人衝入營帳，將賀拔岳砍死。

　　賀拔岳死後，他的部隊異常震驚，開始出現四處奔散的跡象。侯莫陳悅派人安慰說：「我只殺賀拔岳一人，其他人不用怕。」可是除了這唯一的措施，侯莫陳悅沒有採取其他的措施，既沒有收編賀拔岳的軍隊，也沒有動員自己的軍隊戒備。相反，侯莫陳悅帶上部隊離開高平，向隴西行進。

　　許多忠誠於賀拔岳的將領，率部聚集在平涼，謀劃向侯莫陳悅復仇。將軍趙貴提議大家推舉宇文泰為新統帥，得到了一致贊成。當時宇文泰擔任夏州刺史，鎮撫赫連勃勃大夏國的故地。將軍杜朔周星夜奔往夏州，轉告急情。宇文泰聞訊，點起帳下輕騎，連夜馳赴平涼。宇文泰走到安定（今甘肅涇川北），遇到了高歡派來招撫賀拔岳部眾的侯景。宇文泰用嚴詞厲語叱問侯景為何而來，申明關中之事內部解決，不需要外人插手。侯景也是一代梟雄，竟然被宇文泰的強硬態勢所震懾，不敢繼續前進，中途返回晉陽。宇文泰順利排除干擾，和賀拔岳餘部會合。他率領部眾進入高平城，進行短期整頓，穩定下來，然後迅速揮師進攻侯莫陳悅。

　　侯莫陳悅不敢應戰，逃到秦州（今甘肅天水），企圖占據山水之險頑抗。他自從殺害賀拔岳以後，神情恍惚，常常夢見賀拔岳來找自己。在睡夢中，賀拔岳問他：「我的兄弟，你要到哪裡去，讓我找得好苦啊！」被鬼魂這麼一攪，侯莫陳悅哪還有心思迎戰，早就內心恐懼，鬥志全無了。部下官兵也紛紛叛降宇文泰。宇文泰統帥復仇之師，一舉擊敗侯莫陳悅。侯莫陳悅棄軍而逃，後為追兵所迫，在野外自縊而死。

　　宇文泰隨後揮師東進，占領長安，以此為大本營著力經營西部。他和高歡一樣，也主要依靠六鎮餘眾，尤其是依靠武川鎮的力量。宇文泰

原來就反對高歡，經過賀拔岳遇刺事件後，他和關中的將領更加旗幟鮮明地反對高歡了。孝武帝元修就任命宇文泰做關西大都督，把他作為新的倚靠對象。

二

永熙三年（五三四年），就在關中、隴西大亂之時，孝武帝元修對高歡忍無可忍，決心兵戎相見了。

元修決定御駕親征，討伐晉陽的高歡。為了殺高歡一個措手不及，他先下詔洛陽戒嚴，抽調河南諸州兵馬，在洛陽近郊進行大閱兵，聲稱要南伐梁國，實際上是北伐高歡。為了騙過高歡，他還密詔給高歡說要帶兵攻打關西的宇文泰和荊州的賀拔勝。

高歡是什麼人，能看不透元修的把戲？他馬上回復朝廷說，這些小事無須皇上御駕親征，讓我高歡來代勞就可以了。高歡調集五路兵馬共計二十二萬人出發南下，「助援」皇帝征討。同時高歡還上表極言斛斯椿等人的罪惡，祭起了「清君側」的大旗。狼煙滾滾，高歡大軍奔向洛陽而來！

元修在洛陽召集的那些兵馬，肯定不是高歡二十二萬鐵騎的對手。中軍將軍王思政勸元修避開高歡兵鋒，前往關中依附宇文泰。東郡太守裴俠是個明白人，對王思政說：「宇文泰為三軍信服，位處關中形勝之地，已握權柄，怎會輕易讓權於我們？如果去投靠他，無異於避湯而入火！」王思政覺得很有道理，但南去荊州又離敵國宋朝太近，就問該怎

麼辦。裴俠說：「與高歡相戰有立至之憂，西奔到宇文泰處有將來之慮，先往關右一帶駐軍觀察一下再做決定。」元修覺得有理，決定對高歡採取防禦，觀察形勢再決定進退。

元修下詔宣示高歡的罪惡，公開與他決裂。在詔書中，元修高呼：「王若舉旗南指，縱無匹馬只輪，猶欲奮空拳而爭死。」意思是即便赤手空拳，也要和高歡拚個魚死網破。實際上，元修早已經準備好了逃跑的後路：他提升宇文泰為關西大行臺、尚書左僕射，將妹妹、馮翊公主許配給宇文泰為妻。

高歡大軍很快兵臨黃河北岸。兩軍隔著黃河相持。斛斯椿請求率領兩千兵馬連夜渡過黃河，趁高歡大軍遠道而來，立腳未穩進行偷襲。元修覺得這是個好主意，準備批准。但是黃門侍郎楊寬勸諫說：「皇上在緊急關頭將兵權給別人，恐生他變。萬一斛斯椿渡河偷襲成功，那可是滅掉一個高歡又生出第二個高歡啊！」元修覺得這話更有道理，馬上下令斛斯椿停止發兵。斛斯椿嘆息道：「皇上不用我計，真是天意不興魏室！」

宇文泰聽到兩軍隔黃河對峙的消息，對左右說：「高歡數日內急行軍八九百里，疲軍迎敵，是兵家大忌，正好乘其疲憊奇襲。當今皇上以萬乘之尊御駕親征，不主動出擊渡河決戰，反而沿河據守，很是失策。而且長河萬里，只要一個地方被突破，必敗無疑。」他判斷元修必敗，下令部隊做好迎接皇帝西遷的準備。

客觀地說，元修在實力上處於絕對劣勢，當面對陣取勝希望不大，只能出奇計。高歡大軍急行軍八九百里迎戰，早成了一支疲軍。元修乘其疲憊奇襲，還是有可能扭轉戰局的。但是元修從防止權臣出現的角度出發，拒絕搶先發動決戰，反而沿河據守，造成了最大的策略失誤。

元修見取勝艱難，就帶著南陽王寶炬、清河王元亶、廣陽王元湛、斛斯椿和五千騎兵宿於瀍西楊王別舍。他和王思政的想法一樣，決心投靠關中宇文勢力。在當地，元修發現了上百頭牛，命令全殺了來犒賞軍士。士兵從元修的舉動中發覺皇帝有逃亡的心思，紛紛開始逃散。一夜間，元修周圍的軍隊逃亡了超過一半人。就連清河王和廣陽王兩位王爺也都逃回洛陽去了。元修更是失去了抵抗的勇氣，第二天便棄軍西逃。除了少數親隨，大臣中只有武衛將軍獨孤信追隨元修左右。這位獨孤信的忠誠日後得到了歷史的回報，他的女兒成為了隋文帝楊堅的獨孤皇后。宇文泰已經派遣都督駱超、李賢和各帶領數百騎兵東進接納元修等人。李賢和這支部隊在崤中遇到了落荒而逃的元修等人，元修在他的保護下最終抵達了長安。

　　高歡自晉陽發兵後上了四十多封奏表給元修，都沒有得到答覆。他判斷元修極可能逃入關中依靠宇文泰。這是他最不願看到的結果。畢竟元修代表著北魏的法統所在，一旦皇帝逃亡，高歡就免不了在歷史上落下逐君出逃的過錯，同時把「挾天子以令天下」的政治優勢白白奉送給敵人。情急之下，高歡親自挑選一支輕騎西進追趕元修。沿途，陝州守將見高歡親自前來，望風而逃；高歡繼續追到潼關，痛苦地發現元修已經被宇文泰接走了，只好先東還洛陽。洛陽周邊那些群龍無首的軍隊紛紛敗降。

　　南邊的荊州刺史賀拔勝之前也動員軍隊，想到洛陽「勤王」。中途聽說元修已經失敗了，賀拔勝就想帶兵西入關中，和宇文泰合兵一處。高歡派兵占領華陰，堵住了賀拔勝西進的道路。賀拔勝只好退回荊州，又為侯景打敗，無奈之下南逃，投降梁朝去了。梁武帝蕭衍對北方降將不分陣營，一律以禮相待，非常客氣。賀拔勝在南梁生活優越，卻日夜思

念北方，遇到南飛的秋雁都不捨發弓。兩年後（五三六年），賀拔勝得梁武帝許可，輾轉奔赴長安。他加入宇文泰陣營，要向高歡討還弟弟賀拔岳的血債。

不久，高歡第二次親自率軍進攻潼關，斬宇文部的行臺華長瑜，進而占領華州。但還是沒能奪回元修。元修在長安站穩腳跟後，向天下宣示高歡的罪惡，號召天下勤王殺賊。高歡當然不會束手就擒。冬十月，他在洛陽推清河王元亶的兒子、年僅十一歲的元善見為新皇帝。高歡換上一個新皇帝，否定了原來皇帝的合法性。如此一來，他就可以冠冕堂皇地推卸元修的一切指責，無視長安的一切命令了。同時，高歡還可以繼續挾天子以令諸侯。唯一不妥的是：北魏出現了兩個皇帝！

高歡沒覺得兩個皇帝有什麼不妥，反正在他統治的關東和河北地區還是只有一個皇帝。逃亡的元修既不被他承認，又處在本就不聽自己號令的長安，高歡眼不見心不煩。唯一讓高歡覺得不妥的是：洛陽原本鄰近梁國，如今又在關中宇文泰軍隊的威脅之下，很不安全。高歡就帶著元善見遷都鄴城。從此，北魏分為東西兩部：關中以長安為首都的政權被稱為西魏，關東以鄴城為首都的政權被稱為東魏。雙方大致以南北走向的中段黃河為界，在現在的山西南部和河南西部地區展開廝殺。

兩魏爭鋒：
一年一小打，三年一大打

一

北魏分裂後，東強西弱。東魏面積廣大，人口眾多，且經濟基礎好過千瘡百孔的西魏，自然國力要強一些。更重要的原因是，高歡繼承了六鎮起義的多數餘眾，而宇文泰周圍只聚集了少數六鎮官兵。這是東強西弱的軍事原因——當時，六鎮官兵戰鬥力最強。

高歡的部隊以鮮卑人為主，漢族人很少。內部存在嚴重的民族矛盾，鮮卑官兵普遍歧視漢族人。東魏大將高敖曹是漢族人，英勇善戰。高歡發號施令的時候，一般用鮮卑語，但只要高敖曹在場就改用漢話。主公如此敬重高敖曹，底下官兵也很忌憚他。一次議事，有人報告說治河的漢族民工淹死了不少。在座的鮮卑族將領劉貴隨口就說：「漢人的性命不值一文，隨他死！」高敖曹聞言大怒，拔刀就向劉貴砍過去。劉貴落荒而逃。高敖曹還不罷休，隨之鳴鼓起兵，集合部隊要進攻劉貴。同僚們好生相勸，高敖曹才罷手。

高歡深知屬下鮮卑與漢族之間的矛盾。他兩方面都不得罪，將民族矛盾壓制得很好。他對鮮卑人說：「漢人是你們的奴僕，男人為你們耕作，女人為你們紡織，上交粟帛賦稅讓你們衣食無憂，你們為什麼還要欺凌他們呢？」遇到漢人，高歡又說：「鮮卑人是你們僱傭的兵客。你們給他們衣服穿，給他們東西吃，他們替你們防盜擊賊，保你們安寧度日。你們為什麼還要恨他們呢？」一次，漢族大臣杜弼請求高歡消除內賊。高歡就問內賊是什麼人。杜弼直言是那些掠奪百姓的鮮卑貴族。高歡默不作聲，而是下令營中將士搭弓上箭、高舉大刀、夾道而立，

形成一片刀山箭林。然後，他命令杜弼到裡面來回走動一回。杜弼一介書生，哪裡見過此等場面，嚇得渾身哆嗦、汗流浹背，不敢往前走。於是，高歡就對杜弼說：「現在他們只是搭箭不射、舉刀不砍，你就被嚇得失魂落魄了。諸位鮮卑將士在戰場上衝鋒陷陣，百死一生，又怎麼說？他們之中雖然有人或許有貪汙冒搶的過錯，但與他們平時的戰功相比，怎能相提並論！」杜弼跪地頓首，為自己冒失謝罪。可見，在高歡看來，漢族人和鮮卑人各有所長，自己的統治離不開任何一方。可是他對雙方矛盾採取粉飾太平的做法，對問題的解決沒有絲毫幫助。

高歡擁有實力優勢，很想平定關中，結束北方的分裂。機會很快就來了。西元五三六年（東魏天平三年，西魏大統二年）年末，關中大饑，民不聊生，甚至出現了人吃人的慘劇。高歡抓住機會，於十二月出兵進攻西魏，挑起了兩魏之間的第一次決戰。

高歡派遣高敖曹攻上洛（今陝西商州）、竇泰攻潼關，親自領兵於次年（西元五三七年）正月在蒲坂（今山西永濟縣西南）造三座浮橋，準備搶渡黃河。宇文泰的部隊人少，不足以分兵抵抗，部將們就建議集中主力先進攻北邊的高歡大軍。但是，宇文泰判斷高歡搭建浮橋是佯攻，是想掩護南邊竇泰這支偏師。（冬天北方天寒地凍，黃河多處冰凍，高歡如果真想進攻，直接涉冰渡河就行了，沒有必要大張旗鼓地搭建浮橋。）宇文泰決定先集中兵力擊退竇泰。部將們都不以為然，認為高歡近在眼前，不做防備反而掉頭進攻竇泰，很可能遭到高歡和竇泰兩面夾擊。宇文泰力排眾議，堅持先打竇泰。果然，竇泰沒有料到西魏大軍如此重視自己，竟然集合大軍掩殺過來。他猝不及防，倉促列陣迎戰，被宇文泰打得大敗。部下死傷殆盡，竇泰自殺身亡。高歡聽到竇泰兵敗後，失去信心，下令撤毀浮橋撤軍。西魏軍就勢追擊，東魏軍連戰連敗。戰事異

常慘烈，東魏大將薛孤延負責殿後，一連砍壞了十五把鋼刀，才保護高歡一行人安全脫險。高敖曹聞訊，也主動撤兵。這第一戰，以高歡失敗告終。

　　勝利的宇文泰，日子也不好過。大饑荒造成軍隊連飯都沒得吃。同年八月，宇文泰為了搶奪糧食，主動出兵河南。兩魏之間爆發了第二次決戰。

　　宇文泰順利攻克了恆農（即弘農，今河南靈寶），得到了此處的糧倉。高歡點起二十萬大軍，親自來會宇文泰。宇文泰趕緊帶上糧食，退回關中。閏九月，高歡領兵從山西渡過黃河，進入關中北部。在南邊，東魏大將高敖曹率兵三萬把桓農團團圍住。宇文泰手頭只有不到一萬的軍馬，又面臨南北夾擊的困境。

　　高歡志在必得，督率大軍迅速向關中腹地進軍。宇文泰駐紮在渭水南岸，用搶來的糧食讓手下官兵恢復體力，同時徵召諸州兵馬。高歡的軍隊行進很快。西魏諸將認為實力懸殊，建議宇文泰按兵不動，等兵馬陸續會合、大家休息過後再迎戰。宇文泰認為：「如果高歡逼近長安附近，民心必定降服於他。到時候，我們再想打敗他就難了。現在高歡新到關中，我們還有機會擊敗他。」於是，宇文泰硬著頭皮帶領又餓又少的軍隊渡過渭河，向東北方向進軍迎敵。兩軍在沙苑（今山西大荔南）相遇。

　　戰前，宇文泰派手下將領達奚武帶兵化裝成東魏軍士，傍晚混入高歡營內，將東魏軍中一切部署都查明了。東魏方面對宇文泰的實力也看得一清二楚。大將侯景建議高歡不必與宇文泰交戰，只要僵持著，等到敵方軍民餓死大半，宇文泰不死也要投降。侯景進而建議高歡趁宇文泰主力都在沙苑，分兵多處，占領關中其他地區。當時宇文泰的軍隊只有

三天的軍糧，迫切需要速戰速決。侯景的建議不失為明智之舉，但是高歡沒有採納。高歡寄希望於在沙苑徹底消滅宇文泰，輕鬆收復整個關中。等敵人餓死的主意，在高歡看來太費時了。

宇文泰在沙苑以東十里長滿蘆葦的沼澤地埋伏精兵，然後背水列陣，等著高歡主動進攻。東魏將軍斛律羌舉再次建議高歡分出一支精兵偷襲長安，對宇文泰來個釜底抽薪。當時高歡完全具有這樣的實力，也有機會，但他過於自信，還是嫌此舉多餘，將所有希望都寄託在即將開始的沙苑之戰上。不過，高歡看到渭河邊上那一大片密密麻麻的蘆葦叢，心生疑慮，下令放火燒掉渭曲蘆葦。關鍵時刻，侯景站出來說：「我們應該生擒宇文泰宣示百姓。如果他躲在蘆葦叢中，就會被燒成焦炭，那麼我們勝利之後，宇文泰活不見人死不見屍，就會有人不相信我們大勝了。」高歡躊躇之間，大將彭樂大聲叫嚷道：「我軍人多勢眾，以百敵一，還怕打不贏嗎？」這句話讓高歡信心滿滿，下令全線進攻。

東魏官兵看到渭河邊只有屈指可數的西魏軍隊，個個貪功冒進，都不排列隊形就爭相進攻，鬆鬆垮垮地散成一片。西軍相交，宇文泰親自擂鼓，埋伏在蘆葦叢中的官兵奮起而出。大將李弼率領鐵騎橫擊東魏主力，將高歡大軍截成兩段。西魏將軍李標、耿貴技高膽大，殺得鎧甲袍裳全被敵人鮮血染得透紅。東魏將領也不甘落後，大將彭樂殺入西魏陣中，腸子都被敵人的長矛扎得流出來了，他就用手把腸子塞回肚子，掄槍再戰。無奈東魏大軍隊伍散亂，各自為戰，逐漸遭到了西魏軍隊有組織的圍剿。在遠處觀戰的高歡看到自家軍隊漸漸處於下風，想集結兵力後再戰。派出去召集軍隊的軍官很快回來稟報，找不到成建制的軍隊，將不知兵，兵不見將，沒人應答。高歡知道大勢已去，又不甘心二十萬大軍就如此潰敗，是戰是退猶豫不決。大將斛律金勸他：「眾心離散，不

可復用，不如立即退回黃河以東，整軍再戰。」他怕再打下去，東魏軍隊會全軍覆沒。斛律金情急之下，狠狠鞭打高歡的坐騎。坐騎驚起，馱著高歡往回就跑。東魏官兵見狀，紛紛向東逃去。

高歡之前壓根沒做撤退準備，到了黃河邊上，既沒有船，又沒有橋。隨從找了一匹高大的駱駝讓高歡騎到黃河之中，再換乘大船狼狽渡過河去。回到山西一統計，東魏此戰喪失官兵超過八萬人，丟棄鎧仗十八萬，元氣大傷。沙苑之戰中，高歡離長安是那麼近；沙苑之戰後，高歡離長安越來越遠，東西爭鋒的主戰場從河西和關中轉移到了河東（山西南部）和河南。東魏也不再能隨意侵入關中。

沙苑之戰的勝利輝煌得出乎宇文泰的意料。他俘虜了數以萬計的東魏官兵，只挑選了其中的兩萬名精壯，補充西魏軍隊，其餘數萬人都趕回東邊去。這一方面是因為關中糧食奇缺，宇文泰養不起那麼多人，另一方面是因為宇文泰原本兵微將寡，收編、消化兩萬人已經是他的極限了。作為西魏軍隊核心的武川鎮兵不過數千人；宇文泰擊敗侯莫陳悅後，敵將李弼率眾萬人投降；跟隨孝武帝元修入關的河南軍隊也有近萬人，三股力量合起來不到三萬人。之後因為連年征戰和饑荒，到沙苑大戰前宇文泰能集合的軍隊不過一萬人。戰後，透過收編俘虜、招募漢族百姓等措施，西魏軍隊人數開始增多。到大統八年（五四二年）年初，宇文泰正式建立六軍，才有了大約十萬人 —— 這個數額依然遠遠低於東魏的高歡軍。

沙苑敗績傳到河南，高敖曹主動撤去恆農之圍，退軍洛陽。宇文泰乘勝追擊，高敖曹又放棄洛陽，撤到黃河之北。西魏收復洛陽，河南大部分郡縣紛紛改易旗幟，歸降西魏。這些都算是沙苑之戰的衍生戰果。

宇文泰興奮地帶著西魏新皇帝元寶炬回洛陽祭掃先帝陵廟。因為這場大勝，偏居一隅的西魏政權大大鞏固，宇文泰也鞏固了在朝中的主宰地位。

二
────

高歡並不服輸。大敗後的第二年（五三八年），他任命老部下侯景為河南方面的主將，集結軍隊，著手收復河南州郡。侯景順利奪回洛陽，燒毀洛陽大部分民居官寺。洛陽在東魏遷都之時，絕大多數百姓連同宮殿廟宇都被高歡遷徙到鄴城去了，如今又在熊熊火焰中成為一片廢墟瓦礫。宇文泰聞訊，親自領兵來戰侯景。東西之間的第三次決戰，就在洛陽郊區展開了。

聽說宇文泰親自前來，侯景乘夜從洛陽後撤。宇文泰因為之前兩戰皆勝，滋生了驕傲輕敵心理，以為侯景是怯戰逃跑，輕率地帶領部下輕騎追到黃河邊上。此時，侯景的軍隊已經占據了優勢地形，只見東魏軍隊北據河橋、南依邙山，甲冑鮮明，就等宇文泰前來廝殺了。混戰開始後，宇文泰戰馬中流矢驚起，把宇文泰摔到地上。東魏士兵圍殺上來，宇文泰的大多數隨從都嚇得逃跑了。情況緊急！將軍李穆連忙下馬，用馬鞭抽打趴在地上的宇文泰，假裝叫罵：「你這個糊塗兵，你們主帥跑到哪裡去了，怎麼就你趴在這裡？」圍上來的東魏士兵聽李穆的口氣，就以為宇文泰不是什麼重要角色，紛紛扭頭散去追殺更重要的目標。李穆扶宇文泰上馬，雙雙西逃。侯景沒有抓住良機擴大戰果，西魏大軍陸續

趕到，加入了混戰。兩軍在黃河岸邊直殺得硝煙四起，戰區越來越大，從河橋蔓延到邙山，又燃燒到洛陽城下。此戰因此被稱為「河橋－邙山之戰」或者「河陰之戰」。雙方官兵殺得興起，逐漸失去了聯繫，各自為戰。

東魏大將高敖曹一向輕視宇文泰，又自視甚高，樹起碩大無比的旌旗，上面寫著自己的官職和姓名，又擺出貴重的傘蓋，耀武揚威地殺到陣前。如此高調，豈能不招人矚目？西魏官兵認定這是個大角色，一窩蜂地圍攻高敖曹而來。越是西魏的精兵悍將，越不放棄這等立功良機，殺得就越英勇。可憐的高敖曹成了活靶子，很快就全軍覆沒，自己又遭西魏精銳追擊，孤身一騎跑往河陽城。駐守河陽的是高歡的姪子高永樂，一向和高敖曹不和，下令關閉城門不讓高敖曹進城。高敖曹向城上大聲呼救，央求守軍放下繩來，沒人搭理。他只好揮刀猛砍城門，想劈個洞出來鑽入城中。無奈城門太厚，砍了很久也砍不開。眼看大隊追兵殺到，高敖曹知道性命不保，反而鎮定下來。他轉身昂首向追兵衝殺而去，一邊跑一邊大叫：「來！與汝開國公！」（意思是殺了高敖曹，就能從宇文泰那裡獲封開國公作為賞賜。）據說殺死高敖曹的是一名普通西魏士兵。宇文泰並沒有封他為公爵，而是賞他布帛一萬匹。猜想西魏財政拮据，一時半會兒拿不出那麼多布帛，就來了個「分期付款」，每年賞給這名士兵若干匹布。直到南北朝結束，這名士兵及其後代都還沒領完賞賜。

戰鬥持續了整整一天。兩軍從早到晚鏖戰，團團廝殺在一起。傍晚時分，戰場上氣霧四塞，一片陰暗。各自為政的將領們都不知道誰勝誰負。西魏大將獨孤信、趙貴等人感覺東魏的官兵越來越多，壓力越來越大，混亂之中又不知宇文泰和皇帝的消息（當時來洛陽掃墓的皇帝元寶

炬還沒撤回），以為本方已經落敗。於是，兩人率部撤退，西魏其他將領見狀，紛紛指揮部隊邊戰邊退。在後方觀戰的宇文泰見本方官兵後撤，也燒營逃走。東魏軍隊在後面掩殺。如此一來，戰局真的對西魏不利了。

西魏大臣王思政出身文人，當時也在洛陽前線。眾人無組織撤退之時，王思政卻帶領身邊的人主動阻擊東魏追兵。他跳下馬來，手持長矛，左挑右刺，連殺數人。敵軍越聚越多，王思政等人陷入重圍。左右之人無一倖免，王思政也重傷昏厥，被埋在屍體堆中。當時因為天黑，敵軍又急著追擊，所以沒有仔細打掃戰場。加上王思政當時破衣爛甲，躺在那裡一點都不像將帥，所以首級沒被敵人割去領賞。後來，下屬在屍體堆中好不容易把王思政扒了出來，拉回營帳救了回來。

西魏軍隊陸續撤退到恆農，才緩過勁來，站穩了腳跟。宇文泰損失兵馬過萬人，決心退兵回長安休整。王思政的表現給宇文泰留下了深刻的印象，讓他刮目相看。所以，宇文泰留王思政守恆農，負責河南事宜。

恆農以東的河南郡縣又紛紛投降東魏。東魏重新占領洛陽，高歡索性將這片廢墟夷為平地。洛陽自此在很長一段時間內徹底成了一個歷史地名，一個政治標記。此戰，東魏雖然奪回了大片土地，可是也傷亡慘重。高歡痛失一代名將高敖曹。高敖曹雖然在東魏人緣極差，對高歡卻是忠心耿耿，鞍前馬後，出力不小。他死後，高歡肝膽俱裂，追贈高敖曹為太師、大司馬、太尉。見死不救的高永樂，被打了二百軍棍。此後，東魏大軍也開始休整。

此後四五年時間，河南地區安靜多了，除了小規模戰鬥外沒有爆發決戰。在河陰之戰的當年冬天，西魏發動突襲，再占洛陽。這個「戰果」

僅僅具有宣傳意義，連勝利都算不上。東魏都懶得出兵「收復」。真正有影響的行為是王思政修築了玉壁城（在今山西稷山）。此城地處黃河北岸，周邊地勢險要、深谷縱橫，易守難攻。西魏以此作為據點，控制河東地區，間接威脅高歡的大本營晉陽。之後，玉壁成了西魏前進的重鎮、東魏必須除之而後快的眼中釘。

戰爭是發展最大的動力

一

　　頻繁的戰爭讓宇文泰頭疼死了。

　　每一次大戰都是對宇文泰統治地位的挑戰。不僅戰場的勝負關係他的生死，戰場之外的因素也決定他的成敗。沙苑之戰是在彈盡糧絕之前的僥倖取勝。河橋 - 邙山之戰更是差點要了自己的命。河南前線的敗報傳到關中，關中不服宇文泰統治的官民和之前收編安置的俘虜揭竿而起，要推翻宇文泰。有一支叛軍甚至攻占了長安的子城。幸虧宇文泰大軍及時趕了回來，將各地火苗一一撲滅。

　　宇文泰深深意識到：打仗就是打錢糧，就是拚後方！無奈的是，關中原本就落後於東方，宇文泰控制的人口少、領土小，經濟基礎更比不上高歡。怎麼辦？硬體比不過，只能拚軟體，進行改革來提高生產力。可是，一場成功的改革談何容易？

　　一天，宇文泰和公卿大臣去昆明池觀魚，途中經過城郊一處西漢時的倉地。宇文泰就詢問此地的來歷，左右大臣沒有一個人說得上來。宇文泰正唉聲嘆氣的時候，有人推薦了一個小官 —— 著作郎蘇綽。宇文泰把蘇綽召來一問，蘇綽將倉地的來歷講得頭頭是道，順帶著涉及西漢的歷史、經濟管理等方面的內容。宇文泰越聽越有興趣，就進一步向蘇綽請教天文地理、天下興亡，蘇綽都一一道來，其中不時閃現出真知灼見。宇文泰乾脆和蘇綽並馬而行，邊走邊談。到了昆明池，宇文泰根本無心釣魚，馬上帶著蘇綽返回城中。兩人徹夜長談，宇文泰向蘇綽諮詢治國之道。

蘇綽是關中武功人，出身豪門世家，祖先從三國時代起歷任高官顯貴。他從小繼承家學淵源，博古通今，名聲在外，可惜在鮮卑族的統治下一直默默無聞。鎮兵出身的宇文泰沒讀過書，之前並不重視蘇綽這樣的漢族知識分子。經過這次長談，宇文泰完全折服了：知識就是力量！這力量讓宇文泰頓時發現了一座豐富的政治寶庫，開闊了眼界，隱約看到了光明的未來。蘇綽著作郎的官職，是尚書僕射周惠達舉薦的。第二天，宇文泰遇到周惠達，大喊：「蘇綽真是奇士！我要把國政都交給他。」於是，蘇綽平地一聲雷，出任了宇文泰的左丞，掌管機密，實際主持西魏的改革。

　　大統七年（西元五四一年），蘇綽在宇文泰支持下起草六條詔書，以皇帝名義頒布施行。這六條分別從治心、教化、地利、賢良、獄訟、賦役六個方面，主張進行德治為主、法治為輔的改革。改革的措施可分為兩大方面。第一個方面是改革現存的弊病，改變之前西魏政壇近乎無法無天的原始狀態。在政治上，頒布〈大統式〉作為統一的法律，還規範官制，裁減冗員。宇文泰主張不苛不暴、法不阿貴，官吏犯法一視同仁。宇文泰的內兄王世超，任秦州刺史時，驕橫州縣，結果被賜死。在經濟上，之前慘遭破壞的均田制被恢復，那些因為土地兼併、天災人禍和連年戰亂而背井離鄉的流民重新與土地結合了起來。勸課農桑、發展經濟取代徵兵打仗成為地方官員的主要考核目標，因此地方官吏紛紛重視農桑生產。此外，西魏還大力發展屯田。關中經濟很快走出凋敝，穩步發展。

　　第二個方面是因時因地，建立新制度。宇文泰恢復鮮卑族的舊姓，讓改姓漢姓的少數民族改回原姓，希望以此擺脫漢人柔弱奢華的毛病，保持戰鬥力。宇文泰仿照鮮卑舊俗，將軍隊分為八部，各部設柱國大將

軍統帥；士兵另編軍籍，身為職業軍人，不從事耕種，也不受地方政府管轄，稱為「府兵」。統帥府兵的八名柱國大將軍分別是：宇文泰、元欣、李虎、李弼、獨孤信、趙貴、于謹和侯莫陳崇。宇文泰地位最高，統率其他柱國大將軍；元欣是西魏宗室、孝文帝的姪子，基本上是個虛職，指揮不動軍隊。實際管事打仗的是剩下的六位柱國。每位柱國都督兩名大將軍，一共有達奚武、李遠、楊忠等十二人。府兵制的創立，表面上看是倒退到鮮卑族早期的組織結構。實際上，它僅僅是組織形式的「鮮卑化」而已，各柱國大將軍也好、底下各級軍官也好，都是中央直接任命，士兵對軍官也沒有依附關係。府兵完全是朝廷的軍隊。鑑於少數民族人數少，宇文泰大量吸收普通漢族百姓當兵。整編後的西魏軍隊超過一半人是漢族人。這些漢族人不是改姓鮮卑姓氏，就是冒充少數民族，用「胡俗」來培養戰鬥力。又比如宇文泰仿照周禮，革新官制，以周朝的繼承者自居。這項改革對漢族人的心理產生了微妙的影響。一個鮮卑族的政權以漢族盛世的繼承者自居，一下子拉近了自己和廣大漢族人口的距離。很多北方漢族地主和知識分子，逐漸擺脫對西魏的排斥，與它合作。西魏抬出周朝來，還使得自己在和東魏、南朝爭奪天下正統時占據了歷史優勢。

宇文泰在改革中的表現也不錯。他雖然對制度革新缺乏必要的知識儲備，但放手讓人去做，同時唯賢是舉，只要認準德才兼備的人，哪怕出身微賤也大膽任用。西魏吏治較為清明，他的周圍也聚攏了不同背景的有用之才。比如西魏大將李弼原是侯莫陳悅的部下，後兵敗投降。宇文泰對他予以重用，提拔為八柱國大將軍之一。二人坦誠相見，毫無戒備。

主持這場改革的除了蘇綽，還有出身范陽盧氏的大臣盧辯。孝武帝元修西逃入關時，遠在鄴城任太學博士的盧辯聞訊，離家追隨，單人匹馬跟到關中。在西魏，他逐步升到尚書令。盧辯長於典章制度，這場改革的制度大多由他制定。

二
────

西魏內部改革之時，外部硝煙一直沒有消散。

西元五四三年（西魏大統九年、東魏武定元年），高敖曹的哥哥高仲密新任東魏的北豫州刺史，其地在河南。高歡的長子高澄是個專橫的色鬼，看到高仲密的妻子李氏貌美，一見面就想強姦，撲上去就亂扯衣帶。李氏寧死不從，拚命掙脫，衣不蔽體地跑去向高仲密哭訴。高仲密衝冠一怒為紅顏，向西魏獻地投降。宇文泰喜出望外，親自帶兵來接應高仲密。西魏順利接收了北豫州，占領了虎牢關等策略要地，包圍黃河南邊的河橋城。高歡也帶上十萬官兵，自黃河北岸渡河，搶占邙山，擺出決戰的陣勢。

兩軍勢均力敵，誰都不敢搶先發動進攻，一連對峙了好幾天。

宇文泰想兵出奇招，就在一天深夜，指揮主力悄悄向邙山奔去，想突襲高歡。東魏的偵察兵發現了偷襲而來的敵人，火速告訴高歡。高歡整兵備戰。於是，西魏的偷襲變成了黎明時分的兩軍混戰。東魏大將彭樂帶領數千騎兵，突擊殺入西魏北軍，所向披靡，一直深入西魏腹心。彭樂最初追隨杜洛周起兵造反，後來投靠爾朱榮，中途突然投降葛榮，

又轉過來歸附爾朱榮，之後才投靠高歡，政治態度反覆無常。東魏這邊有人看不到彭樂的影子，就跑去對高歡說：「彭樂這小子又叛逃了！」高歡勃然大怒：「彭樂太反覆無常了！」正發怒間，彭樂遣使告捷。他一舉俘獲包括西魏臨洮王元柬等五個王爺在內的重要俘虜四十八人。高歡立即傳令鳴鼓進軍，東魏軍沿路掩殺，斬首三萬餘級。西魏大敗。彭樂追擊宇文泰，緊咬不放。宇文泰狼狽地策馬狂奔，還扭頭向彭樂哀求：「彭將軍，飛鳥盡，良弓藏，走狗烹。今天你殺了我，明天你還有用嗎？你不如馬上還營，把我丟棄的金銀寶物一併取走。」彭樂一介武夫，輕易信任了宇文泰的話，折回去撿拾戰利品，整理了一大袋金銀珠寶放在馬上向高歡覆命。高歡問他為什麼沒追殺到宇文泰。彭樂如實相告，最後還宣告：「我並不是因為他的話才放了他的。」高歡再一次震怒，當場勒令彭樂跪下，親手抓著他的頭往地上撞。高歡還不解恨，幾次舉刀要砍彭樂的腦袋，可是最終沒砍下去。彭樂哀求給他五千人馬，再去追捕宇文泰。高歡長嘆一聲：「晚了！」最後，他賞賜給彭樂三千匹絹。（彭樂此人傻得可愛，最後官至司徒。）

　　第二天，兩軍重整旗鼓，再次大戰。宇文泰兵分三軍，合擊東魏軍。剛好有一名東魏的小兵犯了軍法，為了避禍投降西魏。他向宇文泰指明了高歡的確切位置。宇文泰馬上集合精銳將士猛攻高歡所在的位置。很快，高歡身邊的將士幾乎悉數被殲滅。高歡帶上幾個親隨，策馬逃跑，沒跑幾步，高歡的坐騎就被射死了。部將赫連陽順下馬，把馬讓給高歡騎，自己殿後掩護。很快，西魏追兵又殺到高歡背後。部將尉興慶對高歡說：「大王快走，我腰間尚有百箭，足以射殺百人，保護您撤走。」高歡感動地說：「如果你能生還，我任命你為懷州刺史。如果你戰死，你的兒子就是刺史！」尉興慶說：「我兒子太小了，希望大王讓我兄

長做刺史。」高歡一口答應下來。尉興慶殿後，最後因寡不敵眾被西魏亂刀砍殺。

　　有東魏降兵為了邀功，把高歡逃跑的方向報告了宇文泰。宇文泰組織一支敢死隊，人人輕裝快馬，一心追殺高歡。他任命大都督賀拔勝為隊長。這個賀拔勝，是賀拔岳的哥哥，當初被元修任命為荊州刺史。高歡唆使他人殺了賀拔岳，和賀拔勝有殺弟之仇；高歡派侯景進攻賀拔勝，又和他結下了戰場之仇。元修逃到關中後，高歡將留在東魏的賀拔家族的大哥賀拔允給殺了。賀拔允和高歡關係不錯，是支持高歡的，想不到也遭到不測。至此，賀拔勝和高歡又多了殺兄之仇。三仇合併，賀拔勝與高歡不共戴天，因此是追殺高歡的最佳人選。他很快就在混戰之中，發現了正倉皇逃命的高歡的影子，飛馬執槊，帶上十三騎追殺而去。賀拔勝一口氣追了數里，好幾次槊尖都要刺到高歡的後背了。他情緒激動，大喊：「賀六渾，我今天一定要宰了你！」高歡害怕得幾乎全身都趴在馬背上了。彷彿有上天保佑，危如累卵之際，高歡隨從扭身射了一箭，正好射斃賀拔勝的坐騎。等賀拔勝起身，找到馬匹想再追，高歡已經跑得無影無蹤了。賀拔勝頓足痛惜：「我今天竟然忘了帶弓箭，真是天意啊！」

　　高歡所在的部分雖然失敗了，但東魏其他部隊並沒有戰敗。相反，西魏趙貴等部抵敵不住，開始退卻。戰場形勢發生了逆轉。東魏軍隊衝殺過來，宇文泰率軍逃跑。幸好有獨孤信等人收攏潰散的官兵，從後面掩擊東魏追兵，西魏軍隊才得以脫險。此戰，西魏失敗，包括虎牢關在內的北豫州等地得而復失。宇文泰不得不退兵河南西部。

　　高歡率軍進入陝州，部下封子繪等勸高歡乘勝西進，徹底消滅宇文泰，一統兩魏。但多數將領戰鬥意志不強，反對繼續擁兵。事實上，東

西兩魏實力相當，宇文泰軍隊的主力也相對完好，高歡權衡之下，下令撤軍。高歡率主力回晉陽，任命侯景為司空，全權負責河南軍政。侯景俘獲叛變的高仲密妻兒送至鄴城。由於高乾、高敖曹都是高歡的功臣，高仲密的弟弟高季式聽說兄長起兵後馬上自首，因此高歡並沒有將高家連坐族誅，只殺高仲密一家。臨刑前，色狼高澄去見將被處死的高仲密妻子李氏，問：「今日如何？」李氏默然，只好被高澄納為妾侍。高歡又殺掉了賀拔勝留在東魏的所有兒子，以報戰場上追擊之仇。賀拔勝在關中得知，吐血而亡。

邙山之戰後，宇文泰不得不擴大招兵範圍，補充戰場損耗。在北魏末年的關隴起義中，地方豪強紛紛組織鄉兵自保。宇文泰把這些鄉兵武裝都收編為正規軍，任命當地豪強或者有名望的人物統領。如此擴軍，遭遇到的阻力很少，不僅加強了西魏王朝的軍事力量，還削弱了地方勢力。擴充的新軍，主要是漢族人。宇文泰部隊中的漢族士兵的比例進一步提高。同樣，新任命的將領中，漢族人的比例也不斷提高。以武川鎮軍人為核心的六鎮武裝和關隴漢族地主勢力，因為歷次整編和擴充，日益聯合了起來。

三

高歡已經年過五旬，身體越來越不好。他決心在有生之年，再會會宇文泰——如果能殲滅宇文泰就更好了。

西元五四六年（東魏武定四年、西魏大統十二年）十月，高歡召集

東魏十萬精兵，圍攻西魏位於汾河下游的重要據點玉璧城（今山西稷縣）。此城由大將王思政築造，但王思政已經調離，推薦韋孝寬守城。玉璧城中的西魏守軍不過數千人。高歡對攻下此城信心十足。他的目的是以玉璧為引子，令宇文泰出兵增援，然後在河東來場新的決戰。但是，玉璧城地勢險要、防守堅固，韋孝寬對守城信心滿滿，並沒有向關中請求增援；宇文泰也相當放心，不派一兵一卒。從一開始，高歡的戰爭目標就落空了。

　　這次一相情願的決戰，變成了十萬大軍的攻城戰。高歡指揮官兵畫夜攻城，毫不懈怠；韋孝寬目不交睫，認真守城。一時硬攻不下，高歡轉而智取。第一招是「斷水」。玉璧守軍之前從汾河汲水飲用，高歡就派人改掘河道，斷了韋孝寬的取水之路。韋孝寬下令在城內鑿井取水，城中人馬安然無恙。第二招是「造山」。高歡在城南造起土山，山比城高，想居高臨下攻入城去。韋孝寬就在原先城牆的兩個城樓之間綁縛木柱，搭成木橋，高於土山。西魏守軍反過來居高臨下，向土山上的東魏士兵投石擲火。東魏官兵不能近前。高歡派人威脅韋孝寬：「即使韋孝寬搭橋上與天齊，我也會穿地入城取你人頭！」於是，高歡使出第三招：「鑽地」。東魏軍士挖掘地道，計劃挖入城中。韋孝寬就沿著城牆挖出一條深溝，一等挖地道的東魏士兵跌入長溝，就地擒殺。守軍還在長溝內堆滿木柴，只要有地道暴露洞口，就派人往洞裡填塞柴草，放入火把點燃，往地道內鼓氣。地道中的東魏士兵不是被燒焦就是被燻死。高歡還有第四招「燒牆」。高歡繼續派人挖掘地道二十條，不挖穿城牆了，而是挖到城牆下面就用木柱支撐住，再以猛火燃燒，等地道內的柱子崩塌，好多段城牆也隨之塌毀。這一招起初很奏效，玉璧城牆坍塌了多處。韋孝寬迅速在城崩處樹立起大木柵，用尖矟弓弩防守住，東魏官兵還是不能攻入。

高歡接連失敗，就開始用「心理戰」。東魏官兵對城中大喊：「城中有能斬韋孝寬者，拜太尉，封開國公，賞帛萬匹！」並向城內發射懸賞令。韋孝寬就在賞格背面親筆書寫「能斬高歡者也按此賞」，射回城外。高歡把韋孝寬留在東魏的姪子綁在城下，逼韋孝寬投降。韋孝寬看著姪子在面前被殺，也堅持不降。守軍大受感動，誓死和韋孝寬共生死。

　　十萬東魏大軍苦攻玉壁五十多天，傷亡及病倒超過三分之二。韋孝寬歸然不動。高歡精疲力竭，一病不起。一天夜裡，有大星墜於營中。古人認為，天降隕石就是將星墜落。高歡害怕這個天象落實到自己身上，主動撤圍而走。

　　大軍困於小城之下，已經引起了東魏內部的種種猜測。軍中訛傳韋孝寬用大弩射殺了高丞相。韋孝寬聽說後，趁機派人四處高喊：「勁弩一發，凶身自殞。」撤退中的東魏大軍開始軍心不穩。高歡不顧病重，露天召集諸將宴飲。宴會上，大家情緒低落。大將斛律金唱起〈敕勒歌〉緩和氣氛：

　　敕勒川，陰山下，天似穹廬，籠蓋四野。
　　天蒼蒼，野茫茫，風吹草低見牛羊。

　　高歡觸景生情。他彷彿回到了壯闊蒼茫的懷朔鎮、回到了草長鶯飛的早年，一生的奮鬥歷程依次在面前閃過……高歡親自和唱，哀感流淚。西元五四七年正月朔日，恰巧日蝕，高歡病死，時年五十二歲。

　　高歡死後，東西兩魏之間長期沒有爆發新的決戰。兩邊都把征戰的目標轉移到了南方的梁朝。東魏的目標是南北方傳統的戰場：淮南江北。因為南梁的內亂，東魏斬獲頗豐。不過，西魏在巴蜀地區的收穫更大。

大統十八年（五五三年），宇文泰派遣尉遲迥進軍四川，占領了現在的陝南、四川、重慶等地。一年前（大統十七年，五五二年），南梁大亂。梁武帝第七子蕭繹在江陵稱帝，是為梁元帝。蕭繹為了平定國內騷亂，稱臣於西魏。西魏與蕭繹訂立盟約割占土地：西魏以竟陵（今湖北潛江西南），梁以安陸（今湖北安陸）為界。梁元帝蕭繹並送人質去長安。然而，等南梁內部安定後，蕭繹對屈辱性的盟約反悔了。他以稱帝後不便向西魏稱臣為理由，堅持南北方平等相待，並且要求西魏把之前侵占的陝南、四川、重慶和湖北北部等地區歸還南梁。宇文泰大怒。恰巧蕭繹的姪子蕭詧向宇文泰借兵進攻蕭繹。於是，西魏恭帝元年（五五四年）年底，宇文泰派步騎五萬攻陷江陵。梁元帝蕭繹被處死，魏軍洗劫了江陵城，驅趕十餘萬百姓返回關中。蕭詧在空城中被扶持為傀儡。西魏進一步占領湖北其他地區。至此，宇文泰勢力擴展到長江中游。

癲狂高洋與傀儡羔羊

一

高歡新立的皇帝元善見是北魏孝文帝的曾孫。高歡和左右詳細商議立元善見為皇帝的時候，認為洛陽雖然有位置優勢，但是土地褊狹，久經喪亂，城池殘破，不適合作為首都，而且元修和宇文泰在長安居高臨下，對洛陽構成威脅。因此，高歡等人選擇鄴城為新的首都。元善見就在鄴城東北登基稱帝，改元天平，成為東魏的開國皇帝，也是唯一的皇帝。元善見年幼，高歡繼續主政，掌握軍國大權。

高歡的統治相對平穩，高氏家族繼續竊取權力。當時南梁雖然有北伐，但與東魏的關係仍以外交通使為主。高歡害怕北方士大夫望梁朝為正朔所在而投奔江南，也無意南向擴張疆土。為了抵抗柔然對分裂的魏國的侵略，高歡迎娶柔然公主，對柔然奉行結交和好政策。他把主要精力放在與關中宇文泰的作戰上。隨著連年戰爭和關中的恢復，東魏和西魏逐漸形成了均勢。高歡的平穩統治為兒子的篡位奠定了良好的基礎。

高歡死後，長子高澄繼承他的地位，受封渤海王、大將軍，把持朝政。

高澄的才能無法和父親高歡相比，而且他為人殘暴猜忌，嗜權如命，導致內部人際關係緊張。比如他任用親信崔季舒、崔暹監督百官，對父親留下來的老戰友、老臣很不客氣。東魏內部怨氣重重。和高歡一道起兵的大將侯景乾脆就割據叛變，先後投降了西魏和南梁。

不過，高澄的運氣實在是好。底下雖然有怨氣，但都被他的專橫殘暴所壓制了。侯景叛變導致河南地區脫離東魏，卻因為侯景首鼠兩端、

決策失算，東魏很輕鬆就收復了河南大部分地區。更輕鬆的是，高澄把「瘟神」侯景趕到南梁後，南梁內部大亂，梁朝淮南江北各州郡的刺史、太守紛紛向東魏獻城歸降。高澄派人南下納降，兵不血刃接收了淮水以南二十三州。這其中包括鍾離、壽陽、合肥、淮陰等重要軍鎮，南北方的國境幾乎推進到了長江北岸。高澄舉手之間就完成了之前北方歷代統治者花費千軍萬馬都沒有實現的目標。（此事在侯景之亂部分詳述。）

同時，高澄雖然沒有在對西魏的戰爭上有大的進展，卻攻占了西魏在河南的重要據點潁州。潁州治所在長社（今河南長葛東），由西魏的大將軍王思政鎮守。王思政是孝武帝元修時的老臣，對西魏忠心耿耿，起初將城池守衛得很好。東魏大將慕容紹宗、劉豐生等都死於城下。高澄親自率領十萬大軍兵臨長社城下，採用水攻，將長社城淹成汪洋中的一座孤島。城牆多處崩陷，儲糧被淹，王思政不得已向高澄投降。高澄也不殺他，以禮相待。王思政幾年後病死在北齊。長社陷落後，宇文泰放棄了河南的其他各州。高澄又輕鬆撿了個大便宜。

高澄因「功」聲望達到顛峰。他被加封為齊王、相國，享受劍履上殿，入朝不趨，贊拜不名的殊禮，真可謂是「司馬昭之心，路人皆知」了。

元善見是個自幼聰明，文武雙全的君主。他「好文學，美容儀，力能挾石獅子以逾牆，射無不中」。意思是說這位皇帝長得很漂亮，喜歡文學，還能挾帶著石獅子翻牆，射箭百發百中。這在歷代皇帝中還真算得上才能出眾。朝廷宴會的時候，元善見老是命令群臣賦詩，自己從容沉雅，非常有北魏偉大的帝王孝文帝的遺風。但元善見始終是一個傀儡，未能親政。傑出的才幹是多少代朝臣對君主的期望，但對於傀儡君主來說，它就變成負面因素了。渤海王高澄主事的時候就非常忌諱這位

文武全才的皇帝。高澄將大將軍中兵參軍崔季舒調任中書、黃門侍郎，監察皇宮的動靜。因此元善見的大小舉動都被崔季舒偵知，再告訴主子高澄。

元善見一次在鄴城東部打獵，驅馬馳騁如飛。監衛都督烏那羅等人在後面緊緊追趕，高呼：「天子莫走馬，大將軍怒！」意思是說皇帝不能跑得太快了，大將軍知道了會發怒的。

高歡生前，雖然專權，但對皇帝的表面功夫做得非常到位。他對孝靜帝畢恭畢敬，君臣之間倒也相安無事。但高澄一點表面文章都不做，在皇帝面前毫不掩飾自己的專橫跋扈。一次，高澄和皇帝一起飲酒。高澄舉觴對元善見說：「高澄祝陛下長命百歲。」元善見聽了，可能比較感慨，就不高興地說：「自古沒有不亡之國，朕怎麼能受用這樣的話！」高澄發怒了：「朕，朕，狗腳朕！」高澄說完還不解氣，讓崔季舒上去打元善見三拳。當眾毆打了皇帝後，高澄這才奮衣而去。第二天，高澄讓崔季舒去慰勞皇帝。元善見也不得不表示辭謝，還賜給崔季舒絹。崔季舒哪裡敢接受，就先跑去報告高澄，問自己是否能夠接受。高澄讓崔季舒取其中的一段。元善見就束了百匹絹給崔季舒。

元善見不堪憂辱，常常在宮中詠同時代南方大詩人謝靈運的詩：「韓亡子房奮，秦帝魯連恥。本自江海人，志義動君子。」

這是南方謝靈運遭地方官員彈劾後借古諷今、立志雪恥的詩。大臣荀濟聞聽後，知道元善見的心意，就與華山王元大器和元瑾等大臣密謀於宮中。他們三個人想出了一個餿主意，偽裝在宮中造假山，實質上挖地道出宮。猜想他們是想將皇帝弄到城外去，再集結天下兵馬做進一步打算。荀濟的地道一直向北城方向挖進。到千秋門的時候，守門者察覺到地下有響動，趕緊跑去報告高澄。高澄領兵入宮，責問元善見：「陛下

為什麼要造反？我高家父子兩代功存社稷，有什麼地方辜負了陛下嗎？」高澄當即下令捕殺宮中的妃嬪。元善見正色說：「自古只聽說大臣反皇帝的，不曾聽說還有皇帝反大臣的。大臣們造反，關我何事？我不惜生命，何況妃嬪！你如果打定主意要造反弒君的話，你就動手吧！」高澄見皇帝來硬的了，下床叩頭謝罪。皇帝見高澄服軟了，就擺宴招待。高澄在宮中酣飲，到深夜才出去。三天後，高澄還是將元善見幽禁在含章堂，而元大器、元瑾等人都在鬧市中被當眾烹死。

高澄囚禁了皇帝，準備逼元善見禪讓，篡位建國。元善見在含章堂心驚膽顫地過日子。他不知道自己身死何時。一切似乎都明朗了，高澄馬上就要篡位稱帝了。

<h2 style="text-align:center">二</h2>

但是先傳來的卻是高澄的死訊。西元五四九年，高澄在家裡被廚師刺死。

凶手廚師是一個叫做蘭京的南方人。東魏在與南梁的戰爭中，南梁將領蘭欽的兒子蘭京被北方俘虜，高澄讓蘭京在家中配廚。蘭欽請求贖回兒子，被高澄拒絕。蘭京本人也向高澄申訴。高澄讓監廚蒼頭薛豐洛杖責蘭京，警告說：「再申訴，就殺了你。」蘭京不是軟柿子，祕密聯結了六個人陰謀作亂。當時高澄正準備接受魏禪，與陳元康、崔季舒聚集在北城東柏堂裡密謀最後的步驟。太史向高澄警告說天象突變，一個月之內有變亂，提醒高澄注意。這天，蘭京進東柏堂端菜。高澄不讓蘭京

進來，對旁人說：「昨天晚上，我夢見這個奴才要殺我。」過一會兒，高澄又說：「我要先殺了這個奴才。」蘭京聽了，把刀放在菜盤下，冒險進食。高澄見了，發怒說：「我並沒有叫吃的，你為什麼進來？」蘭京拔出刀，惡狠狠地說：「我來殺你！」高澄急忙逃跑，傷了腳，躲入床下。蘭京的同夥湧入堂裡，掀去床，亂刀砍死高澄。高澄時年二十九歲。

高澄遇刺身亡，事出倉促。高家親信連忙報告高澄的二弟高洋。高洋聞訊，神色不變，親自斬殺蘭京及其同黨，同時收殮哥哥，卻祕不發喪。高洋只是對外宣布家奴造反，大將軍高澄受了一些輕傷，並無大礙。當時洛陽周邊因為消息不明，出現騷動跡象，聽到高洋的處理稍微安定下來。高洋再以東魏立皇太子為理由，大赦天下。等待洛陽周邊安定後，高洋緊急奔赴晉陽，接收軍隊，掌握權力。這時，高洋才向天下宣布了哥哥的死訊。

聽到高洋接替哥哥的地位後，元善見天真地認為：「上天佑我，魏室可以復興了。」

元善見輕視高洋是有原因的。高洋長得很猥瑣，皮膚黑黑、滿身魚鱗紋，平日窩在角落裡少言寡語，和儀表堂堂、風度翩翩的大哥高澄相比，一個地下，一個天上。不僅高澄以為他沒有什麼能力，連諸位大臣也看不起他。就連高洋的生母婁昭君也憂慮地對他說：「你爸爸是龍，你大哥是老虎，才有了我們家如今的地位。現在輪到你了，你行嗎？」

但事實隨即粉碎了元善見的天真與幻想。

高洋那是韜光養晦，城府深厚而已。在諸多的子女中，高歡最看好的，恰恰是二兒子高洋。一次，高歡拿出一團亂絲，叫幾個兒子解開。當兄弟們解得手忙腳亂時，高洋拔出刀就砍，還說：「亂的該斬！」高歡很欣賞高洋的作風。還有一次，高歡叫高澄、高洋各帶一隊士兵行軍，

按照命令大將彭樂率領騎兵佯攻他們，想測試一下兄弟二人的膽略。高澄表現得驚慌失措，高洋卻不慌不忙指揮部下迎敵。彭樂連忙說明來意。高洋不相信，將彭樂捆綁起來，押到父親面前才把事情弄清楚。經過這些考驗後，高歡生前雖然以長子高澄為繼承人，但同時培養次子高洋。

高澄繼位後，高洋擔心遭兄長排擠陷害，刻意保持低調。他每次退朝回府就閉門靜坐，整天不開口。有時，高洋在家裡跑跑跳跳，夫人問他做什麼，他只說玩玩而已。其實，高洋是不想自己安逸下來，保持活躍的身體和精神。

在處理高澄被刺事件時，高洋從容自若、手段高超，開始讓旁人大吃一驚。在晉陽，高洋大會文武大臣，期間神采飛揚、言辭敏銳，與昔日木訥安靜的樣子判若兩人，更令人刮目相看。全場都被震懾了。掌權後，高洋理清了大哥高澄的政令，幾乎全部修改或廢除。高隆之、司馬子如趁機彈劾高澄親信崔暹與崔季舒的過失，高洋將二人各打兩百鞭，發配邊疆。他很快就樹立了權威，原本對高澄有怨氣的大臣們，紛紛聚集到高洋的周圍。

但是，高洋隨著權勢迅速穩定，性情也迅速大變，很快墮落成一個癲狂病人。他的行為越來越放縱，有時整天整夜唱歌舞蹈；有時披頭散髮，穿著胡服；有時騎驢、騎牛、騎駱駝、騎象，從不加鞍繩，隨便走到哪裡就是哪裡。大臣的府第、貧民居住區，他自由出入，累了就在街上或坐或臥。高洋似乎寒暑不分，在炎炎烈日下赤膊光腳行路，在冬天的嚴寒中裸露身體狂奔。

更可怕的是，高洋開始嗜血，殺人成性。他製造了許多殺人工具，有小耳朵子、長鋸、銼刀、碓等，一一陳列在殿庭之上。高洋喜歡喝

酒，而且一喝醉必殺人取樂。他經常從早到晚地喝酒，也就從早到晚不停地殺人。宮女、宦官甚至親信每天都有人慘死在他的盛怒之下。後來人們摸到主子的秉性，就從監獄中將判決死刑的囚犯提到高洋住處，供高洋不時的殺人之用。但是高洋殺的人太多了，政府的死囚不夠使用。親信們就把拘留所裡正在審訊中的犯人或者剛拘捕的嫌疑人拉來以備使用，史稱「供御囚」。高洋出巡時，這些可憐的供御囚也跟在後面備用。官府有個奇怪的規矩：一個人只要做供御囚三個月而不死，即判為無罪釋放。

高洋幼年時，丞相高隆之對這個癲狂孩子不太看好，也就不甚禮遇。高洋掌權後記起前恨來，下令將高隆之殺掉。之後高洋還不解恨，就把高隆之二十多個兒子喚到面前表演集體屠殺。群刀齊下，人頭落地。高洋這才解恨。

丞相李暹病故後，高洋去李暹家祭弔。他問李暹妻子：「夫人是否思念丈夫？」李暹妻子肯定是回答：「結髮夫妻，怎麼能不想念啊？」誰知高洋說：「既然想他，就前去陪他吧！」說完，高洋抽出配刀，砍下她的頭扔進陰溝裡。

日後登基，高洋的行為更加癲狂。他寵愛的薛貴嬪是妓女出身。高洋有一天想起來薛貴嬪的過去不乾淨，就不顧夫妻情誼，將她殺掉。但是高洋在薛貴嬪死後，又想起她的美來。於是高洋把血淋淋的人頭藏到懷裡參加宴會，在宴會高潮時掏出來放在桌子欣賞。參加宴會的大臣貴族無不大驚失色。高洋思念更深，將她的屍體肢解，用腿骨做了一個琵琶。他抱著琵琶一面彈一面唱：「佳人難再得。」高洋為薛貴嬪辦了一場隆重的葬禮，跟隨在棺材後面，蓬頭垢面，大聲號哭。

高洋還有兩個弟弟——高浚和高渙，經常勸說哥哥注意自己的行為。高洋煩了，就將這兩個弟弟關到地窖的鐵籠裡。高洋還去看他們，縱聲高歌，命二人相和。高浚和高渙既悲傷又害怕，顫抖著唱出歌來。高洋聽著淚流滿面，突然拿起長矛向籠中猛刺，還命令衛士們一起刺殺。兩個弟弟用手抓住鐵矛掙扎，號哭震天，被刺成一團肉醬。高洋在執政的後期，老擔心自己死後政權不穩，於是就把魏國元姓皇族全部屠殺。其中嬰兒們則拋向空中，用鐵矛承接，一一刺穿。但是在他死後，政權果然不穩，高氏親屬爭權奪利，骨肉相殘。

三
━━━━━━

這是這麼一個癲狂病人，以異乎尋常的速度完成了逼宮禪讓的過程。

武定八年（五五〇年），元善見晉升太原公高洋為丞相、齊王，都督中外各軍事。這時，徐之才、宋景業等人紛紛勸高洋稱帝，宣稱應該在五月受禪即帝位。高洋早有此意，於是從晉陽來到鄴城，進行最後的準備。文武百官見局勢如此，沒有敢反對的。五月，元善見再任命高洋為相國，總百揆，備九錫之禮，又以齊國太妃為王太后，王妃為王后。

五月初八，襄城王元昶、司空潘樂、侍中張亮、黃門侍郎趙彥深等人要求入朝奏事。元善見在昭陽殿召見他們。君臣間進行了東魏朝廷最後一場辯論。

張亮說：「五行遞運，有始有終。齊王聖明仁德，深受老百姓愛戴，請陛下效法堯、舜，將帝位禪讓給他。」元善見一點辦法都沒有，只好在程序問題上拖延時間：「既然這樣，那我就先準備制書吧！」中書郎崔劼、裴讓之說道：「不勞陛下，我們已經寫好了。」侍中楊愔即獻上制書，讓皇帝按照內容抄寫一份。元善見只得照辦。

元善見抄完後問：「你們將如何安排我呢？我應該去什麼地方？」楊愔回答說：「在鄴城北城有所別館，你會搬到那裡去。我們已經準備好了車駕，平時的侍衛會帶你去那的。」元善見慢慢地走下御座，走出東廊。這位文才出眾的皇帝邊走邊詠范蔚宗的〈後漢書贊〉：「獻生不辰，身播國屯。終我四百，永作虞賓。」

元善見走到宮門處，相關官員請他上車出發。元善見留戀地說：「古人想念遺簪敝履。我想和六宮告別，可以嗎？」尚書令高隆之說：「現在的天下還是你的天下，況且後宮呢！」元善見就與夫人貴嬪訣別，大家無不唏噓流淚。趙國李嬪吟詠陳思王曹植的詩：「王其愛玉體，俱享黃髮期。」皇后等人哭聲震天。

直長趙德準備了一輛老牛車，等候在東上閣。元善見上車後，趙德竟然也趕上車來，坐在皇帝旁邊（像趙德這樣的低階別的官員，按禮是根本沒有資格與皇帝同車的）。元善見用手肘碰碰趙德，說：「我畏天順人，授位給相國。你是什麼奴才啊，竟然也敢逼我！」趙德堅持不下去。元善見只得與他同車走出雲龍門，王公百僚整理衣冠跪在路邊為皇帝送行。元善見極其感慨，曰：「今天的我還比不上常道鄉公、漢獻帝呢！」大臣們也都覺得悲涼得很，很多人都流下淚來。

五月初十，齊王高洋在鄴城南郊舉行受禪典禮。當天，鄴城出現赤雀，人們將赤雀獻到郊所。高洋升壇，柴燎告天，正式接受皇位。事畢

後，高洋進入皇宮太極前殿，宣布大赦天下，改元天保，國號齊，史稱北齊。新皇帝大賞天下之民，百官進兩大階，六州緣邊職人進三大階。北魏孝莊帝以後，百官都不領俸祿，現在高洋又重新發薪資給百官了。東魏只經歷元善見一個皇帝，享國十六年。東魏全境進入北齊的統治。高洋終於成功篡權奪位。

高洋為遜帝規定了相當優待的條件。北齊封元善見為中山王，食邑一萬戶；上書不稱臣，答不稱詔；出行可以使用天子旌旗，乘五時副車；奉絹三萬匹，錢一千萬，粟二萬石，奴婢三百人，水碾一具，田百頃，園一所。元善見繼續延續魏室正朔，在中山國立魏國宗廟。元善見皇后被封為太原公主；各個兒子被封為縣公，食邑各一千戶。高洋出巡的時候，常常讓元善見伴隨左右，以示恩寵。但是元善見一家依然生活在恐懼之中。北魏的各位皇帝即使禪讓退位了，都沒有得到善終。這些皇帝通常是被新皇帝毒死。妻子為了防止毒物，每次吃飯前都為元善見吃東西試毒，盡力保護著丈夫。但是高洋還是找到機會，西元五五一年下毒毒死了元善見。元善見年僅二十八歲。元善見被追諡為孝靜皇帝，葬在鄴西漳北。

現在邯鄲西南六十五公里處的磁縣還保留著元善見的陵墓 —— 天子塚。天子塚並不豪華，墳墓為封土形式，高五十公尺，直徑一百二十公尺。墓頂建有玉皇大殿和娘娘廟、觀音廟。前後有臺階可登至。至今，天子塚還是旅遊景點。但是奇怪的是這一百零九階臺階。臺階與地面成五十度角，遊人登臺階的時候，會發出叮咚響的水聲。有的當地人說這是天子塚下的元善見千年後不甘冤死的哀號之聲。其實這何嘗只是元善見一個人的冤號。魏國末期的元子攸、元曄、元恭、元朗哪個皇帝不是冤死的？

傀儡皇帝不是好當的

一

　　說完東魏，我們來看看西魏。西魏的國運在宇文家族的羽翼庇護下又延續了二十四年。

　　落荒而逃的元修在宇文泰派出的軍隊護衛下輕騎向長安而來。宇文泰禮數非常周到，備齊儀衛出城迎接。君臣在東陽驛相見。宇文泰免冠，哭泣著向元修謝罪：「臣不能遏制奸臣欺凌皇上，導致皇上駕車西行，是我的罪過。請皇上將我交給相關部門懲處。」這一刻，厭惡了高歡的專權和蠻橫的元修感覺一定非常好。他回答說：「你的忠節，整個朝野都知道。我因為德行不夠，所以才被奸臣所乘。今天我們君臣相見，我非常欣慰。你不用謝罪。」宇文泰於是陪護元修進入長安。

　　北魏朝廷西逃到關中後，百業待興。宇文泰建立了西魏朝廷的雛形，還抵禦住了高歡軍隊對皇帝的爭奪。特殊的形勢導致初期軍國大政都由宇文泰專斷。宇文泰以大將軍、雍州刺史的職務兼尚書令，並進封略陽郡公。朝廷還解除了尚書僕射的官制，加強專權。元修在洛陽的時候曾將馮翊長公主許配給宇文泰。婚事還沒舉辦，元修就西逃了。現在在長安，元修為宇文泰舉行了皇室婚禮，正式拜他做駙馬都尉。一個月後，高歡親自領兵來爭奪皇帝元修。高歡軍突襲攻陷了潼關，進軍到華陰地區。宇文泰整軍駐紮在霸上迎敵，迫使高歡留下薛瑾守潼關後撤回東方。宇文泰進軍討伐薛瑾，俘虜七千人回到長安。元修晉升宇文泰為丞相。

當年十月，元善見即位，徙都鄴城。北魏正式分裂。宇文泰度過了與高歡戰爭的最初困難時期，西魏朝廷得以初建。元修也給予了宇文泰充分的信任。

隆重的場面，恢弘的長安和重建的朝廷，這一切使元修以為他成了一位真正的皇帝，可以擁有無限的權力了。但他忽視了自從胡太后之亂後，北魏朝廷已經旁落了數十年。他怎麼能夠就憑簡單的西逃重新樹立皇權呢？皇權的喪失也存在慣性。最高權力一旦喪失超過一定的時候，就不可能再次復興。它就像過時的衣物，只有等待被新潮流取代的命運了。

元修對宇文泰的期待也是錯誤的。他最愚蠢的地方就是將北魏的復興和奪回皇權完全寄託在宇文泰的身上。宇文泰憑什麼一心一意做北魏中興的功臣呢？更何況宇文泰本身就是有志於天下的軍閥，他與高歡是一丘之貉。宇文泰比高歡年輕，不像高歡那樣寬厚。高歡雖然專權，但起碼不干涉元修的私生活。元修的私生活混亂，長期與幾位姐妹同居。宇文泰非常厭惡元修這一點，將他的幾個姐妹全部驅逐出宮，並殺掉了其中的明月公主。元修暴跳如雷，要麼彎弓搭箭，要麼頓足捶案，大罵宇文泰。宇文泰就加強對皇宮的監視，防止元修再做蠢事。

滿懷希望的元修一下子又陷入了絕望之中。他終於有了才出狼穴，又入虎口的感覺。

元修用事實證明自己不是一個合格的政治家。他做事從不分析前因後果，不僅過分誇大自身的實力，而且以一時的好惡為出發點。即使處於被監視中，元修也一再揚言要除去宇文泰。結果幾天後，元修就要為自己的性命擔憂了。他能夠感覺到黑暗中有陰謀的矛頭正指向自己的心臟。這回，元修的感覺是正確的。

元修從洛陽西逃後的第五個月,閏十二月癸巳,大臣潘彌向元修上奏說:「皇上在今天要小心有急兵。」這天晚上,元修在逍遙園舉行宴會。他觸景生情,對侍臣們說:「此處彷彿是洛陽的華林園,我不禁滿懷淒怨。」元修命令牽來自己的坐騎波斯騮馬,讓南陽王駕馬。南陽王就要攀上馬鞍的時候,掉在地上摔死了。元修受到極大的驚嚇。

天色已晚,元修起駕回宮。到了宮殿後門,那匹波斯騮馬硬是不向前走了。元修使勁地鞭打坐騎,波斯騮馬才步入宮中。元修看看天色,對潘彌說:「今天不會有其他事情了吧?」潘彌說:「到下半夜,如果沒有事情,那就大吉了。」回到宮中,元修喝了一點酒。正是酒要了元修的命,宇文泰讓人在酒中下了毒藥。元修當即死去,年僅二十五歲。

元修不是個討人喜歡的皇帝。死後,元修被草殯於草堂佛寺。十多年後,元修才被葬入雲陵。西魏替元修定的諡號是「孝武」。但東魏不予承認,堅持將元修稱為「出帝」,意思是出逃的皇帝。

二

繼位的皇帝是元寶炬。有人說元寶炬參與了對元修的謀殺,但是沒有確切的證據證明。

元寶炬是孝文帝第三子、京兆王元愉的兒子。因為父親造反失敗自縊,母親受株連被殺,元寶炬的早年生活非常悲慘。他與兄弟、妹妹被囚禁在宗正寺長達七年,沒有自由,更沒有皇室身分。北魏末年皇室成員凋零,元寶炬開始異軍突起。他對高歡及其手下的驕橫跋扈十分厭

惡，公開揚言：「這些鎮兵，怎麼敢如此大膽！」因此，孝武帝元修很器重元寶炬，任命他為太尉，並帶他一起入關。

元修死後，多數大臣推舉孝武帝的姪子、廣平王元贊為新皇帝。濮陽王元順勸宇文泰不要效仿高歡立幼主攬權，不如反其道而行之，擁立一個平和老實的長君，以此把高歡給比下去。宇文泰於是推舉元寶炬為新皇帝。元寶炬再三退讓，實在沒辦法才不得不即位，改元大統。

元寶炬可謂是古代歷史上的「模範傀儡」。他非常清楚宇文家族取代魏室的趨勢，在他統治時期，朝廷大權進一步落入宇文家族手中。元寶炬採取了無條件合作，以求自保的態度。

歷史上的政治傀儡很多。傀儡的對策無非三種：激烈反抗，比如曹髦、元修那樣；消極罷工，對操縱者不理不睬，不配合，也是反抗。這兩種態度常常使幕前和幕後之間爆發矛盾衝突，結果往往是兩敗俱傷。當然更受傷的還是傀儡一方。元寶炬採取的是第三條道路，積極、全面地配合操縱者的政治運作，忠實地做個好傀儡。這樣做的目的其實很現實：保留性命。實權操縱者也最喜歡這樣的傀儡，往往不威脅他們的性命。這樣的結果其實是「雙贏」。

元寶炬有一次登逍遙宮遠望嵯峨山，感慨地對左右說：「望到這山，不禁讓人有脫屣歸隱的意思。如果我滿五十歲了，我就將政權交給太子，自己在山中採摘餌藥，不再像現在這樣一日萬機了。」雖然元寶炬最後沒有活到五十歲，但畢竟是正常死亡，基本實現了目的。他的結局遠比元子攸、元曄、元恭、元朗、元善見等親戚好得多。

元寶炬的命運和忍耐可以從他的婚姻中窺見一斑。

東西魏對立的時候，中原地區面臨著北方強大的柔然的威脅。東西魏都對柔然曲意逢迎以求自保。東魏把公主嫁給柔然統治者進行和親；

西魏宇文泰便要元寶炬娶柔然長公主作為皇后。當時元寶炬已經有了乙弗氏皇后，兩人非常恩愛。乙弗皇后生性節儉，平日穿舊衣、吃蔬菜，從不配飾珠玉羅綺，為人仁恕且沒有嫉妒心，深得元寶炬之心。但是宇文泰的命令又是不能拒絕的，元寶炬只好迎娶了柔然的長公主，立為皇后。他廢掉了乙弗氏皇后，將她打入冷宮。元寶炬新婚後的家庭生活並不幸福，柔然公主非常不滿，她是個嫉妒心極強的女人，將自己婚姻的不幸歸結為乙弗氏的存在。為了保護自己心愛的女人，元寶炬再次做出犧牲，將乙弗氏貶到秦州（今天水）出家為尼。

元寶炬雖然將乙弗氏貶到邊遠的地方，但對她的愛意並沒有絲毫減弱，相反是更加思念起來。兩人還多次祕密通訊傳情。柔然長公主很快知道了這個消息，並且向娘家哭訴自己的不幸。接下來的情節是柔然國出兵大舉進攻西魏，出兵的名義就是誅殺乙弗氏。元寶炬感嘆，愛情遇到政治怎麼會如此艱難。但是一個女子和百萬大軍比起來，自然是後者更加重要。元寶炬於是忍痛派遣使者去秦州，敕令乙弗氏自盡。乙弗氏冷靜地對使者說：「願皇帝享千萬歲，天下百姓康寧，我死而無恨。」隨後走進臥室，「引被自覆而崩」，年僅三十一歲。

元寶炬與乙弗氏的愛情最終還是戰勝了政治風雲。元寶炬死後，人們將他和乙弗氏合葬在一起，成全了兩人的愛情傳奇。兩人的合葬墓就是現在的陝西永陵。

雖然元寶炬的個人生活是不幸的，但是西魏在他在位時期得到了恢復和發展。在東西方的國力競爭中，西魏由弱變強，取得了優勢。元寶炬配合宇文泰主導的政治和經濟改革。西魏國力蒸蒸日上，還開疆拓土，疆域擴大到四川和湖北一帶。宇文泰為西魏滅亡東魏，直至最後為隋朝統一開啟了大門。這其中，也應該有元寶炬的一份功勞。

西元五五二年春三月，四十五歲的元寶炬駕崩於乾安殿，沒有實現自己五十歲退隱的計畫。一個月後，元寶炬被葬在永陵，上諡號叫「文皇帝」。「文」是一個非常好的諡號，用以表彰元寶炬的文治成績。在他死前的兩年，東邊的元善見禪讓給了高洋。宇文泰並不急於登基，因此魏室得以在長安延續。

元寶炬的長子元欽在父親死後，繼承了皇位，但卻沒有繼承父親對傀儡角色的理解。元欽犯了一個傀儡最要命的錯誤：爭奪權力。當時大權操於宇文泰之手，元氏皇權名存實亡，不少皇室宗親對此憂憤不已。尚書元烈密謀殺宇文泰，事洩被殺。元欽對元烈之死憤憤不平，對宇文泰口出怨言，還密謀誅殺他。淮安王元育、廣平王元贊等人常常勸諫元欽，甚至哭著請元欽注意言行，以免對皇室帶來危害。血氣方剛的元欽哪裡肯聽。西元五五五年正月，對政敵毫不手軟的宇文泰斷然廢掉了元欽。元欽在歷史上被稱為「廢帝」。

元欽值得一說的是他的「一夫一妻制」。元欽即位後，立宇文泰的女兒為皇后。他雖然對宇文泰不滿，卻對權臣的女兒很喜歡。而宇文泰之女，「志操明秀」，品行端莊，和元欽十分相愛。為此，元欽不置嬪御，專寵宇文皇后一人。元欽被廢後僅兩個月，就被宇文泰毒殺。皇后宇文氏悲傷過度，很快也死了，被認為是「忠於魏室」。其實說她忠於愛情更加確切。

三

　　宇文泰挑選的新皇帝是元寶炬的第四個兒子、被封為齊王的元廓。

　　宇文泰顯然希望元廓能夠成為像他父親那樣合作的皇帝。在即位之初，兩人的合作相對融洽。第三年，宇文泰因為身體狀況開始惡化，意識到自己將不久於人世，於是在該年的春正月丁丑，讓元廓行〈周禮〉，建六官，封自己為太師、塚宰。西魏恭帝三年（五五六年）十月，宇文泰病逝。至此，西魏短暫歷史中的兩大主角元寶炬和宇文泰先後謝世。

　　宇文泰逝世後，十五歲的兒子宇文覺繼承政治遺產，由三十五歲的姪兒中山公宇文護輔政。

　　宇文覺是宇文泰的第三子，母親就是元修為宇文泰主婚的馮翊公主。宇文覺年幼的時候，有善於面相的人史元華為他面相，對宇文家說：「貴公子有至貴之相，只可惜他不長命。」宇文泰在生命的最後一年，挑選宇文覺為世子，不久又拜為大將軍。宇文覺順理成章地接位。

　　宇文覺還是個小孩，對政治不一定明瞭。但是輔政的堂哥宇文護卻是野心勃勃的成年人。宇文護在輔政之初就極力推動取代西魏。宇文覺接位後的第三個月，宇文護強迫元廓將岐陽等地封給宇文覺，封宇文覺為周公。幾天後，元廓就接著下了禪位給宇文覺的詔書：「予聞皇天之命不於常，唯歸於德。故堯授舜，舜授禹，時宜也。天厭我魏邦，垂變以告，唯爾罔弗知。予雖不明，敢弗龔天命，格有德哉。今踵唐、虞舊典，禪位於周，庸布告爾焉。」又有一個皇帝承認自己德行不夠，要主動禪位給大臣。

元廓先是派大宗伯趙貴拿著詔書去拜會宇文覺，接著隆重召開朝會，正式派遣戶部中大夫、濟北西元迪捧著皇帝璽綬去宇文家。宇文覺按照親信們教導的那樣，先是堅持推辭不肯接受。聞訊而來的公卿百官連忙集體勸進，聲稱宇文家取代魏室是天命所歸，人心所向的事情，懇請十五歲的宇文覺接受帝位。在宇文護的監視下，百官們的勸進一個表現得比一個懇切感人。太史還信誓旦旦地說天下出現了祥瑞，正是改朝換代、新皇帝君臨天下的恰當時機。於是，宇文覺才接受了禪讓詔書。

元廓非常知趣，在頒布禪讓詔書後主動離開了皇宮。聽到宇文覺接受的消息後，元廓在大司馬府宣布遜位。

西元五五七年二月十五日，宇文覺登受禪臺，舉行柴燎告天儀式；百官雲集，沿途接受新皇帝的接見。他們中的一些人經歷了不止一次這樣的儀式，對程序已經非常熟悉了。宇文家族二十四年的牢固統治幾乎讓所有的國民都預料到了這一天的到來。兩位主角宇文泰和元寶炬因為逝世缺席了禪讓儀式，而分別由他們年幼的兒子代表。宇文覺在這一天稱天王，定國號為周，史稱北周。北周追尊宇文泰為文王。

遜帝元廓被封為宋公。第二個月，元廓就被宇文護殺死，諡號「恭」。到了唐朝天寶七年（七四八年），唐玄宗有感於拓拔部縱橫中原的歷史，在民間找到了北魏孝文帝的第十代孫元伯明。元伯明被封為韓國公，世襲，延續魏室宗脈。韓國公一直傳國到唐末。在古代禪讓歷史上經常扮演弱勢一角的北魏拓拔家族至此退出了歷史舞臺。

「佛門天子」蕭衍

一

當北方血雨腥風、動盪不寧的時候，南方保持著驚人的平靜。和北方皇帝走馬燈般更換不同，南方近半個世紀來一直處於同一個皇帝的統治之下：梁武帝蕭衍。

蕭衍在位四十八年，超過整個南朝歷史的四分之一，不僅是南朝在位時間最長的皇帝，就是放在整個中國歷史上也是少見的。他的皇帝是從同姓的南齊手中篡奪而來的。蕭衍前半生壓根沒想到自己能當皇帝，所以當紛擾初定之後的天下被傳遞到他手中後，蕭衍沒有心理準備。受禪當日，蕭衍坐上皇帝的輦車，便對陪乘的老搭檔、侍中范雲說了一句語重心長的話：「朕之今日，所謂懍乎若朽索之馭六馬（我恐懼的心情就好比是用壞掉的繩索來駕馭六匹馬）。」范雲反應極快，當下回道：「願陛下日慎一日。」皇帝已經當上了，辭職是不行了，只能加倍小心，邊走邊看了。所以，蕭衍登基之後，保持了清醒的頭腦，勤於政務。他不分冬夏春秋，堅持五更天起床，批改公文奏章。南方的冬天有時極冷，蕭衍的手指都凍裂了，還手不釋卷，認真履行皇帝指責。

蕭衍為政，有兩大特點。一是寬。南梁改革刑律，強調「明慎用刑」，逐步將一些古老的肉刑，比如劓鼻、刺字等廢除，並改革各項濫刑和苛捐雜稅。南梁的刑法相比各朝而言，很寬恤。這對老百姓有好處，可是也產生了各種弊端，主要是官僚貴族們犯罪後的懲罰過輕，在某種程度上縱容了官僚貴族。二是儉。蕭衍與蕭道成一樣，力行節儉。蕭衍是中國古代出了名的「節儉皇帝」。他一頂帽子戴三年，一床被蓋兩年，

不講究吃，不講究穿，每天常常只吃一頓飯，有時候乾脆就喝點粥充飢，衣服就隨便拿件披在身上。南梁社會風氣在蕭衍的帶動下有了很大改善。

蕭衍最初的宰輔大臣是老搭檔范雲和沈約。他們三人早年都是南齊竟陵王蕭子良的座上賓，是「竟陵八友」中的三位。范雲和沈約非常恪守朋友之義，盡心輔助蕭衍。蕭衍納東昏侯蕭寶卷的一個妃子為內室，寵愛有加，一度妨礙政務的處理。范雲就進諫說：「當年漢高祖是個貪財好色之徒，滅秦後入關中卻能做到不取秋毫、不幸婦女。如今明公剛平定天下，海內正對您翹首以待，您怎麼可以被女色所拖累呢？」范雲竟然自作主張，假傳聖旨，將那名妃子賜給了將軍王茂。事後，蕭衍默許了范雲的做法。

另一個老搭檔沈約在南齊末年，積極參與蕭衍的篡位活動，即位詔書就出自他的手中。但蕭衍對他並不完全信任。一次，蕭衍因事嚴厲斥責了沈約，罵他：「你說說，你是忠臣嗎？」這句話勾起了沈約埋藏很深的心結。回到家裡，沈約大病一場。他經常夢見被蕭衍殺死的齊和帝來找他算帳。齊和帝揮舞著寶劍要割沈約的舌頭，責備沈約這些文人誤國誤民。沈約求助於巫師，問：「作祟的是何方鬼怪？」巫師說：「大人的夢是真的！並非鬼怪作祟。」沈約慌忙辦起法會，親自寫奏章給玉皇大帝。奏章大意說：禪代之事，沈約身不由己，請上天放過我！最後，沈約憂懼而卒，為後人留下一部《宋書》。

范雲和沈約兩位老人死後，繼起輔政的是徐勉和周捨二人。周捨是汝南安成（今河南汝南東南）人，生活儉約，執掌機密二十多年從來沒洩漏半點機密。徐勉是東海郯（今山東郯城北）人，公正無私，能力超群。他擔任吏部尚書時，一邊手不停筆地處理案上堆積的文書，一邊接

待滿堂的賓客，應對如流。皇帝勤儉、用人得當，蕭衍統治的前半期（西元五○二到五二○年），政治比較清明。

周徐二人死後，繼起執掌機密的是中領軍朱异。

朱异也很能幹，處理起政務來像流水一般，從不讓公文積壓在自己手裡。不論政務多麼繁重，朱异都能迅速做出判斷，在短時間內解決一切問題。但是，朱异有兩大缺陷。第一，他是個大貪官。他建造了規模宏偉的宅邸，臺池園囿應有盡有，供家人和賓客遊覽。這就顯然超出了他的正常收入所能承受的範圍。朱异家裡堆滿了四方餽贈的財貨；每個月要倒掉十幾車吃不完的美味佳餚。朱异的第二個缺點更嚴重，就是揣摩上級心思、阿諛奉承，以獻媚得寵。歷朝歷代，阿諛奉承的小人不少。這種事，「上有所好，下必甚焉」，有人獻媚，上面還得有人「安心消受」。恰好，蕭衍因為二十年天下無事、經濟相對繁榮，對現實很滿足，自我感覺良好，開始志得意滿起來。朱异的出現，及時抓住了蕭衍的心理。對南梁的國政來說，這可不是好事。

二

梁武帝蕭衍在歷史上最大的名聲是「佞佛」。

蕭衍以佛教為南梁的「國教」，在南方大力推行「佛教化運動」。南方有佛寺近三千座，僧尼近百萬人。天監十八年（五一九年），他在華林園受戒，親自帶髮修行，法名「冠達」。幾年之前，蕭衍就已經一天只吃一餐，不吃魚和肉，只吃豆類的湯菜和糙米飯，並且在五十歲（五一四

年）後斷絕房事，再也沒有親近過任何一個女子。

後人應該相信，蕭衍是真正的佛教信徒。早年，他就參與了以信佛著稱的竟陵王蕭子良的圈子，與無神論做堅決的辯論。登基後，蕭衍以國家之力大造佛寺，所謂「南朝四百八十寺」就是他的傑作，這個數字大大低估了實際的寺廟數量。蕭衍還是佛教活動的慷慨贊助者。他多次舉行「四部無遮法會」。所謂「四部」，即僧、尼、男女居士；無遮就是沒有障礙，允許任何人自由參加。蕭衍親自上臺講《涅槃經》和《三慧經》，面對數以萬計的百姓滔滔不絕。可見，蕭衍對佛經是有一定研究的。針對當時熱門的佛教、道教與儒家三者的關係問題，蕭衍發展出了自己的一套理論——「三教同源說」，認為佛、儒、道三教本源是相同的。蕭衍的「金口玉律」緩和了人們的思想衝突，對佛教的推廣大有幫助。從這點說，蕭衍算得上中國早期佛教史的重要理論家。

此外，蕭衍還為佛教制定了很多戒律，其中影響最深遠的就是吃素。蕭衍身體力行，不沾一絲葷腥，還規定和尚和信徒也必須吃素，下令祭祀不能使用牛羊。後來，有官民反映，認為祭祀不用牛羊，對祖先和神靈不敬。蕭衍就改為用麵粉捏成牛羊的樣子，作為替代品來祭祀。

一個皇帝，如此不遺餘力地推廣佛教，自然有個人信仰之外的深層目的。南方地區之前屢經動亂，人心不安，蕭衍登基後自然面臨如何安定國家的問題。蕭衍認為，想安定國家就要禁絕殺戮、得民心，用共同的思想改造官民觀念、統一人心。恰好剛剛在中國興起的佛教，能滿足這些要求。於是，蕭衍決心「以佛化治國」。

蕭衍的考慮不可謂不好，執行得也不可謂不真誠。但是，他很快就做過了頭，讓一樁本可利國利民的好事變成了禍國殃民的壞事。大規模的造寺和法會，都由國家買單，逐漸掏空了國庫。大批人口出家

或者託庇在佛教勢力之下，又削弱了國家的稅賦能力。蕭衍不僅不反省和補救，而是一條路走到底，越做越過頭，上演了多場「皇帝出家」的鬧劇。出家的地點，都是皇宮附近的同泰寺，第一次是普通八年（五二七年）三月八日，蕭衍捨身出家，三日後返回。第二次是大通三年（五二九年）九月十五日，蕭衍在同泰寺參加法會，興之所至，脫下龍袍換上僧衣，出家了。二十五日，群臣捐錢一億，向佛祖禱告，請求贖回皇帝，兩天後蕭衍還俗。第三次是大同十二年（五四六年）四月十日。這回，群臣花了兩億錢將其贖回。第四次是太清元年（五四七年）三月三日，蕭衍在同泰寺住了三十七天，四月十日朝廷出資一億錢贖回。這些鉅款讓本就枯竭的國庫雪上加霜。而同泰寺則資金雄厚，樓閣臺殿富麗堂皇，九級浮屠聳入雲表，更有多座黃金築造的大佛。（可惜，這座寺廟花費了南梁無數錢財，卻沒有保佑南梁國運長久，最後隨著南梁覆滅，幾十年後即成一片廢墟。）

三

蕭衍如此佞佛，每次批准犯人重罪後都要為之愁眉不展一整天，在內政外交上更是變得柔弱異常。他怎麼來抵抗北方強大的敵人的侵擾呢？

蕭衍對付北方的方針是：少打仗，多招降。

打仗殺人不符合南梁「佛化治國」的基本國策。況且，蕭衍對佛光閃耀下的南梁的「軟實力」非常自信，相信北方的蠻夷之輩終將被佛法

所吸引，從黑暗中投奔佛光普照的南方。果然，不斷地有北魏的官民投奔南梁而來，而且級別越來越高，最後連宗室親王和藩鎮大將都來歸降了——只不過，他們不是被佛法所吸引，而純粹是因為北魏大亂，到南梁逃命來了。蕭衍對南逃的北魏官民，以禮相待，優遇有加。對於其中的有用之人，蕭衍量才錄用，利用他們「反攻」北方，試圖讓降將叛兵們替他開疆拓土，做無本的買賣。

普通六年（五二五年）正月，北魏徐州刺史元法僧以彭城降梁。同時，南梁大將裴邃攻克河南新蔡、鄭城等城，河南百姓紛起響應。而北魏發生了胡太后誅殺元叉的政變，一時無暇應對。蕭衍大喜，派次子、豫章王蕭綜去接收彭城，督率前線各軍，希望能夠有所收穫。

蕭衍的計畫沒有問題，他的兒子蕭綜卻有大問題。蕭綜的母親吳淑媛原是南齊東昏侯的後宮女子，被蕭衍「接收」後七個月就生下了蕭綜。所以，蕭綜的父親極可能是東昏侯蕭寶卷。宮中一直傳說蕭綜的身世疑雲，可是蕭衍並不介意，依然封蕭綜為豫章王。蕭綜長大後，知道自己的身世疑雲，極為震驚！為了做「親子鑑定」，他偷偷地掘開蕭寶卷的墳墓，割破手掌，滴血到蕭寶卷的枯骨上，發現血滲入了骨頭；他不放心，又殘忍地殺死了自己的一個兒子，滴血到骨頭上，血也滲入了骨頭。至此，蕭綜深信自己是東昏侯的兒子，而把蕭衍視為不共戴天的仇人。（古代人相信這種「割血瀝骨」的實驗能證明父子關係，實際上是沒有科學依據的。）他開始復仇計畫，勤習武藝，在庭院中鋪滿沙粒，整天赤足在上面奔跑，練得腳下生風，據說能日行三百里；又想伺機刺殺蕭衍，但始終沒有下手的機會。他還寫信給逃往北魏的南齊宗室蕭寶夤，稱他為「叔父」——這可是他唯一的「親人」了。蕭綜多次請求梁武帝准許他帶兵鎮守邊關，以便起兵造反，但一直沒得到允許。

如今，蕭綜終於得到了統率軍隊的機會。他到彭城不久，就派密使向北魏接洽投降。北魏方面對這塊「天上掉下來的餡餅」非常懷疑，遲遲不做回覆。六月初七，蕭綜等不及了，帶上兩個親隨連夜跑出彭城，徒步投奔敵營。魏軍這才相信是真的。第二天，梁軍官兵找不到主帥，上下驚慌。對面魏軍高喊：「豫章王已經歸降我軍，你們還待在那裡幹嘛？」梁軍群龍無首，自行潰散。魏軍兵不血刃收復彭城，還追擊到宿預（今江蘇宿遷東南）方才收兵。

蕭綜投降後，北魏任命他為侍中、太尉、丹陽王，將壽陽公主嫁給他。蕭綜為「父親」東昏侯蕭寶卷舉哀發喪，儀式相當隆重。南邊的蕭衍起初以為兒子是「畏戰投敵」，聽到喪禮消息後才知道兒子不認他這個爹了。他雷霆大怒，剝奪蕭綜的封爵，將吳淑媛毒死。蕭綜在北魏也得不到重用，加上妻子壽陽公主後來被爾朱世隆所害，他頗有看破紅塵的意思，棄官出家當了和尚——這點倒是得到了蕭衍的「遺傳」。蕭衍聽說蕭綜在北方混得不好，就派人送去小時候的衣服給他，招引他南逃。但蕭綜不願意回來。西元五二八年，蕭寶寅割據長安造反，在北方恢復了南齊的旗號。蕭綜聞訊，從洛陽逃往關中，想和「叔父」共圖復國大業，在黃河渡口被北魏官吏抓捕，遇害。蕭衍知道後，又動了惻隱之心，不僅恢復了蕭綜的封爵，還派人把他的靈柩偷到南方來，以禮安葬。

回到蕭衍對北方的策略上來，他還真取得了若干重要成績。比如普通七年（五二六年）七月，浮山堰舊址發洪水，壽陽城被淹。蕭衍派兵趁機進攻壽陽。壽陽北魏守將投降，南梁成功收復淮河流域五十多座城池。南梁的邊界形勢大為改觀。又比如河陰之亂後，大批北魏宗室王爺歸降南梁。蕭衍立元顥為傀儡，派陳慶之護送他回洛陽。此戰一度讓陳

慶之收復河南地區。總體而言，蕭衍的收穫不大。西元五二〇到五四〇年間，北魏屢次大亂，繼而分裂，南梁對北方優勢明顯。如果遇到雄才大略的君主，措施得當，南方極可能大有作為，甚至滅亡北魏都不一定。可惜，蕭衍白白葬送了歷史良機。

四

　　蕭衍的為政寬鬆和佞佛成性，導致南梁朝廷對官僚貴族非常寬容。蕭衍對統治階層收起了大棒，一味餵胡蘿蔔，對他們誤國害民的罪行也一味包庇放縱。

　　蕭衍的六弟、臨川王蕭宏棄軍而逃，導致北伐失敗，數以萬計的將士無謂犧牲。蕭衍卻對他不加罪責。後來，有人舉報蕭宏在府邸後院的大房子裡私藏軍械，蕭衍卻非去調查不可。他藉故到臨川王府歡宴，赴宴後又要拉著蕭宏去後院「走走」。後院有一百多間大庫房，蕭宏遮遮掩掩，不讓蕭衍看。蕭衍見此，更是堅持開啟檢視，結果發現裡面全部是金銀財寶，光是銅錢就裝了三十多間，共有錢三億餘。蕭衍見不是軍械，放心了，拍著蕭宏的肩膀說：「阿六，你很會生活啊！」他壓根就不問蕭宏的錢是怎麼來的。（蕭宏是出名的貪汙犯和高利貸者，他的錢都是從民間搜刮來的。）蕭宏在皇兄的縱容下，越來越荒唐。他竟然和親姪女、蕭衍的長女永興公主亂倫。兩人怕醜事洩漏，竟然計劃弒梁武帝自立。事情敗露後，永興公主羞愧自殺。蕭衍竟然還不追究蕭宏的罪過。蕭宏於普通七年（五二六年）正常死亡。蕭衍追贈他為大將軍，諡為靖惠王，安排厚葬。

蕭衍早年長期無子，過繼了蕭宏的兒子蕭正德為嗣子。結果，蕭衍在三十七歲時生下了長子蕭統，之後一發不可收拾，生下了蕭綜、蕭綱、蕭績、蕭續、蕭綸、蕭繹、蕭紀等。至此，蕭衍就沒有必要過繼蕭正德了，他立長子蕭統為太子，將蕭正德返回蕭宏名下。蕭正德心生怨恨，叛逃北魏，以「南梁前太子」自居。無奈，北魏對這樣的「花瓶」不感興趣，蕭正德不受重視，又逃回江南。蕭衍竟然不懲辦蕭正德的「叛國」，只是把他罵了一頓，而且一邊罵一邊抱著蕭正德痛哭，果真是「菩薩心腸」。蕭正德繼續當他的王爺，還被派到富庶的吳郡當太守。他招攬亡命之徒，公然搶劫，最後發展到光天化日之下行凶殺人，結果依然安然無恙。如此目無法紀卻照樣享受富貴，其他王公貴族看在眼裡喜在心裡，哪裡還會把國家法紀當真？

　　蕭衍的八個兒子都擅長文學，可惜多數人教育不當，品德堪憂。這和蕭衍這個父親的縱容有關。太子蕭統是兄弟中才學最出眾，人品也最好的，可惜早死；次子蕭綜叛逃北魏；四子蕭績和五子蕭續也都死在蕭衍的前面。因此，晚年蕭衍事實上只有四個兒子：三子蕭綱、六子蕭綸、七子蕭繹、八子蕭紀。他立三子蕭綱為新太子。

　　六子蕭綸曾經擔任徐州刺史、揚州刺史等要職，始終為非作歹，搜刮民脂民膏。下屬向梁武帝蕭衍揭發蕭綸的斑斑劣跡，蕭綸竟然殺死了下屬。蕭衍只是處死了殺人的直接凶手，多次對蕭綸網開一面。蕭綸貪慕皇位，最後謀劃弒父。一次，他在父親蕭衍外出的路上埋伏兵士，準備發動政變，因洩漏而失敗；又有一次，蕭綸獻上毒酒給蕭衍，結果蕭衍把酒轉賜給了他人。其他人被毒死了，蕭衍又逃過一劫。這兩次弒君行動，蕭綸都罪證確鑿，蕭衍依然不處罰蕭綸。蕭綸官照當，日子照樣逍遙。蕭衍如此過分縱容，就未免養虎為患了。七子蕭繹擔任荊州刺史

的要職，和五哥蕭續關係緊張。聽說蕭續死訊後，蕭繹高興得手舞足蹈，把鞋子都給磕破了，一點都不念手足之情。蕭衍分封諸子到各地掌權，是想自己有難的時候，兒子們能夠出兵援助。但是，看蕭綸、蕭繹和蕭正德這些人的樣子，像是忠君愛國的人嗎？

皇帝一心佞佛，導致南梁國庫空虛，縱容犯罪又導致南梁官員腐化墮落、為所欲為。蕭衍統治後期，政治黑暗，國家迅速衰落。百姓負擔沉重，生活無以為繼；官府中政務堆積，冤案累累。真正為國著想、認真行政的官員少之又少。大同十一年（五四五年），散騎常侍賀琛上奏，指出了一些時弊。一是官員大肆榨取，民不堪命，只得逃亡，國家控制的戶口越來越少；二是風俗由儉入奢，官員貪汙腐敗嚴重；三是官吏魚肉百姓，作威作福；四是國家連年浪費人力物力，財政拮据。賀琛指出的問題，都是事實，而且言語並不激烈。

但是蕭衍已經容忍不了正常的指責了，暴跳如雷。在他看來，自己是有道明君，國家在自己治理下盡善盡美，「大好局面」不容否定。於是，蕭衍立即頒下聖旨，痛罵賀琛。他先是列舉自己的種種「壯舉」，比如已有三十多年不近女色，平生不飲酒，不聽音樂，起居不用雕飾之物等等。又比如，蕭衍自述勤勉政務，每天三更天就起來工作，到日落西山的時候才吃東西，且一天只吃一餐。這都是為了什麼？還不是為了天下黎民嗎？蕭衍言下之意，自己是千古難逢的聖君。至於賀琛指出的政治黑暗，蕭衍要求他指出具體是哪個官員貪腐、具體是哪件事情做得不好。如果賀琛不能一一指出來，就是欺君枉上！

賀琛接到詔書，驚出一身冷汗，趕緊上奏「深刻反省」、「認真檢討」，請求蕭衍原諒。

昭明太子蕭統

一

　　南齊中興元年（西元五○一年）九月，蕭衍正在京師建康城下鏖戰，準備最後的總攻。不久，建康東府城守將徐元瑜就投降了，荊州的敵人蕭穎冑暴病而亡。這時，襄陽城傳來了兒子蕭統誕生的消息。這是三十八歲的蕭衍的第一個兒子。蕭衍喜出望外，將長子的出世和前兩大勝利合稱為「三慶」。這個孩子就是蕭統。

　　蕭統不到一周歲，父親就逼南齊的末代君主東昏侯把皇位「禪讓」給了自己。蕭衍當了皇帝後，襁褓中的蕭統在天監元年（五○二年）十一月被立為皇太子。

　　蕭衍對太子非常珍視，努力培養。蕭衍任命臨川王蕭宏為太子太傅，尚書令沈約為太子少傅。沈約是經歷了三個朝代的重要人物，耆年碩望，深於世故，政治地位很高。沈約還是《晉書》和《齊書》的作者，是公認的文壇領袖。他對蕭統產生了重要的影響。後來年邁的大文豪劉勰兼任東宮通事舍人，成為蕭統最為親近的文學侍從。蕭統和晚年的劉勰結下了良好的友誼。蕭統在劉勰的影響下，對文學理論和作品批評產生了濃厚的興趣，開始從創作和討論轉向了作品收集和評論。蕭統日後走上文學之路，可能與沈約、劉勰兩位老師有密切關係。

　　天監五年（五○六年）太子蕭統出宮獨處後，在道德和能力上都表現得無懈可擊。他日夜思念父母，每五日一朝。父子相見後，常常允許蕭統留住內省，住個三五天再回去。梁武帝晚年大興佛教，親自講經說法。太子蕭統也跟著崇信佛教，遍覽佛經。他的信佛並不是投父親所好

的表面文章，而是實實在在的信佛學佛。蕭統在宮中招攬東南名僧，談論不絕，常常能挖掘出佛學中的新意。除了緊隨父皇信佛外，蕭統在朝廷上也不敢懈怠。他每天準時參加早朝。天還沒到五鼓，蕭統就守在宮外等待城門開啟。有的時候，父皇要在晚上召見太子，蕭統就穿戴整齊、正襟危坐，隨時準備入見，甚至為此坐到天明。南朝的社會風氣講究奢華，一些世族大家競相攀比。蕭統在物質方面卻以身作則，生活非常樸素，不穿華麗的服裝，膳食也不吃肉。

蕭統還聰明好學。天監八年（五〇九年）九月，他聽講《孝經》竟然就基本知道了經書的大義，聽講完畢還親臨國學進一步求知解惑。第二年，天監九年（五一〇年），九歲的蕭統正式入國子學就讀。梁武帝蕭衍車駕親臨國子學，走進課堂，賞賜國子祭酒以下的教職員工，並正式下詔：「皇太子及王侯之子，年在從師者，可令入學。」天監十四年（五一五年）正月，蕭衍親自在太極殿為太子行冠禮，對兒子寄予了厚望。

自從蕭統懂事開始，蕭衍就允許他參與一些朝政。內外臣工和奏事的人也將太子參與決策看做正常的事情。天監十一年（五一二）年，十一歲的蕭統在宮內看到一些獄官在忙碌，就問左右隨從：「那些穿著皁衣的是什麼人啊？」隨從回答說：「他們是廷尉的官屬。」蕭統就把這些官員叫過來問：「你們手中的這些案子，我能審判嗎？」這些官員看太子還只是十一歲的孩子，半開玩笑地回答：「可以。」結果蕭統拿過案卷真的判了起來，而且把所有罪犯的懲罰都改為了署杖五十。這些官員這下子進退兩難了，不知所為，只好把情況匯報給蕭衍。蕭衍笑著追認了兒子的判決結果。從此，司法部門常常把案卷遞給蕭統。父皇蕭衍和司法系統凡是對某些案子或者罪犯想從輕處理，就都把案子交給太子審判。

蕭統的判決都非常仁慈。直到有一次，建康縣有人誣告他人拐賣人口，真相大白後縣令將犯誣告罪的犯人從輕發落，只判決了杖責四十。然後，縣令將案卷交給蕭統，希望蕭統能夠確認縣裡的輕判。想不到這一次蕭統並沒有從輕發落，反而判了犯人十年勞役。人們這才知道太子雖然仁慈，但也並非無原則的寬縱。

史載「太子明於庶事，纖毫必曉」。每當他發現奏摺中有謬誤或者巧詞詭辯的地方，都一一指出，示其可否，讓相關人員慢慢改正，但太子並沒有因此彈糾任何一個人。普通年間，朝廷發動了對北魏的北討。戰爭導致京師建康的穀價飛漲。蕭統就下令東宮減膳，改常饌為小食，節約糧食。每當霖雨積雪天氣，蕭統就派遣心腹左右，周行閭巷，探視貧困家庭的生活，遇到有流落街頭的人，就暗地裡加以賑濟。蕭統還收集宮中多餘的衣物在寒冬臘月施捨給窮人。如果遇到沒錢收斂的屍體，太子就自己掏錢準備棺材和喪事。每當蕭統聽到百姓賦役勤苦的情況，都非常嚴肅地傾聽，他還常常告誡相關部門朝廷統計戶口未實，因此驚擾百姓。凡此種種為蕭統獲得了巨大的聲望，「天下皆稱仁」。

普通元年（五二〇年）四月，慧義殿出現甘露祥瑞，群臣一致認為這是太子至德感動上天的結果。蕭衍也肯定了這個解釋。可見朝野上下對太子蕭統都是滿意的。

普通七年（五二六年）十一月，太子生母丁貴嬪病重。蕭統趕往內省，朝夕服侍母親，衣不解帶。生母死後，蕭統「步從喪還宮，至殯，水漿不入口，每哭輒慟絕」。他簡直是痛不欲生，日漸消瘦。父皇蕭衍看不下去了，派中書舍人顧協宣旨說：「毀不滅性，聖人之制。因為喪事毀了自己的身體就是不孝。我還在，你怎麼能夠這樣自毀呢！你應該立即壓制悲痛，恢復飲食。」蕭統這才吃了點東西，從此直到母親入葬，都

是麥粥為食。蕭衍又傳話來說：「聽說你吃得過少，身體非常虛弱。我本來並沒有什麼病，因為你這樣折磨自己，胸中也積塞成疾。因此你應該強加粥，不要讓我為你再擔心了。」這次，儘管父親苦口婆心地勸逼，蕭統還是每天只喝一碗粥，不嘗菜果。蕭統原本是個胖子，腰帶有十圍，等辦完丁貴嬪的喪事，他的腰帶就降到了五圍。喪事完後，蕭統入朝，群臣百姓看到他消瘦憔悴的樣子，紛紛感動得掉下了眼淚。

二

可嘆的是，歷史並沒有讓蕭統沿著理想的軌道順利地繼位稱帝，沒有讓蕭統的光芒繼續增強。因為我們不能忽視蕭統的父親、梁武帝蕭衍對太子的期望和態度。

梁武帝蕭衍是個非常複雜的人物，做了許多驚天動地的事情，也有許多匪夷所思的舉動。如果僅僅從才能上來說，蕭衍無愧是南朝諸帝中的翹楚。他多才多藝、學識廣博、文武全才，史書稱他「六藝備閒，棋登逸品，陰陽緯候，卜筮占決，並悉稱善。……草隸尺牘，騎射弓馬，莫不奇妙」。即使是在繁忙的政治生涯中，蕭衍依然能夠「卷不輟手，燃燭側光，常至午夜」。但同時蕭衍也是一個「狠毒的角色」。開國皇帝可不是多愁善感、優柔寡斷的文人騷客可以勝任的。蕭衍就是靠赫赫戰功和凶狠的政治手腕逐步坐上皇位的，對待政敵從不留情。

登基後，蕭衍和多數皇帝一樣，疑心很重。他害怕他人染指手中的權杖，時刻緊盯著身邊重臣的言行舉止。長期居於相位的沈約是謀劃、

輔佐蕭衍登上了皇帝寶座的大功臣，同時又是太子少傅。但是蕭衍並不完全信任沈約，始終架空沈約的權力。沈約的權力有名無實，處境既尷尬又危險，最後憂鬱得病。天監十二年（五一三年），病中的沈約不知道出於什麼考慮（有人說是前朝南齊的皇帝變成厲鬼來找他報仇），讓道士寫了一封「奏摺」給上天說自己推翻齊朝、參與禪代等事並不是出於本意——言下之意是說這一切都是蕭衍指使的，沈約自己只是個從犯。沈約想以此來緩解自己的病情，誰知他的所作所為早就被梁武帝蕭衍安插的密探給洩露了。蕭衍龍顏大怒，數次命人譴責沈約的所作所為。沈約重病加上害怕，沒幾天就死了。相關部門按照慣例為沈約上諡號為「文」，蕭衍親自改諡為「隱」。「隱」是個惡諡，是評價一個人道德低劣、言行不一的意思。

這件事情讓從小就在沈約督導下成長的蕭統很震驚。他猛然發現，自己和父親有著重要的差別。那就是父親堅決捍衛權力，不惜對任何潛在威脅採取強硬措施，其中包括血腥鎮壓。沒有經歷過權力爭奪和鐵血戰爭，一生下來就被立為太子的蕭統很難理解父親的做法。

目睹了越多政治變故，蕭統想不通的地方就越多。臨川王蕭宏曾經是蕭統的太子太傅。這位王爺打仗是個外行，損兵折將，喪權辱國；貪婪斂財卻是行家，把家中的房間都裝滿了金銀珠寶，而且吝嗇到不讓他人觀看的地步。蕭衍對兄弟的這些缺點都忍受了。蕭綜是蕭衍的次子、蕭統的弟弟。蕭綜的母親吳淑媛原來是南齊東昏侯的妃子，成為蕭衍妃子七個月後就生下了蕭綜。儘管蕭綜極可能是東昏侯的遺腹子，蕭衍卻依然封他為王，還授予軍權。蕭綜長大後老覺得自己不是蕭衍的兒子，不僅和蕭衍感情疏遠，還在前線領兵作戰的時候，公開投奔了北魏。蕭衍聞訊，剝奪了蕭綜的封號，還將吳淑媛廢成庶人。後來出於招降蕭綜的需求，蕭衍又恢

復了他的封號。這些事情，在太子蕭統的世界觀中可能都是驚天動地、無法理解的。蕭統是發現飯菜裡有蠅蟲也不指出，以免廚師受罰的人。

蕭衍對太子的所作所為雖然找不到可以教訓或者警告的地方，但從心底是不認同的。蕭統和父親心目中的帝王形象有相當的距離。太子處理生母喪事的時候，孝行太過。蕭衍曾經委婉地指點了兒子一下，還要求兒子多看看自己的言行，可惜蕭統沒有讀懂父皇的話。這就為父子之間的分歧和決裂埋下了伏筆。

三

大通三年（五二九年），梁武帝蕭衍和太子蕭統之間的矛盾終於爆發了出來。

生母丁貴嬪死的時候，蕭統派人為母親找了一塊好墓地，當時都已經開始除草和平整土地了。有一個賣地的人想把自己的土地賣給朝廷作為丁貴嬪的墓地，可以從中獲利。因此他就去找了太監俞三副，說只要俞三副能把自己的土地「矇騙」給朝廷，就可以從地價中拿走三分之一的提成。賣地人的報價是三百萬。俞三副心動了，祕密啟奏蕭衍說太子找到的土地並不如自己知道的一塊土地風水好。他特別向皇帝介紹了那塊地是如何的有利於皇家的運氣。蕭衍的疑心本來就重，俞三副的話很自然牽動了他頭腦深處那根對太子不滿意的神經，馬上下令重新買地預備丁貴嬪的葬事。蕭統沒有辦法，只好買了俞三副推薦的土地安葬母親。俞三副也就輕易獲得了一百萬的好處。

葬事完畢後，有個真正懂風水的道士就對蕭統說，丁貴嬪的墓地風水其實並不好。蕭統忙問怎麼個不好法。那個道士說這塊地不利於長子，也就是不利於太子蕭統的運道，如果用東西厭伏也許可以克制。蕭統就按照道士的解釋，備齊蠟鵝等東西埋在墓側的長子位上。

　　東宮有兩個宮監鮑邈之、魏雅，都是蕭統的親信。慢慢地，魏雅在蕭統跟前更加得寵，鮑邈之則被疏遠了。鮑邈之心中憤恨，就向梁武帝誣告說魏雅勾結道士，以壓魔術詛咒蕭衍，盼著蕭衍早點死了好讓太子蕭統早登帝位。為了證明誣告的真實性，鮑邈之就說魏雅和太子在丁貴嬪的墓側埋下蠟鵝等物詛咒皇帝。在墓地一事上，蕭衍原本就對太子有所懷疑，接到舉報後忙祕密派人挖開墓地檢視，果然發現了蠟鵝等東西。蕭衍瞬間就相信了鮑邈之的告發，之前兒子蕭統建立起來的美好形象頃刻倒塌。南北朝是一個政治道德敗壞的時代，父子兄弟相殘的事情頻頻發生，難道這樣的悲劇要發生在我蕭衍身上了嗎？即位前矯揉造作、沽名釣譽的太子很多，難道我的兒子蕭統也是那樣內外不一的人嗎？蕭衍震驚、憤怒，要深入追究這件事情。事情牽涉到太子，追究下去勢必動搖蕭統的政治地位。一些同情太子的大臣（徐勉等）慌忙堅決勸諫蕭衍，反對將此事發展成血腥大案。蕭衍不愧為開國君主，很快就平息了衝動，最後只殺掉了那個風水道士。

　　事情雖然化解了，但是蕭衍對蕭統累積的不滿第一次表現了出來，沖塌了父子信任的堤防。

　　蕭統在這個時候表現出了幼稚的政治素養。對整件事情，他選擇了沉默，沒有辯白，也沒有補救措施。蕭統就好像此事沒有發生過一樣，繼續過著先前仁孝文雅的生活，繼續和文人學士們選文。在內心，他知道自己的太子地位開始動搖了，但是他不知道該怎麼辦。憂鬱的蕭統對

於「蠟鵝事件」終生「不能自明」。

　　就在蕭統終日惶恐的時候，長期出鎮外地的三弟晉安王蕭綱突然被父皇徵召入朝。這是一個危險的訊號。一天，蕭統對左右人說：「昨天我夢見與晉安王對弈擾道，我把班劍送給了他。晉安王近日來到京師，難道是來接替我的地位的嗎？」班劍並不是普通的佩劍，而是有著嚴格標準規定，證明個人身分的寶劍。蕭統的夢境和擔憂說明他也意識到了自己的地位岌岌可危。

　　梁武帝蕭衍在對待父子親情的問題上並不能像處理政治鬥爭一樣快刀斬亂麻。他苦苦思索，如何重新處理與兒子蕭統的關係。蕭衍思考的結果是找不到結果，只好在當年九月，在同泰寺出家，要做和尚。群臣趕緊湊錢把這個「皇帝和尚」從寺廟中贖了回來。最終，蕭衍保留了蕭統的太子地位，在十一月任命南平王蕭偉為空缺很久的太子太傅。南平王蕭偉是蕭衍的弟弟，以本宮領太子太傅並加鎮軍大將軍、開府儀同三司銜。《南史》說他是「朝廷得失，時有匡正。子姪邪僻，義方訓誘」，是個很嚴屬的皇族。選他為太子太傅，蕭衍的用心很明顯了。他覺得太子需要加強管教了。

　　第二年，（中大通二年，五三〇年），蕭統的政治地位進一步下降。

　　這一年，吳興郡因為水災失收，所以詔發上東三郡民丁開渠洩水。蕭統上疏認為此舉弊多，請求暫停，得到了父皇的同意。這一事件表明，蕭統失去了幾年前已經具有的參與決策的地位。他只能像普通大臣一樣，事後對父皇的決策進行勸諫，而不是參與政策的制定了。是誰剝奪了蕭統參與政治的權力呢？只有蕭衍一個人能夠辦到。

　　這一年，蕭統越來越少地出現在政治場合。父親的猜忌和父子之間的巨大差異讓他憂鬱成疾，身體狀況惡化了。

大中通三年（五三一年）的一個春日，久病的蕭統乘舟採蓮，愉悅身心。糟糕的是，由於侍從的疏忽，船隻劇烈顛簸，將蕭統晃入了水中。病中的蕭統不僅溺水，而且傷到了髖骨。被人救起後，蕭統的傷勢日漸嚴重，最後發展到臥床不起的地步。三月，蕭統病重。太子果然仁孝。遇到蕭衍來信詢問什麼事情，蕭統為了怕父皇知道自己的真實病情而擔心，都掙扎著親手回信給父親。東宮左右看到太子病情惡化，計劃向蕭衍報告實際情況，遭到蕭統的堅決制止。蕭統說：「為什麼要讓父皇知道我的重病呢？」蕭統的言行其中有孝順的一面，同時難免夾雜著一絲無奈、幽怨。父皇已經不信任我了，我和父皇還是存在重大差別的。病榻上的蕭統常常為此低聲哭泣。

　　熬到四月，蕭統在宮中逝世，時年三十歲。得到太子死訊後，蕭衍趕到東宮，放聲痛哭。蕭衍的哭聲中既有白髮人送黑髮人的悲傷，更有為自己先前對兒子猜忌的懊悔。他的死使朝野充斥一片驚愕惋惜的聲音。「京師男女，奔走宮門，號泣滿路。四方氓庶，及疆徼之民，聞喪皆慟哭。」蕭衍詔令用皇帝禮節將蕭統入殮，上諡號為「昭明」。蕭統因此被尊稱為「昭明太子」。

四

　　蕭統死後，蕭衍面臨著挑選新繼承人的問題。

　　蕭統是病死的，沒有被廢。因此按照封建宗法，第一順位的繼承人應該是蕭統的兒子。也就是說，蕭統的太子地位應該傳給他的兒子，皇位應該繼續保持在蕭統這一支血脈當中。蕭統八歲就結婚了，留下多位

兒子。其中長子、出鎮南徐州的華容公蕭歡出任皇太孫，成為新的皇位繼承人的呼聲最高。蕭衍在確立新繼承人的問題上猶豫不決，拖延起來。他一度準備封蕭歡為皇太孫，但蠟鵝往事始終徘徊在腦海中，讓他難以釋懷。最後蕭衍選擇三子蕭綱為新太子。可能為了消除朝野對於為什麼捨蕭歡而立蕭綱的疑惑，蕭衍專門解釋說：如今天下未安，擇嗣須重賢德能力。身逢亂世，權力對人的要求是多方面的，最主要的就是政治能力，因此他挑選了年長並且政治經驗豐富的蕭綱。這從反面也透露出了蕭衍對昭明太子蕭統的委婉否定。

從經歷上來說，蕭統的一生平淡無奇，仁德有餘，強硬不足，缺乏剛硬的政治手腕和殘酷的政治實踐，並不符合父親對帝王的要求。蕭統死後，晚年的蕭衍和梁朝遇到了接二連三的挑戰，直到出現了幾乎血洗蕭氏皇族的侯景之亂。蕭統如果尚在，能應付這樣的挑戰嗎？

至今，蕭統還被人懷念。東南各省，昭明遺跡，處處有之。這主要得益於蕭統留下了一部《昭明文選》。

原來，蕭統「好士愛文」，當時負有盛名的劉孝綽、殷藝、陸倕、明山賓、王筠等人相繼進入了東宮的幕賓行列，得到禮遇。蕭統經常與這些天下名士討論文章詩詞，後來在東宮新置學士，負責選文，遴選、編輯浩如煙海的歷代作品，力圖以一種文章總匯的形式刊印出版。閱讀、核對、通稿和校對是既費時又費力的事情。期間，東宮的選文事業因為北伐和多位學士的逝世一度受挫，但蕭統始終在堅持高標準的同時保持進度。蠟鵝事件發生後，蕭統不想因為自己地位的動搖而影響到正在進展中的文化盛事。他更擔心因為自己的被廢而斷送選文大事，因此加快編輯工作，將文選殺青。一部被後人稱為《昭明文選》的宏偉大作正式成書了。《昭明文選》三十卷，是中國最早的一部詩文總集。

侯景之亂：八百殘兵攻梁

一

但凡志得意滿的皇帝，都好大喜功。梁武帝蕭衍自信已經將江南治理得「國泰民安」了，唯一的遺憾就是眼睜睜地看著中原的子民還生活在「水深火熱」之中。

太清元年（西元五四七年）正月，蕭衍做了一個夢，夢見中原州郡長官獻地投降，朝野稱賀。醒來後，他把夢告訴了大臣，說：「我難得做夢，做了夢必有事實。」善於奉承拍馬的朱異馬上說：「恭賀陛下，這是天下一統的預兆。」蕭衍覺得很有道理，更迫切地希望把中原納入梁朝的版圖。

巧了！第二個月，東魏的河南藩鎮將領侯景派人到建康，聲稱與高澄有怨，願獻出河南十三州降梁。侯景對蕭衍信誓旦旦地說：「黃河以南，皆臣所職，（納土歸降）易如反掌。」

侯景只說了部分事實，更深層的內容他沒有說明。他的確是和高澄不和，但君臣矛盾不至於讓他投身他人麾下。侯景歸降南梁只是一個幌子，掩蓋他試圖藉助外力與東魏抗衡、方便自己割據稱王的狼子野心。

侯景在之前的章節中頻繁出現過。他是懷朔鎮的羯族人，年輕時就和高歡混在了一起。六鎮起義時，侯景先投爾朱榮麾下，是爾朱榮的先鋒大將，曾經擒拿過葛榮。爾朱榮敗後，侯景投入高歡部下。在高歡陣營中，侯景始終是個另類。不單單因為他的民族（高歡陣營絕大多數人不是鮮卑人就是漢族人），更因為侯景平時總是離群獨處，喜歡用他那雙狡點的、四處亂轉的小眼睛凶狠地打量同僚。加上侯景身材矮小、相

貌醜陋，同僚們都不愛搭理他。在心底深處，侯景不甘屈居人下，想自立為王。高歡是一代梟雄，能夠鎮住侯景，加上高歡的事業蒸蒸日上，為侯景提供了廣闊的發展空間，所以侯景在高歡時期規規矩矩，屢立戰功。

高歡末期，政務大多委託長子高澄處理。侯景對專權的高澄很輕視，直呼他「鮮卑小兒」。一次，他對司馬子如說：「高王在，我不敢有異心。高王一旦不在了，我不能和鮮卑小兒共事！」司馬子如也出身懷朔鎮，是和高歡、侯景交往幾十年的老搭檔了。他連忙捂住侯景的嘴，不讓他繼續說下去。從河橋-邙山之戰開始，侯景就統率十萬大軍駐紮河南，控制著東到山東、西到河南西境、北到黃河、西到淮河的廣大區域，約占東魏領土的三分之一，具備割據稱雄的實力。侯景難免蠢蠢欲動起來。而高澄的專橫、猜忌則加劇了侯景的叛離。

高澄上臺後，為了打擊他人、樹立權威，重用崔季舒、崔暹監視皇帝和百官，彈劾對高澄不滿、不敬的人。高澄指使親信彈劾了司馬子如、咸陽王元坦、孫騰、高隆之等許多大臣，許多人被降職、罷官、削爵。司馬子如在高歡當權時顯赫一時，如今也被高澄關進監牢。他之前沒有經歷過這種陣勢，害怕性命不保，嚇得一夜白頭。高歡知道後，寫條子給高澄說：「司馬令，我之故舊，汝宜寬之。」高澄不得不遵照父親的命令放過司馬子如，可是又不好好放。他在大街上陳列武士，擺出一副動大刑的陣勢，然後把司馬子如押到面前。司馬子如嚇得都要癱倒在地了，當武士脫下他的刑具時還以為要被殺頭了，結果高澄輕描淡寫地把他無罪釋放了。侯景也在高澄的「修理名單」裡面，也被人彈劾過。這就惡化了兩人的關係。

高澄整治侯景除了個性使然外，還有削弱地方勢力，鞏固對河南統

治的考慮在內。高歡病危之時，高澄擔心父親死後無人可以鎮住侯景，就假冒父親的名義，寫信召侯景來晉陽殺掉。但是病重的高歡忘記告訴兒子，侯景曾經和自己有過約定，為了保密，兩人的書信都在信封背後塗上暗號。高澄不知道這個約定，侯景一接到書信，就知道是假的。聯想到高歡病重的消息，侯景斷定高澄是對自己動了殺心。他想不反都不行了！

侯景決心與高澄刀兵相向。他管轄的河南地區，處在高澄、西魏和南梁三方的包圍之中。為了保障自己在和高澄作戰時西魏和南梁不會趁機進攻自己，也為了多兩個同盟軍，侯景分別向南梁和西魏兩國稱臣，宣布「歸降」。

侯景帶著十萬大軍、數百里土地，宣布歸降南梁。這一大筆飛來橫財，把蕭衍的腦袋撞得雲裡霧裡的，都不敢相信是真的。冥冥之中，他懷疑侯景歸降的真實意圖。蕭衍召集大臣討論，說：「我國家金甌無缺，現在侯景獻地，到底是好是壞？萬一有點意外，悔之何及？」有一些大臣也反對貿然接納侯景，因為南梁和東魏保持了十多年的和平，如果接納侯景必將在兩國之間重開戰火，勝負難料。當時，高澄也派使者來到南梁都城建康，重申了「發展兩國友好關係」的願望，提醒南梁不要干涉東魏的「內政」。

朱异揣摩蕭衍貪心中原的土地和人口、內心傾向於受降，就順著蕭衍的意思說：「若拒絕侯景，恐怕之後再沒有人願意歸降了，願陛下無疑。」蕭衍於是驅逐東魏使者，封侯景為大將軍、河南王，接受侯景歸降。他派大將羊鴉仁領兵三萬運糧接濟侯景 —— 南方安定了幾十年，糧草豐富，而河南當了幾十年戰場，侯景的後勤空虛。

二

西魏宇文泰也接到了侯景的降表，也召集大臣商議是否接納侯景投降。多數大臣和侯景打了幾十年交道，深知這個人毫無信義可言。大臣王悅說：「侯景志向遠大，不會甘為人下。況且他能夠背叛高氏，怎麼能保證他會效忠我朝呢！」他反對西魏出兵援助侯景。他的意見得到了大多數人的贊同。但是，西魏的河南主將王思政卻認為侯景歸降是天賜良機，值得冒險。將在外，君命有所不受，王思政不等宇文泰的命令，迅速帶領本部兵馬開始自西向東接收侯景的轄區。事已至此，宇文泰也不得不命令關中的西魏軍隊隨後跟進，進入河南地區。

這時，樹起叛旗的侯景事事不順，日子開始難過了。首先，轄區內的州郡並沒有都追隨侯景起兵。他雖然管轄十三州之多，但響應他起兵的只有潁州一地。侯景連哄帶騙，四處出兵，才占領了今天河南大部地區。而他管轄的東部各州，都沒有起兵響應，相反站在高澄一邊討伐他來了。第二，侯景和高澄的討伐大軍打了一仗，驚奇地發現「鮮卑小兒」還挺厲害。叛軍非但沒有打敗討伐軍，反而被圍困在了潁州。

宇文泰派出的李弼、趙貴大軍，就是在這個節骨眼兵臨潁州城下的。高澄軍隊看到西魏大軍趕到，擔心遭到兩面夾擊，主動撤往河北。潁州解圍。西魏也不願意與東魏發生惡戰，沒有追擊，而且刻意與東魏大軍拉開距離。侯景巴不得把西魏軍隊推到前線去和東魏軍隊惡戰，坐收漁翁之利，於是將潁州讓給西魏，主動撤往懸瓠（今河南汝南），與蕭衍派來接應他的羊鴉仁會師。李弼、趙貴看到侯景和南梁軍隊合兵一

處，知道侯景「一女兩嫁」的陰謀，趕緊報告了宇文泰。宇文泰難能容許侯景耍弄自己。你侯景不是向西魏稱臣了嗎？我就召你到長安來面聖！侯景當然不會放棄軍隊地盤跑到長安去，回覆了一封措辭強硬的信，將宇文泰罵了一頓。於是，他和西魏的關係徹底完了。宇文泰也不虧，輕鬆占領了河南西部四州。

侯景從西魏方面沒有撈到什麼好處，反倒賠上了大塊地盤，但他卻從南梁方面得到了補償。蕭衍比宇文泰容易騙得多。西魏軍隊進入河南後，侯景向蕭衍解釋說：「王師未到，形勢危急，我不得已才向關中求援。這是我捨棄一小塊地盤為誘餌的權宜之計。臣不安於東魏高氏之下，又豈能容於西魏宇文氏？」蕭衍還處在對美好前景的想像中，覺得侯景的解釋很有道理，回覆說：「將軍做得很對，我非常理解。」侯景騙倒蕭衍後，考慮到遭受高澄、宇文泰兩軍的壓迫，只好將希望都寄託在南梁身上了。

七月，梁軍羊鴉仁部進入懸瓠（今河南汝南）。飄飄然的蕭衍決心以侯景歸降為契機，在八月下詔北伐東魏。他任命貞陽侯蕭淵明（蕭衍哥哥蕭懿之子）為主帥，率領主力東進，計劃先攻下彭城，再西進與河南地區的侯景、羊鴉仁等會師，以後分頭北進，收復河北。這是個一相情願的計畫，且不說侯景能否保住河南地區，單說計畫是需要人來執行的，南梁根本就派不出可堪使用的將帥來。蕭衍的姪子蕭淵明當了北伐的主帥，卻根本不懂軍事，就連正常的軍情好壞也判斷不出來。他參加軍事會議，不會下命令，只會說「臨時制宜」──意思是讓部將隨機而變，說了等於沒說。而梁軍眾將，陳慶之已死，將才凋零，只有將軍羊侃一人深通軍事，且有實戰經驗，可以一戰。（而這羊侃恰恰又是北方投降的將領。其父隨薛安都投降北魏，他長大後留在北魏征戰多年，因心

繫故國而叛逃南梁。）羊侃起兵之初，衝勁十足，不是建議蕭淵明抓緊時間猛攻彭城，就是建議蕭淵明趁機襲擊遠道而來的魏軍援兵。蕭淵明一概不聽。漸漸地，羊侃清醒了過來，認定跟著蕭淵明混沒有前途。於是，他率領本部兵馬和大部隊拉開距離，單獨駐紮，以防萬一。

梁軍進攻彭城，高澄派遣將軍慕容紹宗救援。慕容紹宗是前燕皇室後裔，是爾朱榮的遠方親戚。他在爾朱榮時期擔任過并州刺史，投降高歡後擔任過徐州刺史、青州刺史，經驗很豐富，能力也強，但在高歡時期並沒有得到重用。不是高歡沒有發現慕容紹宗這塊寶，他是把慕容紹宗留著給兒子高澄。高歡病重時建議高澄掌權後對慕容紹宗加官晉爵，這樣他就會死心塌地地效忠高澄了。高歡還預測侯景極可能造反，建議高澄派慕容紹宗去鎮壓。於是，高澄任命慕容紹宗為東南道行臺，封燕郡公，負責抵抗梁軍和鎮壓侯景。

高澄的對策是先擊退東邊的梁軍，再向西收拾侯景。慕容紹宗率軍在離彭城十八里的寒山與梁軍相遇。當時梁軍駐紮在寒山。慕容紹宗先發起進攻。梁軍將領們趕緊去找蕭淵明請示如何迎敵，不想蕭淵明醉得一塌糊塗，根本起不了身子，只是迷迷糊糊地說「救援救援」。眾將們面面相覷，誰都不敢動，只有胡貴孫奮勇出戰。胡部官兵作戰英勇，竟然擋住了魏軍的進攻，魏軍前鋒開始後撤。梁軍產生輕敵情緒，追擊了幾里地。沒想到，慕容紹宗突然回頭再戰，又有魏軍從兩側包抄過來，將梁軍殺得大敗，進而連累尚在大營中的梁軍主力。寒山一戰下來，梁軍損失數萬人，包括蕭淵明、胡貴孫等在內的將帥都成了俘虜。只有羊侃因為和主力拉開距離駐紮，得以全師而退。

寒山大敗的消息傳到建康，蕭衍正在睡午覺。朱異匆忙入宮，讓宦官叫醒蕭衍。蕭衍聽到噩耗，大吃一驚，險些從坐床上跌下來。宦官連

忙扶住他。蕭衍愣了好一會兒，嘆道：「難道我要蹈晉室的覆轍嗎？」

東線梁軍輕易就敗得一塌糊塗，讓侯景也看不下去。他沒想到梁軍如此不堪一擊，沒想到南梁統治階層如此昏庸無用。侯景本想借助南梁的力量與高澄抗衡，如今看來高澄難以取勝，但侯景萌生了攻取南梁的念頭。避難就易，原本就是人之常情。

但是侯景暫時還不能對南梁有實質的舉動，因為慕容紹宗率領得勝之師來進攻他了。梁軍大敗後，侯景率軍退守渦陽（今安徽蒙城）。他擁有士兵四萬人，戰馬數千匹，在兵力上對慕容紹宗保持優勢。侯景對高澄部下諸將都看不起，唯獨忌憚慕容紹宗，所以一開始他就在心理上輸了一截。兩軍對壘，魏軍中有將領想主動出擊的，都被慕容紹宗攔住。他判斷侯景後勤虛弱，力求速戰，所以就和侯景打起持久戰、消耗戰。侯景最怕這一招，才熬了兩個月就彈盡糧絕，堅持不下去了。到了太清三年（五四九年）正月，侯景撐不下去了，打算率領大軍南逃，去找蕭衍要飯吃。慕容紹宗馬上展開心理戰，對侯部官兵高喊：「你們的家屬都在河北得到了妥善安置，你們想背井離鄉、寄人籬下嗎？你們如果反正，照舊任用！」侯景部下一下子幾乎全走光了。侯景倉皇渡過淮河南逃。羊鴉仁聞訊，也放棄懸瓠南撤。

至此，侯景信誓旦旦許諾給蕭衍的河南十三州土地一分一毫都不見了蹤影，相反蕭衍還搭上了幾萬將士、將國家和東魏推上了戰場。

三

侯景逃到淮河南岸後，身邊只有八百名殘兵敗將，身無分文，後有追兵，前途茫然，可謂落魄至極，也危險至極。

就在侯景緊張徘徊之時，和南豫州（壽陽）監州事韋黯一向不和的馬頭（在壽陽西北）戍主劉神茂主動找上門來。他建議侯景襲取壽陽，作為立足點。侯景明知這是借刀殺人的技法，可是他是個冒險家，永遠相信風險與機遇並存。於是，侯景帶著殘部直奔壽陽城下，要求韋黯開門接待。韋黯開始不想接納侯景，侯景就拿蕭衍封給自己的一系列官爵嚇唬他，逼著韋黯開啟城門。侯景一進城，立即反客為主，占領了壽陽。

儘管有了立足點，侯景內心的恐慌卻絲毫沒有減少。他不知道東魏和南梁的最高統治階層將會如何處置自己，自己會不會成為雙方幕後交易的一個棋子呢？雖然蕭衍看起來比較慈祥、比較好說話，但如今自己的勢力還會對他有吸引力嗎？擺在眼前的襲占壽陽的舉動，又怎麼解釋呢？思前想後，侯景向蕭衍上了一封「請罪表」，說自己喪地敗師，請求處分。

表到朝廷，有大臣認為侯景已經露出跋扈的端倪，建議及早處理。但是蕭衍卻揮揮手，認為懲處侯景有違慈祥為懷的佛教教義，同時也會斷絕北方將領歸降的後路，因此非但沒有一點處罰的意思，還將侯景好好安慰了一番，並且任命侯景做南豫州牧，鎮守壽陽。

侯景心中一塊大石頭哐當落地，在壽陽安心修整起來。他算是徹底

看清蕭衍懦弱、愚蠢的本性了。侯景之前的人生都在刀尖上舔血，冒險因子始終流淌在他的血液中。既然難以攻破河北的高澄，是否可以將刀子轉向江南的蕭衍呢？

北方的高澄也還惦記著侯景。侯景雖然被趕到南方去了，可是依然盤踞在邊界，是個潛在的威脅。好在經過之前的戰爭，南北形勢對高澄非常有利，他可以挾得勝之威，透過談判獲得更多的好處。高澄就讓被俘的蕭淵明寫信給叔叔蕭衍，建議雙方和談。蕭衍收到姪子來信，邊看邊哭，看完立即同意講和，將回信送給東魏。信使是個糊塗人，竟然選擇從壽陽過界，被侯景抓了個正著。侯景很快盤問出了全部詳情，大驚，立刻上奏蕭衍，反對議和。侯景說：「高澄剛打了勝仗，就急於求和，背後肯定有隱情。他是擔心西魏乘虛進攻。現在，東魏力量在持續衰弱，我們沒必要與他通好。」蕭衍救姪子要緊，對侯景的奏摺沒有回覆。相反，他又派出正式使者去東魏弔唁高歡。侯景更急了，把底牌亮給了蕭衍看：「臣與高氏，勢不兩立。如今陛下與高氏通好，將置臣於何地？」侯景擔心自己被蕭衍給賣了。蕭衍回信給他說，我對你侯景不放棄、不拋棄，讓侯景放心。侯景哪能就這麼放心了！他是在欺騙和廝殺中一路走過來的，怎麼會相信蕭衍的一句話？

侯景偽造了一封高澄的來信，要求用蕭淵明交換侯景，試探蕭衍。蕭衍不辨真假，欣然接受交換條件，還寫了一封回信給高澄，說「貞陽（蕭淵明封貞陽侯）旦至，侯景夕返」。侯景拿到了回信，惡狠狠地說：「我早就料到蕭老頭的心腸薄得很！」他下定決定要造蕭衍的反了。

壽陽城裡開始了大規模的擴軍。侯景僅有的八百人，顯然不夠造反使用。他就在城內外強拉青壯年來當兵，又強搶民間女子許配給將士。侯景敗退壽陽後，蕭衍就向他提供後勤補給。如今，侯景獅子大張口，

向蕭衍要大量的軍需物資，以備擴軍備戰。比如侯景向朝廷申請一萬匹錦，說要做軍袍用。朱異如數發給，只是用青布代替錦而已。侯景又藉口武器粗劣且損壞嚴重，申請派遣建康城的能工巧匠到壽陽直接鍛造，朝廷也不拒絕。其實，只要稍微想想，侯景部下的八百人，哪裡需要那麼多的布匹，哪裡需要專門設點造兵器啊？在政治上，侯景也開始尋找同盟者。他知道蕭正德對伯父不滿，一直對差點到手的太子寶座耿耿於懷。於是，侯景祕密與蕭正德聯繫，表示願意擁戴他做皇帝。蕭正德利令智昏，以為侯景當真擁戴他，高興地和侯景結盟，準備大幹一場。狂風暴雨即將席捲平靜了半個世紀的江南。

侯景之亂：
不是侯景太厲害，
而是南梁太窩囊

一

侯景大規模的擴軍備戰，引起了很多地方官員的警覺。警報接二連三地傳到建康。

合州（今合肥）刺史、鄱陽王蕭範多次密報侯景將反，蕭衍不相信。

將軍羊鴉仁從懸瓠撤退後，受到朝廷訓斥（相反，一起敗退的侯景卻沒有受到斥責）。他不敢返回朝廷，帶兵留屯淮河一帶。侯景在南方舉目無親，曾和羊鴉仁一起在河南打過仗，還算是有交情，就約他一起造反。羊鴉仁立即把侯景派來的人和拿來的信押解到建康，向蕭衍告發。侯景謀反證據確鑿，朱異卻秉承蕭衍的意思，還說：「侯景只有區區幾百殘兵，能做什麼！」蕭衍於是將侯景的使者送回壽陽，對此不聞不問。侯景反咬一口，說羊鴉仁誣告，要求殺羊鴉仁。同時，侯景要求擴大轄區，不然就要率兵臨江，自己找地盤去。侯景一個敗將，如此囂張，公然要挾朝廷，蕭衍卻還對侯景的使者說：「譬如尋常窮人家，有三個五個客人，還相處得好。朕只有一個客人，惹得他生氣，這是朕的過失。」他以一貫的慈悲胸懷，沒有殺羊鴉仁，沒有同意侯景移防的要求，當然也沒有斥責侯景，而是對他厚加賞賜。蕭衍希望這件事情能夠不了了之。可見「佛門天子」愚蠢到了可怕的程度。

八月初十，侯景準備就緒，正式在壽陽宣布造反。他打出了「清君側」的旗號，以討伐中領軍朱異、少府卿徐驎、太子右衛率陸驗、制局監周石珍為名，號召大家支持自己。侯景要討伐的這幾個人不是貪汙成性，就是苛刻出名，民怨很大。侯景這麼做，還真能矇蔽不少人。不過

蕭衍知道侯景造反後，滿不在乎地說：「侯景有幾個兵，能成什麼事？我隨便拿根棍子就能揍他。」他任命六子、邵陵王蕭綸為大都督，率領四路大軍包抄壽陽，討伐侯景。

梁軍占有絕對的兵力優勢，且是在內線作戰，只要蕭綸正常發揮，就應該能殲滅侯景。蕭綸也是這麼想的，所以他不慌不忙地集合軍隊、渡過長江，慢慢向壽陽進軍，沒有採取其他任何措施。

侯景的謀士王偉替侯景分析道：敵強我弱，兵力過分懸殊，侯景不能和蕭綸正面作戰，固守壽陽也只有死路一條；要想獲勝，就要冒險，出奇招。王偉建議侯景放棄壽陽，傾盡全力，直取建康。放棄根據地，長途奔襲，其中只要出現任何一點差錯，全軍都可能變為任人宰割的散兵遊勇，這是個正常人都要猶豫再三的險招。然而，侯景迅速採納，並在九月二十五日以打獵為名，率軍出了壽陽城。侯景進軍神速，八天後占領譙州（今安徽滁州），再半個月後占領歷陽（今和縣），很快飲馬長江北岸。而蕭綸還在慢騰騰地向壽陽進軍呢！

侯景之所以能夠如入無人之境，除了蕭綸的無能外，還有幾十年的和平幾乎消磨了南梁上自封疆大將，下到普通軍民的警惕性和戰鬥力。面對突如其來的戰爭，他們完全愣住了。

歷陽失守傳到建康，蕭衍這才開始認真籌劃用兵方略。大將羊侃當時在建康擔任尚書。蕭衍向他諮詢，羊侃認為要立即派兵扼守長江南岸重要渡口採石，阻止侯景渡江，同時嚴令蕭綸迅速攻占壽陽（其實，高澄已經乘虛而入占領了壽陽），然後南北夾擊侯景，到時候侯景前有長江天險阻隔，後無退路，必敗無疑。朱異卻認為侯景絕對不會渡河。蕭衍再次調兵遣將，派姪子蕭正德負責前線軍事，又派名將陳慶之的兒子陳昕去鎮守採石。

現在該蕭正德這個內奸上場發揮了。他一上任就調集幾十隻大船，準備接應侯景渡江。緊要關頭，採石的調防又出現了紕漏。將軍王質原本率兵三千扼守採石，接到調令後不等陳昕到達就帶兵撤走了。在採石沒有軍隊防守，又有蕭正德派船前來接應的情況下，侯景的軍隊從容渡江，越過採石向江南深處發展。這時，侯景的部隊才發展到八千人，只有幾百匹馬。

叛軍兵臨城下，建康城中的多數軍民都沒有經歷過戰爭和動亂，人心惶惶。城外百姓紛紛逃進城內，秩序大亂。蕭衍授權太子蕭綱全權負責禦敵，同時依靠羊侃參謀軍事。

蕭綱和羊侃任用蕭正德、庾信等人參與城防，其中前者守衛建康南邊的正門宣陽門，後者守衛朱雀橋要害。結果，蕭正德看到侯景軍隊來到，開啟城門，親自出城迎接。侯景和蕭正德兩人在馬上相互作揖寒暄，怎麼看都像是朋友重逢，不像是敵人。庾信是南北朝文學的集大成者，是當時的文壇宗師，率領三千從來沒有打過戰的軍隊阻擋在侯景面前。此外，還有一條秦淮河奔流在兩軍中間。大敵當前，庾信還在津津有味地啃甘蔗，突然對岸射來一陣亂箭，有一支正中庾信身旁的門柱，庾信驚得扔掉甘蔗，扭頭就逃。三千部下隨之一鬨而散。侯景輕鬆邁過秦淮河，順利占領了建康外城。（庾信後來逃到了北方，被北方捧為文學大師，從而官運亨通，還創作了〈哀江南賦〉等大批作品。）

經過幾代王朝的建設，當時的建康城規模宏大，城內有城，形成了臺城（官衙和皇宮所在地）、東宮（太子居所）和石頭城（要塞）三座內城。侯景大軍迅速占領東宮，殺向臺城。防守石頭城的是蕭綱的兒子蕭大春。蕭大春見外城失陷、臺城危急，棄軍逃往京口去了。石頭城駐軍便投降了侯景。至此，臺城被包圍得嚴嚴實實的。好在羊侃臨危不懼，

詐稱接到飛箭射來的信件，說蕭綸率領大軍回援，即將到達。臺城裡這才人心稍定。

這時距離侯景在壽陽起兵，只有兩個半月時間。

二

臺城攻防戰開始。白天，侯景指揮將士猛攻臺城。東宮緊挨臺城，叛軍爬上屋頂，朝城裡射箭。夜晚，侯景就在東宮裡飲酒作樂。他把東宮幾百名歌舞奏樂的女子都分給軍士姦淫取樂。叛軍還放火燒毀了建康的幾處宮署，東宮極為豐富的藏書也被付之一炬。很快，戰火就將建康城破壞得瓦礫累累。

叛軍火攻臺城大門。羊侃下令在大門上方鑿洞，從洞裡往外倒水滅火。叛軍又用大斧劈門，一扇門眼看就要被劈開了。羊侃就從門的裂縫中伸出長矛刺殺，連殺了兩名敵兵，逼得叛軍不敢再劈門。侯景造了幾百隻一丈多長、有六條腿的木頭架子，在上面蒙上浸溼的牛皮，下面藏六名軍士，稱之為「木驢」。叛軍在木驢的掩護下破壞城牆。羊侃下命向城牆根投擲石塊，把木驢砸得粉碎，殺傷裡面的士兵。侯景就改造了一些尖頂、石塊打不壞的木驢。羊侃就下令火攻，在火把、箭鏃上澆上油、塗上蠟，點火拋下去、射下來，將木驢燒毀。侯景又造了十多丈高的登城樓，推近城牆，以便叛軍在樓上向城內射箭。臺城守軍看見龐然大物般的車子逼近，不知如何是好，恐懼莫名。羊侃卻成竹在胸，說這些車子既高大又沉重，而臺城四周的壕溝土質疏鬆，車子到了城邊一定

會倒。果然，臃腫的登城樓推到壕溝附近，紛紛因重心不穩就自己倒掉了。

十一月初，侯景改用原始的辦法，在臺城東西兩面堆土山，打算將土山堆得和臺城城牆一般高，從山上攻進城去。叛軍驅趕大批居民運土築山，誰手腳慢一點劈頭就打，誰跌倒了就被埋進土地，當做山體的一部分。建康城裡一片號哭之聲。城內唯一的辦法，就是迎著叛軍築山的方向，也築造土山，正面將叛軍壓制下去。城裡太子、親王以下的人都背土夯土，又在土山上築樓，又招募了兩千敢死勇士，披上鎧甲，登山作戰。不幸的是，突然天降大雨，臺城裡的土山坍了。叛軍趁機進逼，羊侃下令大家把任何可以燃燒的東西，木材、衣服等等，都點上火，拋擲出去，構成一陣火焰攻勢，硬生生地把叛軍打退了。同時，羊侃帶人在坍塌處趕築了一道城牆。臺城這才轉危為安。

侯景猛攻多日，沒有絲毫進展，反而死傷了不少將士。他改變戰術，改攻為困，在臺城四周築起營壘，隔斷內外聯繫，準備打持久戰。

同時，侯景也不放鬆心理戰、政治戰。他向城裡射賞格，宣稱只要殺了朱異等人他便退兵。臺城裡也射賞格出去，「有能獻侯景首級的，即授侯景所任官職，並賞錢一萬萬、布絹各一萬匹。」侯景把羊侃的兒子押到城下，逼羊侃投降。羊侃不為所動，說：「儘管把他殺掉好了！」侯景不放棄，幾天後又押羊侃的兒子到陣前。羊侃拿起弓就射兒子，還說：「我以為你早已死了，怎麼還在！」侯景知道感情要挾對羊侃沒用，之後不再用這招了，還把羊侃的兒子給放了。

在政治戰上，侯景卻有很大的收穫。十一月初一，他擁戴蕭正德即位做皇帝，自己做了丞相。之前，江南的世族大家和達官顯貴奴役大批奴婢、下人。南梁社會長期穩定，主人和奴僕的關係也非常固定，奴僕

們的待遇很低，大多怨恨主人。侯景就宣布，凡是家奴投降者，一律解除家奴的身分。於是，建康附近的奴僕們紛紛投靠侯景，加入叛軍，人數有數千之多。這批人超過了侯景最初的八百殘兵，成為叛軍的核心戰鬥力。侯景挑選了一名朱異的家奴，任命他為儀同三司，讓他跨駿馬、穿錦袍，到臺城下罵朱異：「你做了三十年官，才是個中領軍，我剛跟侯王，就已經做到儀同了。」這話對臺城內王公大臣們的家奴吸引力很大。有上千家奴逃出城，加入了叛軍。侯景對這些翻身奴僕都厚加賞賜和重用。

如此攻防了一個月，戰局停滯了下來。侯景擔心南梁援軍雲集，又因為軍需糧草告罄，不得不下令搶劫民間糧食和金帛、人口，做好持久戰的準備。叛軍公然搶劫，開始對江南富庶之地造成慘痛的破壞。

三

困守臺城的君臣官兵，把希望都寄託在「勤王」的援兵上了。

侯景的叛軍都集中在臺城附近，其他地區還在梁朝官府統治之下。只要有幾個人出兵救援臺城，就不怕侯景不滅。

最先到達建康的援軍是原本計劃進攻壽陽的邵陵王蕭綸的部隊。他慢騰騰地走到半途，後方傳來警報，說侯景已經渡過長江了。蕭綸慌起來，下令後隊改前隊、前隊改後隊，日夜趕奔建康而去。這支政府軍的軍事素養實在太差，不僅行軍速度太慢，而且中途迷了路，直到十一月底才趕到建康城東的蔣山。這時，臺城都已經被圍攻了一個月了。蕭綸

的到來，讓侯景很害怕。蕭綸的部隊畢竟人多勢眾，而且是南梁的主力軍。侯景把搶來的婦女、珍寶都聚攏到石頭城，並備好船隻，做好戰敗逃跑的準備了。結果兩軍交鋒，侯景發現自己實在是太高估蕭綸軍隊的戰鬥力了。幾個回合打下來，蕭綸大敗，部隊只剩下一千多人。他只好東撤，遠遠看著建康，就是不敢近前。

比蕭綸晚幾天，宗室蕭嗣、西豫州刺史裴之高等人也率領援軍到達。他們不敢與侯景交戰，在長江江面上的蔡洲駐紮，等待更多的援軍到來。

臺城內的情況在惡化。羊侃、朱異相繼死去。朱異的死倒沒什麼，但是羊侃的去世，使得城內失去了抵抗的核心。城中瀰漫起緊張氣氛來。侯景則抓緊援軍雲集前的短暫平靜，日夜趕造攻城器械，企圖盡快攻下臺城。從十二月中旬開始，叛軍連續猛攻臺城十多天。幸運的是，城中一名下級軍官吳景精通城牆攻防之術，指揮軍民抵抗，保全了臺城。但是，城內有軍官叛逃侯景，教侯景引玄武湖水灌臺城（臺城在玄武湖南）。侯景照做，水漫臺城，積水逐漸加深，城內軍民的處境更加艱難了。

當時天下最有能力救援臺城的是鎮守重鎮荊州的蕭衍七子、湘東王蕭繹。蕭衍非常疼愛這個兒子。蕭繹小時患了眼病，蕭衍親自指揮治療，不慎治瞎了兒子的一隻眼睛。蕭衍愧疚在心，後來又做夢夢見一個獨眼菩薩說要投胎帝王之家，他就認為蕭繹是菩薩投胎，對他倍加疼愛。蕭衍將僅次於揚州的荊州託付給了蕭繹，讓蕭繹坐鎮建康的上游，是寄予厚望的。但是，蕭繹聽說建康失陷、臺城危急後，首先想到的是父皇和太子哥哥都危在旦夕。萬一他倆同時「歸天」了，蕭繹我不就能夠「高升」一步了嗎？所以，蕭繹對救援一事很不熱心。直到十二月中

旬，臺城被圍將近兩個月後，才派兒子蕭方等從公安（今湖北公安北）出發，順江而下。他撥出來的援兵，只有一萬人。

儘管如此，外地勤王軍隊還是陸續到達秦淮河畔。分別有衡州刺史韋粲率領的本部五千兵馬；江州刺史蕭大心（蕭綱的兒子）派將軍柳昕率領的兩千兵馬；司州刺史柳仲禮（韋粲的表弟）率領的步騎一萬多人；從淮河南下救援的羊鴉仁率領的三萬人。此外會合已經徘徊在建康周邊的蕭嗣、裴之高等人，到當年的除夕夜，各地勤王的軍隊已經超過了十萬人，遠遠勝過侯景的一萬叛軍。大家推舉柳仲禮做大都督，推進到秦淮河南岸。

太清三年（五四九年）正月初一，勤王軍隊和侯景叛軍在建康郊區的青塘激戰。

勤王軍隊中最積極的韋粲的部隊受大霧影響，在行軍途中迷路，在大霧中手忙腳亂地搭建營柵準備固守。侯景看準時機，率軍猛撲殺入韋粲大營。韋粲英勇迎戰，與兒子、三個兄弟、一個堂弟都力戰而死。柳仲禮得報，趕往增援，纏住侯景死戰。柳仲禮是員勇將，部隊又人多勢眾，斬殺了數百名叛軍。叛軍多數是強拉來的民夫和解放了的奴僕，缺乏訓練，稍遇挫折就向後逃竄，又被擠入秦淮河中淹死了一千多人。戰場形勢開始對侯景不利。柳仲禮和侯景單挑，長矛幾乎刺中侯景，不幸在大霧中缺乏防備，被敵將從背後偷襲，肩部中了一刀。他在部將的護送下，倉皇逃離戰場。這一戰，兩軍打了一個平手。侯景不敢再渡秦淮河，勤王援軍也不敢渡過河去，雙方就隔河對峙。

之前被侯景大敗東撤的邵陵王蕭綸收拾殘部，在京口會合東部各軍，也趕到了秦淮河南岸。這時，蕭方等、王僧辯率領的荊州兵，還有遠從高州（今廣東陽江）趕來的援軍也先後趕到。援軍的聲勢再次高漲

起來。為了讓臺城知道援軍雲集的消息，蕭嗣的部下李朗用苦肉計，故意違抗軍令捱了一頓鞭子，然後投奔侯景，麻痺叛軍後跑入臺城。城裡知道援軍源源而來，人心大振。形勢變得對梁朝君臣有利。

但是各路援軍缺乏統一指揮，大都督柳仲禮為人粗暴，傲慢無禮，不能服眾。更嚴重的是，散布各處的梁朝宗室諸位王、公、侯爺，各懷鬼胎，互相猜忌，不僅不能合作，更沒人出來說話。因此，建康城外的援軍雖多，卻是各自為政，眼看著臺城被圍，就是無人上前。多路援軍的軍紀惡劣，只顧在秦淮河畔擄掠，反而失去了民心。臺城遭圍近百天，情形越發糟糕。戰爭爆發時，臺城有意識地囤積糧食，累積了四十萬斛糧米，但是沒有儲備燃料、草料以及魚鹽等物資。人光吃稻米也不行，於是軍民們就開始捉老鼠、麻雀，殺馬，甚至煮皮革吃。據說，連佞佛的蕭衍也不得不吃起了雞蛋。城中軍民死亡了十之八九，屍橫盈路，慘不忍睹。

叛軍的日子也不好過，侯景也缺糧。他包圍著臺城，勤王援軍又包圍著他。侯景原本依靠建康城東的存糧支撐，如今被援軍斷了路，無法運來。侯景聽到荊州兵趕到，心裡也發慌。進退不得之時，謀士王偉建議侯景「詐和」，假意求和，趕緊把東城的糧食運進石頭城，抓緊休整兵馬，等對方懈怠後，再一舉擊破。侯景又一次欣然採納，派人向臺城求和。

蕭衍見侯景議和，大怒：「和不如死！」太子蕭綱苦苦哀求父皇允許議和。他眼看著臺城將要不保，自己的太子地位就要動搖了；而如果能保住臺城，穩定一下局面，自己還是太子，還有機會當皇帝。於是，蕭綱力主議和。蕭衍猶豫再三，對蕭綱說：「你要和，就你去辦吧，只是不要為千載之後的人所笑！」大臣傅岐反對議和，指出這是侯景的緩兵之

計。但是蕭綱固執己見，派人與侯景和談。二月中旬，雙方在臺城外會盟。和談達成，建康城內外平靜了下來。

但是，侯景藉口種種理由，一會兒是部隊要休整，一會兒是朝廷某些大臣對他不友好，要求撤換，就是不肯渡江北撤，繼續包圍著臺城。他督率部下抓緊搶運糧食，明顯是用心險惡。即便如此，原先就不是真心勤王的各路諸侯紛紛懈怠下來。最大的地方實力派、湘東王蕭繹已經集合荊州主力部隊，在長江中游駐紮了一個多月，別有用心地等待著臺城的消息。愚蠢的蕭衍、蕭綱父子還發文各地，說和談成功。蕭繹聞訊，準備返回江陵。侯景的叛軍喘息已定，又見各路援軍紛紛懈怠，立即翻臉突襲臺城。三月十二日夜，叛軍在城中叛將的接應下，攻破臺城。

永安侯蕭確抵敵不住，跑進宮裡向蕭衍報告：「臺城失守。」蕭衍躺在床上，問：「還能不能打？」蕭確回答：「無力再戰了。」蕭衍長嘆一聲：「自我得之，自我失之，亦復何恨！」的確，南梁是蕭衍打下來的，也即將滅亡。蕭衍能在王朝命懸一線的時候，意識到「自我失之」，還算有自知之明，多多少少意識到了自己的錯誤。不過他的「亦復何恨」就是自欺欺人的話了。即便治理了將近五十年天下的蕭衍對江山沒有留戀，並不在乎，江南的百姓也已經陷入了戰火煎熬之中，富庶的經濟也慘遭破壞，怎麼能說「亦復何恨」呢？這是蕭衍不負責任的自我安慰罷了。

侯景以區區八百殘兵，一路橫掃江南，終於在五個月內攻破了南梁。

侯景之亂：權力大過親情

攻入臺城的當天，侯景帶著五百甲士去見蕭衍。

這是兩個人的第一次見面。幾十年的帝王生涯讓蕭衍塑造了很強的氣場，侯景從底層一路廝殺過來，還真沒看見過蕭衍這樣的人。蕭衍雖然成了俘虜，卻不慌不忙地問侯景：「你是哪裡人，竟敢作亂？你的妻子、兒女還在北方嗎？」侯景竟然害怕得汗流滿面，張口結舌，不知道怎麼回答。一旁的部將任約替他說：「臣侯景的妻子和兒女都被高氏殺了，現在只有一人歸順陛下。」蕭衍問：「你過江時有多少兵馬？」侯景收拾情緒，回答：「千人。」蕭衍又問：「攻城時多少？」「十萬。」蕭衍再問：「現在有多少兵馬？」侯景頓時膽壯起來：「率土之內，莫非己有。」蕭衍畢竟是輸了，在這個話題上說不過侯景。但他依然正色告訴侯景：「如果你忠於朝廷，就應該管束好部下，不要騷擾百姓。」侯景答應了。

別過蕭衍，侯景告訴身邊的親信，自己征戰疆場多年，從沒有膽怯過，不知道為什麼見到蕭衍竟然感到害怕，莫非真的有「天子威嚴」存在嗎？害怕歸害怕，它一點都不妨礙侯景的叛軍在臺城大肆搶劫，將皇宮搶得精光。

侯景又用蕭衍的詔書，命令各地援軍解散。

有人建議邵陵王蕭綸突襲侯景，出其不意，很可能殲滅叛軍。蕭綸不聽。各路援軍的大都督柳仲禮接受詔書，準備解散各軍。他的父親柳津一直被圍困在臺城裡。之前，柳津登城向兒子高喊：「你的君父遭難，你不能竭力，後人將把你說成何等樣人！」柳仲禮自從受傷後，就喪失

了戰鬥的勇氣，對父親的高喊無動於衷。蕭衍曾詢問柳津退敵之計，老人家傷心地說：「陛下有邵陵，臣有仲禮，不忠不孝，如何能夠平賊！」在柳仲禮、蕭綸等人帶頭下，建康周邊各路援軍紛紛撤回。之前，湘東王蕭繹命王琳運輸稻米二十萬石支援建康，船到姑孰（今安徽當塗），聽到臺城失陷，王琳將稻米沉入長江，空船返回荊州。可見蕭繹不是真心要救援父皇的。遺憾的是，懷有這樣心思的宗室成員不止一人。

侯景把梁武帝蕭衍攥在手裡，不知道如何處置，暫時還尊奉他為皇帝。之前被侯景擁戴為皇帝的蕭正德，就得不到所有人的承認了。侯景把他拉下龍椅來，讓他做了侍中、大司馬。蕭正德這才明白自己只是侯景的一個棋子，大呼上當，寫密信給蕭範，約他起兵進攻侯景。結果密信被侯景緝獲，蕭正德被殺。永安侯蕭確堅定反對侯景，之前戰鬥英勇，反而受到了侯景的賞識，被留在侯景身邊。一次出獵的時候，蕭確趁侯景身邊沒人，搭弓就要射殺他。不想，弦斷了，侯景發覺後，當場殺死了蕭確。

侯景派兵日夜看管著蕭衍。蕭衍看到有許多武士佩戴兵器，在皇宮中大模大樣地進進出出，就問身邊侍從怎麼回事。侍從回答：「這是侯丞相派來的衛兵。」蕭衍喝道：「什麼丞相！不就是侯景嗎？」侯景聽說後，生氣了，把蕭衍監管得更嚴，還斷絕了蕭衍的飲食。蕭衍已經是八十六歲的老人了，之前三個多月天天擔驚受怕的，如今又沒吃沒喝，很快就憂憤成疾，病重了。五月的一天，蕭衍在昏迷中醒來，覺得口中發苦，就喊人送蜜水上來。喊了兩聲都沒有人回答，蕭衍環顧偌大的宮殿，只有他孤零零一人，不禁悲從心來，發出「喝、喝」的聲音，去世了。五月二十六日，侯景擁戴太子蕭綱即位。蕭綱就是簡文帝。

占領建康後，侯景迫切需要擴大地盤，保障充裕的後勤。他自然把

目光投向了東南富庶的三吳之地。三吳，指的是現在蘇南和浙北地區的吳郡（在今蘇州）、吳興郡（在今湖州）、會稽郡（在今紹興），該地區自然優越、人煙密集，又是南方世族大家的根據地。從東晉以來，除劉宋泰始二年（西元四六六年）三吳曾遭受戰火外，將近一百年沒有發生過戰事，已經發展成為當時中國經濟最發達的地區。

侯景派遣部將董紹進攻廣陵、於子悅進攻吳郡。他們都只帶上了幾百名烏合之眾，說是行軍，不如說是搶糧更為合適。三吳地區的每座城池的守軍都比敵人要多，且城堅糧足，如果有心一戰，完全可以禦敵於家門之外。但是，到當年年底，三吳完全被叛軍占領。這要歸因為統治三吳地區的世族大家們羸弱不堪，根本不能應戰，他們不是坐等叛軍來抄家滅門，就是開門投降，最後還是落得個身首異地的下場。至此，侯景占領了以建康為核心、以三吳為後方的大片地盤。

侯景的統治極為殘暴。他公然提倡燒殺擄掠，告誡眾將攻破敵軍營壘後要屠城，讓天下都知道自己的威名。他在石頭城立了一座大碓，抓了反對他的人就放在碓裡舂死。侯景還禁止人們低聲說話，違反的要株連三族。種種表現，都很像是一個壓抑了很久的底層人物，驟然暴發後的變態反應。富庶的三吳地區慘遭破壞，叛軍燒殺劫掠，四處抓人，把很多人當做奴隸販賣到北方去。侯景敗逃壽陽的時候，曾上奏蕭衍，要求與王、謝等世族大家通婚。蕭衍為難地說：「王謝門第太高，你考慮考慮朱張以下的門第吧！」侯景哪裡受得了如此重的門第觀念，怒道：「總有一天，我要吳中兒女配給奴隸！」如今，他果然報復性地屠戮三吳的世族大家，抄家滅門都不罕見。王謝等頭等門第的大家族，元氣大傷，很快凋零。整個三吳地區都變為了野狼橫行於鄉間、廢墟中躺著枯骨的地獄。

二

簡文帝蕭綱雖然如願當上了皇帝，卻是侯景的傀儡。侯景對他看管極嚴，除了幾個特定的人，不讓他見其他任何人。大寶元年（五五〇年）十一月，南康王蕭會理等乘侯景不在建康之機，密謀起兵，先殺侯景的軍師王偉，再占領京師。不幸，保密工作又沒做好，被侯景發覺了。參與者都被殺。之前能夠接近蕭綱的少數幾個人，為了避嫌，也都離蕭綱遠遠的。只有武陵侯蕭諮還照常去找蕭綱請示匯報。侯景果然懷疑蕭諮也在籌劃陰謀，把蕭諮暗殺了。從此，除了侯景和個別宮人，再也沒人敢接近蕭綱。蕭綱幾乎與世隔絕了。

有能力與侯景相抗衡的是盤踞在長江中上游的幾位宗室親王。從東往西分別是這麼幾位：蕭衍的六子、邵陵王蕭綸在臺城破後，退兵郢州（今湖北武昌）；往西到江陵是蕭衍的七子、荊州刺史、湘東王蕭繹；再往西就到了四川，蕭衍的八子、武陵王蕭紀擔任益州刺史，都督現在四川、陝南等地。這三位王爺是親兄弟。

南邊的湖南地區有駐在長沙的湘州刺史、河東王蕭譽，北邊的湖北北部有駐在襄陽的雍州刺史、嶽陽王蕭詧。這兩位王爺也是親兄弟，分別是昭明太子蕭統的二兒子、三兒子。另外夾在幾位王爺之間的現在重慶地區還有一個桂陽王、信州刺史蕭慥。他是蕭衍的哥哥蕭懿的孫子。這後面三位王爺是前三位王爺的姪子。

六位蕭姓王爺都擁兵一方，其中以湘東王蕭繹力量最強。荊州原本就是僅次於揚州的第二富庶之地，加上蕭衍又為蕭繹安上了「都督荊雍

等九州諸軍事」的頭銜。在名義上，桂陽王、嶽陽王、河東王三位姪子都要受蕭繹的管轄。蕭衍死後，外藩諸王對侯景擁戴的傀儡蕭綱並不買帳，各行其是，多數人都有心思自立為帝。而骨肉同胞的存在，就是他們登基稱帝的最大障礙了。於是，諸位王爺忘卻了殺父之仇、拋棄了國破之恨，開始自相殘殺。

蕭繹動作最早，最凌厲。兒子蕭方等撤軍回江陵，帶來了臺城失守的消息。蕭繹不組織勤王，只是加強江陵城防，防備侯景進攻。蕭衍死訊傳到江陵後，蕭繹祕不發喪，既不公開蕭衍的死訊，更不承認哥哥蕭綱的皇帝身分。他不用蕭綱的大寶年號，繼續沿用父皇蕭衍的太清年號。姪子、信州刺史蕭慥也去建康增援，撤軍途中經過江陵。有人向蕭繹誣告蕭慥與嶽陽、河東二王勾結，要奪他的地盤。蕭繹不辨真假，就把蕭慥殺了。

蕭繹之前藉口勤王，下令下轄的各州出兵領薪水。嶽陽王蕭詧就派一名軍官領兵前往。蕭繹要蕭詧親自帶兵去，蕭詧不肯去。而蕭詧的二哥、湘州刺史蕭譽則斷然拒絕蕭繹徵糧徵兵，不肯服從蕭繹。兩人對蕭繹言辭不恭，叔姪三人平時關係很不好。建康戰事停歇後，蕭繹決定先拿蕭譽開刀，進軍湘州首府長沙。湘州之戰打得很艱難，從太清三年（五四九年）六月到大寶元年（五五〇年）四月打了差不多一年，蕭繹還賠上了長子蕭方等的性命。情急之下，蕭繹急令大將王僧辯火速進攻長沙。王僧辯認為部隊沒有集合完畢，請求緩期。蕭繹急得拿劍砍了王僧辯的左腿，後者頓時昏厥過去，後被人搶救回來。蕭繹依然把王僧辯關入大牢，由此可見蕭繹這人性情相當暴躁，而且對下嚴苛。長沙的蕭譽向雍州的三弟蕭詧求救。蕭詧率眾兩萬攻打江陵，想來個圍魏救趙。蕭繹窘迫之餘，重新請出王僧辯來，請他主持軍事。王僧辯最初在北魏政

權任職，在蕭衍統治前期南逃歸附，一直在蕭繹身邊為官，忠於蕭繹。儘管無辜被主公砍了一劍，王僧辯還是為蕭繹出謀劃策，招降了多名蕭詧的部將。蕭詧不戰而敗，狼狽逃回襄陽。王僧辯又馬不停蹄，南下進攻長沙，殺死了蕭譽。

二哥死了，蕭詧就成了蕭繹的下一個目標。蕭詧惶恐不安，向西魏宇文泰求救，自願做西魏的附庸。宇文泰看到北齊的高氏趁著侯景之亂在淮河流域拔城略地，早就心中癢癢，見有南梁王爺歸降，大喜，馬上封蕭詧為梁王，並派大將楊忠（楊堅之父，隋朝建立後追封太祖皇帝）率軍進駐襄陽，幫助蕭詧防守。蕭繹派柳仲禮率軍進攻襄陽，被楊忠打敗。柳仲禮成了俘虜，魏軍擴大戰果，逼向江陵。蕭繹不得不和西魏談判，割漢江以東以北的土地給西魏，並送一個兒子到長安做人質。接受了屈辱的條件後，蕭繹的北方防線暫時穩定了。

解決三個姪子後，蕭繹的下一個目標是從建康東撤、駐兵郢州（今湖北武昌）的邵陵王蕭綸。蕭繹擔心他這位六哥兵馬強盛對自己不利，派王僧辯領兵開向郢州，「迎接」蕭綸回江陵。蕭綸痛心地說：「我志在殺賊，別無他意。七弟疑心我要和他爭皇位，處處算計我。我如果和七弟刀兵相見，就是骨肉相殘，被千百年後的人嘲笑。」他只能選擇率兵向北開拔，越走人馬越少，九月走到齊昌（今湖北黃陂）時部下離散得只有幾千人了。蕭綸萬般無奈，歸降北齊。北齊封蕭綸為梁王（又是一個梁王），扶持為傀儡。蕭綸北上河南，第二年二月想向西邊拓展地盤，在與西魏軍隊的戰鬥中被楊忠殺死。

蕭繹的八弟、武陵王蕭紀在益州很有想法，計劃率軍出三峽，「過問」一下長江中下游的事情。蕭繹寫信給他，承諾只要蕭紀按兵不動，日後和他「分國而治」，重演三國時期東吳和蜀漢的歷史。蕭紀同意了，

固守四川的地盤。這兩個兄弟，都早早地打起了黃袍加身的心思。

至此，湘東王蕭繹在長江中游一枝獨秀，成了最大的實力派。他在大寶元年（五五○年）四月釋出檄文，下令討伐侯景。說是討伐，蕭繹卻遲遲沒有動作，反倒是侯景聞訊搶先逆江而上，向中游動刀子了。叛軍由任約、於慶率領，分頭進軍。大寶元年（五五○年）七月，任約兵臨溢城（在今江西九江）。鎮守此處的蕭綱之子、尋陽王蕭大心一觸即敗，向任約投降；叛軍逼近郢州。在南邊，於慶則占領了豫章（今江西南昌）。

蕭繹派徐文盛東進與任約對峙。在當年年底、來年年初，徐文盛和任約打了幾仗，連戰連捷 —— 侯景軍隊的戰鬥力原本就不強。任約頻頻向建康告急。侯景先是加派宋子仙率兵援助任約，又在大寶二年（五五一年）留王偉守建康，親自領兵西上。侯景和徐文盛正面打了一仗，也吃了敗仗。

這時候，侯景豐富的經驗和過人的膽略顯露了出來。他被打敗後，並不灰心，而是想出了又一個冒險的計畫來。當時，蕭繹任命十五歲的兒子蕭方諸為郢州刺史，派鮑泉來輔助。這兩個人，一個是無知貪玩的少年，一個是懦弱的老官僚，全靠徐文盛在前線抵抗，自己在郢州城裡胡作非為，不作戒備。侯景派宋子仙、任約領四百騎兵，繞過前線，走陸路偷襲郢州。四月初三晚，天色昏暗，風雨交加，郢州守兵看夜幕中有一隊人馬在奔馳，連忙報告。州府中，蕭方諸正在和鮑泉玩遊戲。他騎在鮑泉肚皮上，用五色綵線把他的鬍子紮成一根根小辮。聽到報告，玩得起勁的蕭方諸根本沒聽進去，鮑泉想當然地認為不可能是敵軍，很可能是自己人。兩人都不當回事，不做任何戒備。結果，四百叛軍直衝進郢州，宋子仙一馬當先，殺進州衙。蕭方諸看到凶神惡煞的宋子仙，

屈膝就拜。宋子仙見到床下露出點綵線，喝令士兵搜查，把鮑泉拖了出來。這兩人都成了刀下之鬼。郢州被叛軍占領。偷襲得手，侯景越過徐文盛軍，順利進入郢州。前線的徐文盛部隊喪失鬥志，不戰而潰。許多家在郢州的官兵投降了侯景。徐文盛逃回江陵。侯景在郢州短暫逗留後，分兵給宋子仙進攻巴陵（今湖南嶽陽）、任約進攻江陵，自率主力殿後。叛軍水陸並進，氣勢凶猛。這是侯景的極盛時期。

三

　　四月十九日，叛軍開始進攻巴陵城。宋子仙一開始沒把巴陵放在眼裡，攻打了幾回，卻發現這是場硬仗，很難攻克。原來，郢州失守以前蕭繹已任命王僧辯為大都督，領兵東征。王僧辯走到巴陵，得知郢州失守，決定扼守巴陵堵擊叛軍。巴陵告急，蕭繹加派胡僧祐、陸法和帶兵救援。侯景則親自率軍進攻巴陵，同時命令任約截擊胡僧祐率領的援軍。一直打到六月，叛軍在巴陵城下被拖了一個多月，傷亡超過一半，加上疾病橫行，侯景元氣大傷。不巧，任約在赤亭（在今湖南南縣附近）反被胡僧祐打敗，成了俘虜。侯景燒營撤走。

　　王僧辯乘勝追擊，在六月下旬收復郢州，俘虜宋子仙；七月攻克溢城。之前，江西地區的叛軍遭遇了從廣東方向北上勤王的陳霸先部隊的猛攻。梁將侯瑱之前投降侯景，駐紮在豫章，如今宣布反正，配合陳霸先進攻於慶部叛軍。於慶在陳霸先和侯瑱的夾擊下，節節敗退，退縮到長江流域，又遭到了順江而下的王僧辯的猛攻。於慶狼狽而逃。豫章、

潯陽等重鎮都被收復。最後，侯景只收攏幾千殘兵敗將，退回建康。

侯景勢力衰微，卻開始思索著代梁稱帝，過過當皇帝的癮。王偉大為贊成，認為侯景稱帝可以「示我威權，且絕彼民望」。王偉以為侯景稱帝能夠收拾人心，其實侯景早已經失去了人心，稱帝只能遭致更多的反對。

侯景陣營完全沒有意識到危險來臨，亂哄哄地開始準備。侯景早就看簡文帝蕭綱不順眼了，廢他為晉安王，幽禁起來，立豫章王蕭棟做新皇帝。蕭棟的父親是昭明太子蕭統的長子、豫章王蕭歡。蕭統去世後，梁武帝蕭衍曾經一度想立蕭歡為皇太孫，但最後沒有實施。蕭棟就是蕭歡的長子。侯景禍亂建康的時候，蕭棟這樣的小王爺日子很難過，都淪落到和老婆兩個人在庭院裡開荒種菜，勉強維持生計的地步了。一天，幾個叛軍破門而入，架起蕭棟就走。蕭棟嚇得大哭，連連哀求不要殺他。他被拉去見侯景後，侯景揮揮手，蕭棟就當上了新皇帝。同時，簡文帝的太子蕭大器、潯陽王蕭大心等宗室二十餘人被侯景殺死。侯景又命王偉以祝壽的名義去拜訪蕭綱。蕭綱知道王偉是來要自己性命的，卻假裝不知情。既然是祝壽，蕭綱就拉王偉飲酒，喝得酩酊大醉。王偉用土囊把沉醉的蕭綱壓死了。

侯景立蕭棟為傀儡皇帝，完全是裝點最後的門面。到十一月，只做了四個月皇帝的蕭棟被廢為淮陰王。侯景粉墨登場，當起了皇帝。之前簡文帝蕭綱曾封他為漢王，侯景就定國號為「漢」。

漢朝偽政權完全是一場鬧劇。侯景大封當初跟隨他從河南逃到壽陽再一路打到江南的老兄弟們為高官。這些人完全不知禮儀，上朝的時候一哄而上，全無章法。王偉可能是其中唯一的明白人，就對侯景說要立禮儀、定制度，尤其是要先建立新王朝的宗廟。王偉讓侯景趕緊「立七

廟」。侯景不懂，問「七廟」是什麼。王偉解釋說皇帝必須祭七代祖宗，問侯景七代祖宗的名字。侯景想了好一會兒，說：「我只記得我爸叫侯標，不過他死在朔州了，靈魂不會大老遠地跑到江南來享受供品的！」這話引得哄堂大笑。部下有人說侯景的爺爺叫乙羽周，王偉就隨手寫下「侯周」作為侯景的爺爺，再從兩漢、魏晉時期替侯景找了幾個侯姓的名人當祖宗，總算湊足了七個人的數。新王朝的宗廟就算立起來了。

蕭詧：自己挖坑埋自己

一

　　侯景一幫人在建康城粉墨登場，蕭繹的討伐大軍則已經逼近建康了。

　　王僧辯和陳霸先會師後，軍容強盛，外圍叛軍望風披靡。討伐軍只在第二年（西元五五二年）三月，在姑孰（今安徽當塗）地區遭到了叛軍侯子鑑部的抵抗。侯景戰前提醒侯子鑑不要和王僧辯水戰，爭取在陸地固守。王僧辯故意示弱，引侯子鑑下水，將叛軍一舉擊潰。三月中旬，討伐軍戰船駛入秦淮河，抵達建康城下了。

　　侯景得到姑孰的敗訊後，開始做負隅頑抗的準備。他下令堵塞秦淮河口，又在北岸搶築城池，準備占領有利地形。不能讓秦淮河成為橫亙在討伐軍面前的阻礙！於是，陳霸先勇敢地率領本部兵馬渡過河去，在北岸構築營壘。其他部隊隨後跟進，建立了營帳。侯景見勢不妙，「御駕親征」，親自帶領步騎一萬多人突擊梁軍營盤。梁軍頑強抵抗，抵擋住了叛軍八輪進攻。最後，侯景急紅了眼，帶著一百多名騎兵赤膊上陣。他們丟掉長矛，只執短刀猛衝陳霸先部隊。陳霸先拚死擋住，侯景耗盡銳氣，潰退下去。叛軍無力再戰。石頭城的守將見勢不妙，開城投降。侯景認為大勢已去，又不敢回臺城，站在城下把王偉痛罵了一頓，罵他盡向自己出壞主意（客觀地說，王偉替侯景出了很多好主意），然後向東逃亡而去。只有一百多騎跟著侯景逃亡。侯子鑑、王偉等人渡江往京口方向逃亡。

梁軍收復建康。王僧辯放縱官兵肆意劫掠。士兵們將宮殿糟蹋成一片廢墟，為了掩蓋罪行，在夜裡放了一把火燒了宮殿。出征時，王僧辯特地向蕭繹請示：收復建康後，如何處置侯景扶持的小皇帝蕭棟。蕭繹回答：「六門之內，自極兵威！」表面意思是要在建康城內宣揚兵威，實際上是讓王僧辯殺掉蕭棟。殺皇帝這事，弄不好會留下歷史罵名，王僧辯不願意做，明確告訴蕭繹：「臣不願意做成濟第二。」成濟是當年替司馬氏殺死曹髦的將領。王僧辯不肯，蕭繹就把這事交給了願意做的朱買臣。侯景登基後，蕭棟和兩個弟弟被監禁，終日擔驚受怕。梁軍收復建康後，獄吏將蕭棟兄弟三人釋放了，兩個弟弟如釋重負：「現在總算可以免於橫死了。」蕭棟卻憂心忡忡：「未必！」果然，朱買臣找到蕭棟，請兄弟三人上船喝酒壓驚。兄弟三人上了船，就被朱買臣扔進河裡溺死了。

侯景部將侯子鑑逃到廣陵（今揚州），和守將郭元建一起投降了北齊。北齊占領了廣陵，有了窺探江南的據點。王偉則被人抓獲，押到建康，再轉送江陵，被殺。侯景沿途收拾殘兵敗將，聚攏了數千人，一個月後被侯瑱率追兵打敗。侯景輸得只剩一條船、幾十個人。他在滬瀆（今上海）出海，想逃往北方。

侯景攻克建康後，強占羊侃的女兒做妾，任命羊侃的兒子羊鵾做都督。羊鵾心態很複雜，既想報仇，又想借侯景勢力飛黃騰達。他隨待侯景左右，騙取了信任。侯景逃到海上時，羊鵾也在船上。他乘侯景熟睡時，聯繫了其他衛士，讓船家改變航向開回長江。侯景一覺醒來，發現回到了江南，大吃一驚。他正要命船家改變航向，羊鵾拔刀指著侯景說：「今日，要借你的腦袋去換富貴。」羊鵾和其他衛士一起揮刀向侯景砍去。侯景拚命躲過，逃到船艙裡。羊鵾提起一根矛趕來，一矛將侯景

扎死。幾個人切開侯景的肚子，塞進鹽防止腐爛，將屍體運到建康。王僧辯下令，砍下侯景的腦袋送到江陵，砍下雙手送給北齊，其餘部分在建康示眾。建康軍民恨侯景入骨，頃刻之間就把屍骨扯得粉碎。

十一月，湘東王蕭繹正式在江陵即位，改元承聖。蕭繹就是梁元帝。王僧辯因功被封為司徒、侍中、尚書令、永寧郡公，駐建康。陳霸先因功封司空，領揚州刺史，駐京口。蕭繹和手下大臣們留戀江陵老根據地，加上建康被戰火毀壞嚴重，朝廷就留駐在了江陵。

不過，當時南方有兩個皇帝，除了蕭繹，還有他的八弟蕭紀。蕭紀早一步在成都稱帝了。蕭紀不知道侯景已死的消息，以討伐侯景為名，率領四川兵馬順江而下，來和蕭繹爭奪天下了。三峽口守將陸法和見蜀軍聲勢浩大，向江陵告急。蕭繹無將可用，把監獄裡的侯景舊將任約、謝答仁放出來，派他們去抵擋蕭紀。同時，蕭繹不惜以領土為代價，向西魏求救，慫恿西魏進攻四川。宇文泰興奮地說：「取蜀制梁，在茲一舉。」他派尉遲迥進攻四川。四川空虛，兵無鬥志，沿途守將非降即逃，魏軍很快就包圍了成都。蕭紀陷入腹背受敵的困境。他惜財如命，把金銀財寶都隨身攜帶，其中有一百箱黃金，每箱都有一百塊黃金，每塊重達一斤。每次作戰前，蕭紀都把黃金餅擺在營帳顯要位置，說要戰後論功行賞，但是從不兌現。官兵們早已和他離心離德，加上大多數人眷顧四川老家，不願出三峽，逃散得很多。七月中，任約、謝答仁發動進攻，蕭紀敗得一塌糊塗。蕭繹戰前下令：對蕭紀只要屍體不要活人！梁將樊猛搶先衝到蕭紀跟前。蕭紀連忙把黃金扔給樊猛，說：「這些金子都給你，放我一條生路吧！」樊猛冷笑道：「殺了你，這些金子照樣是我的。」蕭紀被殺。

成都被圍五十天。蕭紀死後，留守成都的蕭撝等人投降西魏。四川、陝南等地併入了西魏的版圖。侯景之亂至此算是徹底結束了。此時的江南一片蕭條，南梁國力大減，勉強維持統治。南北方的邊界線步步向長江逼近。北齊占領了淮河到長江的廣闊地區；西魏則占領了漢水以北、巴蜀和陝南地區，領土擴大了一倍，成了最大的贏家。

二

承聖三年（五五四年）三月，梁元帝蕭繹向來訪的西魏使臣鄭重地提出：第一，我已經稱帝，不再對西魏稱臣；第二，要求西魏歸還梁、益等州和漢水以北等地。蕭繹等於推翻了之前和西魏達成的所有協定。也許，他覺得侯景之亂已經結束，南方已經安定，自己有實力和西魏平起平坐了。遺憾的是，宇文泰並不這麼認為。蕭繹政權的實力並沒有隨著侯景的覆滅而增強，南梁的防守態勢依舊漏洞百出。蕭繹的平等要求只是讓宇文泰意識到需要另換一個傀儡了。

恰好，襄陽的蕭詧一再請求宇文泰派軍進襲江陵。幾年來，蕭詧完全仰仗魏軍的羽翼保護，宇文泰覺得他遠比蕭繹聽話。於是在幾個月後，宇文泰派于謹、宇文護和楊忠率軍，會合蕭詧後，向江陵殺去。

蕭繹繼承了南梁皇室擅長文學的傳統，喜歡閱讀和寫作，尤其喜歡老子，大敵當前還召集大臣們大談閱讀《道德經》的感悟。蕭繹既擔心魏軍來進攻，又自欺欺人，覺得魏軍不會來攻打自己。一會兒，他下令梁軍戒備；一會兒，蕭繹又覺得是假情報，解除了戒備；沒多久，他又

派出使者去北方刺探情報；另一會兒，蕭繹又輕信大臣的意見，覺得魏軍是正常調動。總之，蕭繹朝令夕改，梁軍無所適從。魏軍很順利地包圍了江陵，開始包抄蕭繹的後路。而蕭繹還在照講《道德經》，只不過聽講的將領們都滿身戎裝，穿著盔甲拿著刀槍坐在下面。

江陵即將陷落，有人建議釋放江陵監獄中的幾千名死囚犯充當兵士，蕭繹不准，還下令將死囚悉數殺死。將軍謝答仁、朱買臣勸蕭繹突圍，逃到長江南岸的任約軍隊。蕭繹很留戀江陵，加上身寬體胖，不願意動。謝答仁願意保他突圍。蕭繹躊躇不定，突然想到謝答仁、任約都是侯景的降將，覺得不能信任，決心死守江陵。他只是下令調遠在建康的王僧辯軍隊勤王，可惜遠水解不了近渴。江陵很快就被攻破了。

城破時，蕭繹燒毀了所藏的十四萬冊圖書。他認為自己就敗在死讀書、讀死書上，所以拿圖書出氣。這樣的認知有一定的道理，但他燒書就完全沒有道理了。當時印刷術還沒有發明，圖書要靠一個字一個字的抄寫來留存，十分不容易。加上蕭繹的藏書中還有許多孤品善本，他的燒書無疑是中國文化史上一大浩劫。城破後，魏軍又屠殺了聚集在江陵的許多大臣、文人。兩相作用，中國文化發展在此刻人為地倒退了一大步。

蕭繹投降，于謹不知如何處理是好，就轉交給了蕭詧。蕭詧將七叔百般侮辱後，最後用土袋子將他活活壓死。魏軍在江陵立蕭詧為皇帝，年號大定，劃出江陵周圍百里之地作為梁朝的領土。魏軍以「助防」為名，留駐江陵，表面上是幫助蕭詧防禦，實際上是監視蕭詧。蕭詧地位類似西魏的藩王，上疏稱臣，奉西魏正朔，連許多國內政策都沒有決策權。江陵的南梁政權完全是一個傀儡政權，歷史上稱之為西梁，或者後梁。

蕭詧請魏軍進攻江陵的本意，是要藉助外力找蕭繹報仇，同時也希望取而代之，自己當皇帝。部將尹德毅勸說蕭詧：「魏軍貪婪又殘忍，南下後肯定會燒殺搶掠，俘虜官民百姓，侵占南方土地。殿下無異於引狼入室。到時候殿下殺人父兄、孤人子弟，百姓都把您當做仇人，誰還會擁護您呢？現在，魏軍精銳都在這裡，殿下可以藉口『犒師』，召開宴會，請于謹等魏軍將領前來赴宴預伏武士，等他們來後一網打盡。成功後，殿下才能真正達到目的。」蕭詧拒絕了這個建議。如今，蕭詧的目標應該說都達到了。但是魏軍在江陵俘虜了數萬名王公百姓，挑選其中強壯的分配給官兵做奴婢，老弱的全部屠殺。最後，江陵城中只剩下三百多戶人口給蕭詧統治。而蕭詧的老根據地襄陽，則徹底淪為了西魏的領土。蕭詧追悔莫及。他既恨領土狹小，又看到城池殘毀、財政窘迫，更不願意整日當西魏占領軍下的木偶和橡皮圖章。蕭詧終日鬱鬱寡歡、扼腕嘆息，吟誦「老驥伏櫪，志在千里，烈士暮年，壯心不已」。

梁元帝蕭繹死後，南方一時間陷入了分裂。建康周圍在王僧辯、陳霸先二人的實際控制下；長江中游的梁朝勢力推舉湘州刺史王琳為盟主，不承認蕭詧政權，並出兵試圖收復江陵。蕭詧在位的主要作為，就是圍繞與王琳等人的爭鬥展開的。王琳的進攻被蕭詧挫敗（自然有魏軍的幫助），蕭詧派大將軍王操率兵南下，反倒攻取了幾個郡。後來，陳霸先在建康建立了陳朝。王琳等人同樣不承認陳霸先政權。為了與陳軍作戰，王琳向蕭詧稱藩，並請求蕭詧出兵共同對付陳霸先。蕭詧同意了，可惜軍隊還沒出發，王琳已經失敗。長江中游的南岸地區被陳軍占領。因此，後梁的領土自始自終只局限在江陵周圍的幾個縣而已。

蕭詧在位八載，憂憤成疾，鬱鬱而終。其子蕭巋被扶持為新傀儡，年號天保。

三

　　蕭繹在江陵延續梁朝國脈，令王僧辯鎮守建康、陳霸先鎮守京口，將長江下游託付給了二人。二人最重要的任務，就是防備已經推進到長江北岸的北齊軍隊。

　　陳霸先在京口招攬流民，多次應江北百姓的要求渡江進攻，試圖收復廣陵。雖然都失敗了，但是陳霸先的名聲越來越好。 不少亂世豪傑聚集到陳霸先身邊，他的軍隊也得到了壯大。相比之下，王僧辯就保守得多，一心固守建康，沒有向江北和其他方向發展。江陵危急，蕭繹命王僧辯西上增援，王僧辯也沒有迅速行動。江陵陷落後，王僧辯也不承認蕭詧政權。當時，蕭繹的兒子幾乎全部在江陵遇害，只有第九子、晉安王蕭方智在外擔任江州刺史，躲過了劫難。王僧辯趕緊去潯陽迎接蕭方智。第二年（五五五年）二月，蕭方智來到建康，被王僧辯尊奉為太宰，承制統治天下。之所以沒有讓蕭方智一步到位稱帝，是王僧辯不自信和保守的表現，他還在觀看天下的局勢，想看清楚後再做打算。蕭方智年僅十三歲，還是個小孩子，建康的一切都由王僧辯做主。

　　當時，南梁各地方大員各自為政，互不隸屬，既有王琳為主的中游藩鎮，也有江東地區半獨立的各郡。王僧辯雖然占據建康，擁有蕭方智，但並不能服眾。郢州刺史陸法和以郢州投降了北齊，北齊在江北的勢力進一步擴大，對建康形成壓迫之勢。北齊大軍護送被俘已八年之久的蕭淵明來到江北，寫信給王僧辯，首先對江陵的淪陷表示沉痛哀悼（反正是敵人西魏做的，不關北齊什麼事情），然後指出如今南梁內部動

盪，需要一個長君主持朝政。因此，北齊本著「國際主義」精神，派兵「護送」蕭淵明到建康繼位，要求王僧辯迎接。蕭淵明是蕭衍的姪子，在血統上缺乏繼位的合法性。但是他背後有北齊大軍。齊軍在江北攻城略地，擴大優勢，刀鋒直指建康。王僧辯沒有信心與北齊交戰，不得不展開外交斡旋。

雙方討價還價的結果是：王僧辯擁戴蕭淵明為新皇帝；蕭淵明立蕭方智為太子，讓王僧辯主持朝政。於是，蕭淵明在刀槍的護衛下渡江，到建康登基做了皇帝，以堂姪蕭方智為太子。和江陵的蕭詧政權一樣，這也是一個傀儡政權，只是它聽命於北齊，由王僧辯繼續掌握實權。

王僧辯的所作所為遭到了陳霸先的激烈反對。陳霸先反對接受北齊強加的傀儡蕭淵明。王僧辯又以蕭淵明的名義任命陳霸先為侍中，降低了後者的官職。於是，建康和京口方面的矛盾開始突顯並且激化。這裡要插入內容，重點介紹一下陳霸先這個人。

蕭衍即位的第二年，浙江長興縣一戶貧寒之家生下了一個男孩。家人為他取了一個很霸道的名字：陳霸先。陳霸先小的時候沒怎麼好好讀書，卻讀了許多兵書。這樣的少年通常頭腦靈活，善於鑽營，陳霸先就是這樣的人。起初，他在鄉間做里司，後來又去了首都建康當油庫吏。之後，他成為新喻侯蕭映的傳令員，得到蕭映的賞識。後來蕭映去廣州做刺史，也就把陳霸先帶到了廣州，讓他擔任中直兵參軍。陳霸先在嶺南平亂有功，先後被提任為西江督護、交州司馬兼領武平太守、振遠將軍、西江督護兼高要太守。他在嶺南招募了最初的軍隊，並降伏了杜僧明、周文育等將領。

陳霸先的真正崛起之時是在侯景叛亂中。太清二年（五四九年），廣州刺史元景仲接受侯景的招降。陳霸先毅然起兵討元景仲，推舉梁武

帝的堂姪蕭勃為廣州刺史。元景仲兵敗自殺。蕭勃任命陳霸先監始興郡（今廣東韶關）事。當時臺城已經失守，陳霸先在始興招攬侯安都等豪傑，積極準備出師。不想，蕭勃一心偏安嶺南，反對陳霸先北伐，還派人聯繫南康（今江西贛州）豪強蔡路養，阻撓陳霸先越過南嶺。陳霸先則派人到江陵向湘東王蕭繹表示效忠。大寶元年（五五〇年），陳霸先越過南嶺，擊敗蔡路養的兩萬軍隊。在戰鬥中，蔡路養的內姪蕭摩訶，年僅十三歲，單騎出戰，無人能敵。陳霸先指揮將領惡戰，收降蕭摩訶，攻克南康。他迅速擊破侯景在江西地區的軍隊，收復豫章。蕭繹能得到這麼一支生力軍的擁戴，大喜過望，任命陳霸先為豫州刺史，領豫章內史。陳霸先雖非蕭繹的嫡系部隊，但之後一直被當做主力用在第一線。大寶二年（五五一年）七月，陳霸先軍隊在湓城（今九江）與王僧辯軍會師。陳霸先此時有官兵三萬、船兩千艘、糧五十萬石。王僧辯當時缺糧，陳霸先慷慨地和他分享自己的糧草。兩人還結拜為異姓兄弟，關係親密，一起消滅了侯景，一同鎮守下游抵禦北齊。

王僧辯迫於壓力傾向於接受蕭淵明時，陳霸先派人到建康反覆勸說，王僧辯都不肯聽。

當年九月，陳霸先起兵討伐王僧辯。他採取的是突襲戰術，水陸並進，迅速抵達建康城下。將領侯安都選擇了一個夜晚登陸，悄悄摸到石頭城北。此處的石頭城牆體毗鄰山地，防備較鬆，侯安都指揮士兵搭人牆，把自己拋上去。部下如法炮製，突襲得手。陳霸先則帶兵從南門殺入城中。王僧辯正在廳堂辦事，聽到城破時，敵人已經快殺到跟前了。他和兒子帶上幾十個人，就地死戰，終於抵敵不過，逃上門樓。陳霸先揚言放火燒樓，逼王僧辯父子下樓投降。當夜，王僧辯父子就被絞死了。

陳霸先隨即宣布王僧辯罪狀，宣告除王僧辯父子兄弟外，他人無涉，以此來安定人心。蕭淵明非常識趣，馬上宣布退位。十月，陳霸先擁戴蕭方智即位，改元紹泰。蕭方智就是梁敬帝，以陳霸先為尚書令、都督中外諸軍事、車騎將軍、揚南徐二州刺史、司空。陳霸先掌握實權，成了長江下游最大的實力派。

　　陳霸先有千頭萬緒的事情要處理，首要的就是如何安撫北齊，畢竟蕭淵明是北齊扶持的傀儡。陳霸先讓蕭淵明擔任司徒，通報北齊說王僧辯「陰謀篡位」，所以才被大家推翻；我們已經擁戴新君，仍對齊稱臣，「永為藩國」。（北齊要求送回蕭淵明，陳霸先正準備將蕭淵明送還北齊，但臨出發時蕭淵明「暴病」而亡。）然而，北齊會相信陳霸先的解釋嗎？其他地方大員會聽從陳霸先嗎？

如何看待陳朝的篡國？

一

南方陷於四分五裂的狀態，陳霸先的梁朝朝廷政令只能傳達到建康及其周邊地區。北齊占領了淮南，西魏占領了巴蜀和漢水流域；長江中游存在江陵的後梁、湘州的王琳兩大政權。其中王琳被中游諸將推為盟主，集結軍隊，對陳霸先非常不友好。不過最先對陳霸先發動進攻的是江東各郡。

王僧辯的弟弟吳郡太守王僧智得知哥哥的死訊，聯合吳興太守杜龕、義興太守韋載反抗陳霸先。陳霸先派遣周文育東征，進展很不順利，在義興和叛軍僵持了起來。陳霸先留下侯安都守建康，親自領兵去江東鎮壓叛亂。他勸降了韋載，又擊退了王僧智，形勢一片大好。不想，真正的危險在後方！陳霸先親自東征後，譙秦二州刺史徐嗣徽和南豫州刺史任約看到建康空虛，合兵偷襲建康，迅速占領了石頭城。侯安都退守臺城，向陳霸先告急。

當時，江東還有吳興郡沒有收復。不過，陳霸先顧不上了，晝夜行軍，趕回建康。

建康的情況還在惡化。徐嗣徽、任約的叛亂不是單獨事件，事先勾結了北齊。北齊早就對陳霸先攻殺王僧辯擁立蕭方智不滿，對虛弱的江南虎視眈眈，如今得到叛軍相助，豈能錯失良機？齊軍迅速在紹泰元年（五五五年）十一月渡江占領姑孰，與石頭城的徐嗣徽、任約相呼應。叛軍仗著齊軍的支持，猛攻臺城。陳霸先及時趕到，親自帶兵上陣，打敗了叛軍。

徐嗣徽、任約大概是怕了陳霸先，留齊軍江陵柳達摩守石頭城，二人前往採石迎接北齊援軍。他們打算聯合齊軍，再殺回建康。

陳霸先抓住這個難得的空隙，一邊組織反攻石頭城，一邊派遣侯安都偷襲徐嗣徽的老巢秦郡。侯安都一舉得手，將在秦郡繳獲的戰利品，包括徐嗣徽的生活用品，派人送往徐嗣徽。徐嗣徽大為震驚，已經在心理上輸了一截。在建康城中，陳霸先猛攻留守的柳達摩部隊，連贏了幾場。徐嗣徽、任約引導齊兵一萬多人返回建康，增援石頭城，被侯安都的水軍擊敗。陳霸先再次猛攻石頭城，柳達摩心驚膽顫，主動求和。陳霸先雖然贏了幾場，但都是戰術上的勝利，並沒有扭轉戰場局勢。齊軍已經登陸江南，又有叛軍相助，占據戰場優勢。因此，陳霸先同意與柳達摩和談，達成協定：齊軍撤出石頭城，雙方停戰；南梁向北齊遣送人質。陳霸先派遣了姪子陳曇朗和梁元帝蕭繹的孫子、世子蕭方等的長子蕭莊兩個人渡江北上，作為人質。建康軍民屢遭戰火，迫切希望和平。陳霸先此舉，贏得了建康內外的一片讚揚聲。

可是，這只是暫時的休戰而已。柳達摩率軍撤回後，被高洋處死。在高洋看來，戰場優勢在自己手裡，柳達摩自作主張，放棄了石頭城這個重要據點，該殺！不過，高洋也沒有立即重啟戰火，而是利用休戰，調兵遣將，以大將蕭軌為大都督，會合徐嗣徽、任約等部叛軍，準備發起新一輪的猛攻。陳霸先也沒閒著，抓緊時間處理江東亂局。幸運的是，姪子陳蒨、大將周文育成功攻殺杜龕，收復吳興郡，又在第二年初攻破會稽郡，殺死不聽命的東揚州刺史張彪。至此，江東地區全部被陳霸先占領，成了他穩固的後方。

北齊的大都督蕭軌陸續集合了十萬大軍，待第二年（太平元年、五五六年）春寒剛過，就殺向梁山（今當塗附近長江南岸）。陳霸先派侯

安都在此駐軍，阻擊齊軍。期間，陳霸先還親臨前線犒軍。相持到五月中旬，齊軍捨棄梁山，從蕪湖出發，走旱路向建康推進，月底即推進到建康城下。臺城城牆下都出現了零星的齊軍偵察兵。大戰的陰霾再次籠罩建康。陳霸先緊急命令梁山的侯安都等軍撤回建康，聚攏兵力，準備迎接空前激烈的決戰。

　　到六月，建康被數萬齊軍合圍，梁軍逐處應戰。齊軍牢牢掌握著戰場主動權，之所以沒有發動猛烈的攻城戰，主要是因為天氣不佳。江南的雨季來了，連日大雨傾盆，平地積水丈餘。齊軍官兵都是北方人，顯然不適應這樣的天氣，加上守衛在城牆外的營房裡，士兵們日夜站在爛泥裡，很多人腳趾都泡爛了。飲食也有問題，北方人很難在大雨瓢潑的環境中生火做飯，就算做出了東西也吃得很艱難。臺城裡面梁軍的情況雖然也不樂觀，但比齊軍要好多了。畢竟梁軍都是南方人，沒有水土不服的問題。況且臺城中建築完好，排水設施也齊全，梁軍官兵可以避雨休息，一場暴雨，使得實力的天平開始出現傾斜。

　　六月十一日，天氣轉晴，意味著決戰的時刻來了。陳霸先決定讓將士們飽餐一頓。城中缺糧，只剩可憐巴巴的一點麥飯。怎麼辦？總不能讓將士們餓著肚子決戰。幸而陳蒨從江東運往建康的二千斛米、一千隻鴨及時到達。陳霸先大喜，把稻米和鴨子都給煮了，又割了許多荷葉，每張荷葉裡裹上滿滿的飯、配上幾塊香噴噴的鴨肉，發給每位將士飽餐一頓。梁軍官兵士氣大振。第二天拂曉，陳霸先赤膊上陣，帶領官兵們向齊軍發動全面反擊。小將蕭摩訶隸屬侯安都麾下，侯安都激他說：「卿驍勇有名，但是千聞不如一見……」蕭摩訶不等他說完，朗聲說道：「今日讓明公一見！」梁軍以空前的勇猛，殺向齊軍營寨。又累又病的齊軍硬著頭皮迎戰。激戰中，侯安都落馬，蕭摩訶大喝著衝殺過去，救下侯

安都。侯安都脫險後，率部繞到敵後包抄齊軍。齊軍官兵前後受敵，四散潰逃。陳霸先指揮大軍大舉追擊，齊軍死傷慘重。數以萬計的敗軍蜂擁到江邊，可憐後有追兵、前有天塹，爭相逃命，船少人多，因為互相踐踏而死或者被江水吞噬的人不計其數。造反的徐嗣徽及其兄弟徐嗣宗被俘，包括大都督蕭軌在內的四十六名齊軍將領也成了俘虜，只有任約等少數將領僥倖逃脫。逃到長江北岸，清點人數，十萬北齊大軍只剩下兩三萬人。齊軍傷了元氣，喪失了南侵的實力。陳霸先取得了決定性的勝利。

高洋希望贖回俘虜，陳霸先不同意，將被俘的蕭軌、徐嗣徽等人斬首號令。十三日，梁軍又燒毀齊軍遺留的艦船，烈焰沖天。之前的幾十年，南梁官民屢次遭北方欺負，只有捱打的份，太需要如此輝煌的勝利來振奮人心了。陳霸先威望大漲，高洋惱羞成怒，殺害了充當人質的陳曇朗。

二
─────

南梁最大的危險解除了，原先的內部結構就需要相應調整了。

在此過程中，陳霸先發揮了主要作用，整個朝廷政令覆蓋地區都是他用長矛和鮮血重新打拚下來的。蕭方智則更多是造成與北方入侵者抵抗時證明南方政權存在的象徵性意義。陳霸先在起兵早期地位低微，需要扶持一個皇室成員號召南方軍民與外敵作戰。但是現在，陳霸先覺得沒有必要保持一位虛君了，他是親自打江山，也要親自坐擁江山。於

是，陳霸先選擇了禪讓這一通行的做法。

太平二年（五五七年）十月，陳霸先晉爵為陳王，以揚州的會稽、臨海、永嘉、建安，南徐州的晉陵、信義，江州的潯陽、豫章、安成、廬陵等二十個郡建立陳國。蕭方智允許陳王配十二旒王冕，建天子旌旗，出警入蹕，乘金根車，駕六馬，備五時副車，置旄頭雲罕。三天後，蕭方智就禪位於陳。陳霸先沒有做什麼退讓，就大方地接受了。大臣們也免去了反覆敦請的手續。陳霸先創下了封王之後三天就受禪為帝的紀錄。新王朝國號「陳」，繼續定都建康。陳霸先就是陳武帝。中國歷史上朝代名和皇帝的姓氏重合的，僅此一家。

陳霸先封蕭方智為江陰王，在江陰郡建國，全食一郡，行梁正朔，車旗服色，一如既往遜帝的待遇。也和往常一樣，陳霸先沒有讓蕭方智繼續存活多久。西元五五八年，陳霸先派親信劉師知去殺蕭方智。蕭方智躲避士兵的屠殺，繞床而跑。他邊跑邊哭喊：「我本不願當皇帝。陳霸先非要我即位，現在又要殺我，這是為什麼啊？」這位十六歲的遜帝最後還是被士兵們亂刀砍死。陳霸先的行事沒有絲毫的掩蓋，倒也顯得乾脆俐落。蕭方智死後，被追諡為「梁敬帝」。蕭季卿襲爵江陰王。江陰國傳國至陳末。

明末清初的思想家王夫之研究君權的禪代問題。他的一個觀察角度就是從政治道德上分析開國君主的人格品性。對於陳霸先，王夫之認為他的政治道德要高於魏、晉、齊、梁等朝開國君主：「陳高非忠於蕭氏，而保中國之遺民，延數十年以待隋之一統，則功亦偉矣哉！」 我們不能排除當時陳霸先完全沒有私心，但他以敢死之心，東征西討，客觀上使南方免於戰火。他的征戰基本上是符合南方百姓的願望的。陳霸先雖然篡奪了梁朝，但是梁朝的最後階段完全是陳霸先自己打拚出來的。

他的處境就類似於曹操，天下明明是我的天下，卻要樹原先主人的旗號。陳霸先與曹操不同的是，他扯下了這面旗幟，自己光明正大地做起了皇帝。從這一點上來說，陳霸先可謂是南朝各代開國君主中最偉岸正大的。

之前的幾朝，開國皇帝篡位後，都可以安心地享受皇帝的尊榮、從容施政。但是，陳霸先當了皇帝，只是奮鬥的一個中點，遠不是終點。陳朝建立之初，只能算是南方地區比較大的割據勢力而已。陳霸先的皇帝生涯幾乎就是一部征戰史。他後來又花了兩年時間和南方的王琳、後梁等勢力爭鬥，結果出師未捷身先死。永定三年（五五九年），陳霸先去世，葬於萬安陵，年五十七歲。

陳霸先辛苦一生，身後遭遇卻是南朝各代中最悲慘的。他建立的陳朝是南朝四代中疆土最小，實力最弱的，只能在北方的軍事高壓下偏安於江南一隅，毫無作為。王僧辨的兒子王頒入隋後為隋朝大將，參加了統一南方的戰爭。陳霸先亡後，王頒糾集父親舊部，夜掘陳霸先墳墓，破棺焚屍，並將陳霸先的骨灰倒於池塘之中。死後慘遭掘墓焚屍在古代中國人看來，是最大的不幸了。

萬安陵現在位於南京市江寧區上坊鎮西北面。整個陵墓毀壞嚴重，只留下兩隻瑞獸（東面為「天祿」，西面為「麒麟」）忠誠地守護在荒野中，經歷著風吹日晒，慢慢風化。「天祿」旁邊有一個面積在二十平方公尺左右的小池塘，有村姑在一旁悠閒地洗衣洗菜……

三

陳霸先死時，敵對勢力環繞，內憂外患叢生，皇位的傳承就成了一個敏感的難題。

陳霸先的皇后和大臣們商量後，認為國家危難，迫切需要一個有能力、有經驗的長君繼位，而不應該固守父死子繼的老傳統。他們從大局出發，封鎖了陳霸先的死訊，祕不發喪，招陳霸先的姪子陳蒨還朝。陳蒨算得上跟著陳霸先創業的元老，之前和周文育在江東平定杜龕的叛亂、消滅張彪的割據，功勞不小。他還擔任過會稽太守等實職，陳霸先死時正率軍駐在南皖。得到召喚後，陳蒨迅速趕回建康，被擁立為新帝，他就是陳文帝。

陳霸先的死訊傳開後，王琳集結軍隊，想趁亂推翻陳朝。陳霸先廢蕭方智即位後，王琳集團就要求北齊送還人質蕭莊，要擁戴他為新皇帝。北齊爽快地送還了蕭莊，王琳在郢州擁戴他為皇帝。此時，王琳引兵東下，陳蒨應戰。天嘉元年（五六〇年），當王琳與陳朝將軍侯瑱在蕪湖交戰時，北周偷襲郢州。王琳腹背受敵，大敗，帶著蕭莊逃亡北齊。北周將勢力拓展到了長江中游南岸。

蕭莊投奔北齊後，北齊封他為梁王，試圖扶持他復辟梁朝。但不久，北齊被北周滅亡了。北周手裡已經有一個傀儡了（後梁），就不需要第二個傀儡，派人暗殺了蕭莊。

陳蒨繼續向中游進軍。侯瑱、侯安都等人力戰南下的北周，在當年年底收復了湘州等地。嶺南的廣州刺史蕭勃，是陳霸先的老上級，見陳

霸先發達了，心裡很不舒服。聽到陳霸先死訊後，蕭勃舉兵不從。陳軍挾得勝之威，南下討伐嶺南。蕭勃兵敗而亡。陳朝至此保有長江中下游的南岸全部，是南朝時期轄境最小的一個朝代。陳朝有條件安心施政了。陳蒨勵精圖治，整頓史治，注重農桑，興修水利，是南朝歷代皇帝中少見的有為之君。期間，陳朝政治清明，社會經濟得到了一定的恢復，國勢比較強盛。

天康元年（五六六年），陳蒨病逝，長子陳伯宗即位，史稱廢帝。

陳伯宗年輕，國事都委託給叔叔安成王陳頊。陳頊掌握大權，都督中外諸軍事，國家大事都決於他手。尚書僕射列仲舉、中書舍人劉師知等人發覺陳頊有野心，圖謀奪取陳頊大權，失敗後遭到屠殺。陳頊進一步專權，在光大二年（五六八年）以皇太后的名義廢陳伯宗為臨海王，自立為帝。陳頊就是陳宣帝。他宣稱這是陳霸先的「遺志」。

陳頊是陳蒨的弟弟，頗有哥哥的遺風。他興修水利，開墾荒地，鼓勵生產，社會經濟得到了一定的恢復與發展。他是陳朝在位最長的皇帝，在位十四年，期間國家比較安定，政治較為清明。

陳頊時期最大的事件，無疑是太建五年（五七三年）開始的北伐。經過幾十年的演變，北齊國勢大減，陳頊起了收復淮南的雄心。他命令吳明徹為都督，領兵十萬征討北齊。齊軍應戰。陳朝猛將蕭摩訶一馬當先，擊斬齊軍善射者和大力士十餘人，齊軍大敗。陳軍收復歷陽、合肥、秦州等地，從長江逼近淮河。北齊派南梁降將王琳鎮守壽陽，抵抗陳朝。吳明徹採取梁武帝蕭衍的方法，攔河築壩，引水灌城。北齊派出數十萬軍隊援救壽陽，距壽陽三十里紮營，不敢與陳軍接戰。吳明徹猛攻壽陽，俘虜王琳，送到建康斬首。淮河以南的北齊政權或逃或降，陳朝順利收復數十城。南北邊界恢復到了梁朝初期的情況，隔淮河對峙。

沒幾年，北齊亡於北周，華北地區劇烈動盪。陳頊進一步萌生了收復淮河以北領土，飲馬黃河的雄心。他沒有在北周進攻北齊之時「趁火打劫」，卻在北周統一北方後才出兵淮北。結果，陳軍敗於周軍，非但飲馬黃河的宏偉藍圖沒有實現，還招惹周軍渡過淮河南下，占領了淮南地區。北伐的成果喪失，陳朝國勢也遭受重創。長江以北再度淪落敵手。

太建十四年（五八二年）陳頊病逝，傳位太子陳叔寶。陳叔寶就是陳後主。

陳叔寶的弟弟、始興王陳叔陵是個粗魯殘暴的傢伙。他除了貪戀女色，最大的愛好就是盜墓，尤其是盜挖名人墓葬，竊取不義之財。就連東晉名臣謝安的墓地也慘遭陳叔陵的毒手，陳叔陵還將謝安的棺柩拋棄，霸占土地來安葬自己的母親。（也可見當時謝家已經敗落。）陳叔陵一直有篡位之心，計劃在父親的葬禮上殺了陳叔寶，自立為帝。

陳宣帝的靈柩停在宮中，陳叔寶在靈前大哭。陳叔陵突然拔出刀來砍向哥哥，一刀砍中陳叔寶的脖子。異常幸運的是，不知道是陳叔陵力氣太小，還是那把刀太鈍，竟然沒有深入脖子內部。陳叔寶撲倒在地，陳叔陵正要補上一刀，陳叔寶的生母柳后救子心切，衝上來阻止。陳叔陵又砍倒柳后。陳叔寶的乳母吳氏抱住陳叔陵手臂，陳叔寶慌忙爬起來逃出殿堂去。四弟、長沙王陳叔堅將陳叔陵擒住。陳叔陵奮力掙脫，逃出宮門。

陳叔陵一不做，二不休，赦免囚犯，武裝起來，又召諸王和諸將，要和陳叔寶拚個你死我活。可惜無人響應。陳叔寶命大將蕭摩訶率步騎數百人去討伐。陳叔陵企圖招降蕭摩訶，遭到拒絕後知道大勢已去，先逼迫妃子張氏及寵妾七人跳井自殺，自己帶上步騎百人想突圍投降隋朝，中途被蕭摩訶截獲。陳叔陵被斬首，諸子賜死，親信一併伏誅。陳

叔寶在平定內亂後，安全繼位。他將陳叔陵的王府改成豬圈，下令將謝安的墓地歸還給謝家。

　　登基後，陳叔寶因為脖頸被砍受傷，在殿中養病，屏去諸姬，只留貴妃張麗華隨侍。這段病中經歷，讓陳叔寶非常寵信張貴妃。陳朝自陳霸先開國以來，很少關心宮廷生活，內廷陳設很簡陋。陳叔寶認為後宮過於樸素，開始大興土木，採選江南美女。在一片熱熱鬧鬧的安樂氣象中，陳朝邁向了衰落。

北齊是怎麼敗下去的？

一

　　南方梁陳交替期間，北齊的統治者是高洋。高洋的運氣很好，他父親高歡為他留下了相當不錯的家底，在當時西魏、北齊和南梁三足鼎立的格局中，北齊的實力是最強的。雖然在即位初期爆發了侯景的叛亂，但是高洋運籌得當，迅速將侯景這股禍水引到南梁去了。南梁被侯景之亂攪得天翻地覆，高洋樂在心裡，跟在侯景身後「接收」了淮南江北不少的州縣。西魏宇文泰也忙著趁火打劫，侵占西南地區，北齊和西魏保持了相對和平 —— 客觀上，雙方都沒有吞併對方的能力。此外，高洋還對北方少數民族用兵。當時柔然已經衰落，突厥繼起，向南侵略北齊。高洋領兵迎戰，痛擊了突厥人，迫使他們退回了北方。

　　對外方面唯一讓高洋不爽的，就是陳霸先的崛起，殲滅了北齊南侵的大軍，給了北齊實實在在的打擊。不過，北齊的元氣並未受損，高洋統治初期政治清明，政權鞏固。北齊領土北到長城，南隔長江與陳朝為界。

　　政權鞏固後，高洋荒淫殘暴的惡性就暴露了出來。他種種令人髮指的惡行和讓人瞠目結舌的「行為藝術」，在之前章節已有論述。當了皇帝後，高洋的這些癲狂行徑不斷更新，比如徵發十萬民夫在都城鄴城修建宮殿，比如他掀翻太后婁昭君的車輦、暴怒著要殺害生母，又比如高洋常常無緣無故地屠戮大臣。高洋把異母弟弟永安王高浚、上黨王高渙關進鐵籠，關押在地牢裡，自己拿著長矛亂刺他們，最後堆上柴火將兩個弟弟活活燒死。常山王高演是高洋同父同母的弟弟，勸了高洋幾句。高

洋就把他反綁起來，拿刀擱在他頭頸上，問：「誰教會你進諫的？」高演回答：「天下人三緘其口，除臣之外，還有誰敢說話？」高洋就命人用亂棍痛打高演。高演被打了幾十棒，奄奄一息了。幸虧高洋酗酒睡著了，底下人見狀沒再動手，高演這才撿回一條命。上行下效，整個北齊都變得沒有法治，官吏動輒施用酷刑，盤剝百姓。貪汙腐敗問題也很嚴重。到了高洋統治晚期，府庫蓄積已經枯竭，不能支持正常的政府運轉了。

高洋時期的強大是表面的，空虛的。北齊政權的深層矛盾，並沒有得到解決。北齊政權建立在六鎮鮮卑族實力和關東漢族豪強的共同支持之上，鮮卑人和漢人的矛盾始終存在，同時還有地方豪強和中央政府之間的矛盾。高洋找不到解決的方法，只能在雙方之間保持平衡，一會兒打擊鮮卑人，重用漢族人楊愔，讓他當尚書令，又迎娶趙郡李氏的女子為皇后；一會兒又貶低漢族人抬高鮮卑人，侮辱尚書令楊愔，無端殺害漢族大臣。他也知道任意殺戮並不能保持長治久安，但他始終擔心有人威脅高家的統治。

彭城王元韶是北魏的宗室後裔，是孝莊帝的姪子。雖然元氏已經禪位，高洋依然擔心元氏威脅皇權。他剃去元韶的鬍髯，強迫元韶像婦女一樣粉黛化妝、穿上婦人的衣服做自己的隨從。高洋揚言：「我以彭城為嬪御。」以此來侮辱元氏，諷刺元氏微弱。天保十年（西元五五九年），天降流星，太史官上奏：「今年當除舊布新。」高洋很自然將此和大臣反叛，陰謀推翻自己連繫起來。他問元韶：「當年東漢光武帝為什麼能夠中興漢朝啊？」元韶早就被高洋給折騰得戰戰兢兢，不能理性思維了。他汗流滿面，突然冒出一句：「那是因為王莽篡位的時候，沒有把劉家的人斬草除根。」高洋很喜歡「斬草除根」的說法，為了防止被推翻的元氏復辟，決定將元氏家族一網打盡。他將和北魏皇室有關係的二十五

個元氏家族滿門抄斬。凡是父祖封過王的，或者曾經身居高位，或者乾脆就因為子弟強壯的，都被斬首。劊子手連嬰兒都不放過，把他們拋向天空，用長槊扎死。前後一共殺害了七百二十一人，屍體被投入漳河。鄴城漁民捕到河魚，常從魚肚子裡剖出人的指甲來。鄴城上下，為此長期不敢吃魚。餘下的十九個元氏疏宗家族，則遭到嚴厲管束，被禁止當官。始作俑者元韶也在黑名單上。他把腸子都悔青了，在鄴城地牢裡絕食而死。

北齊境內其他姓元的人家，害怕殃及池魚。一個叫做元景安的人，是北魏皇室的疏宗，提議上奏高洋，申請改姓高氏。堂兄元景皓反對：「做人怎麼能自棄本宗，改姓他姓呢？大丈夫寧可玉碎，不能瓦全。」元景安竟然向高洋告發了堂兄，害得元景皓被殺，家屬流配彭城。高洋同意元景安改姓高氏。這就是「寧為玉碎，不為瓦全」典故的來源。

常年暴虐荒唐的生活，損害了高洋的健康。天保十年（五五九年）十月，高洋因酗酒生病而死，才三十一歲。高洋發喪之時，群臣嚎啕大哭，但都只有聲音，沒有一滴眼淚。

二

高洋的兒子高殷繼位，年僅十五歲。高殷就是孝昭帝。

高洋臨終時，對弟弟常山王高演說：「你要奪我的位子就奪吧，別殺我兒子。」

高洋癲狂了大半輩子，但心底清醒得很。他清楚自己留下的北齊王

朝充滿鉤心鬥角、爾虞我詐，常常翻湧起腥風血雨來。而高殷這個兒子身上流著一半漢人的血液，從小就在國子監接受儒家教育，文弱得很，高洋評價他「性格懦弱，像漢人的孩子」。為了磨練兒子的膽量，高洋帶著高殷一起做斬首「供御囚」的遊戲，逼高殷動手殺人。高殷顫顫巍巍，揮刀砍了好幾下都沒有砍下死囚的腦袋。高洋氣得用馬鞭抽打高殷，把兒子嚇成了結巴。自己的結巴兒子能否掌控江山，高洋心裡沒底。

高洋的擔心很快變為事實。他死前，之前被暴力掩蓋著的鮮卑人和漢族人的矛盾爆發了出來。高殷即位後，漢族大臣楊愔、鄭頤等人輔政，加上高殷年幼，生母李太后為代表的趙郡李氏開始攝取實權，勢力旺盛。當時，高歡的髮妻婁昭君還在世，被尊為太皇太后。她出身邊塞的鮮卑家族，對漢人的崛起很警惕，說：「我怎麼能受漢族老婆子（指李太后）的擺弄！」鮮卑貴族和大臣紛紛聚集到太皇太后身邊。太皇太后的兩個兒子、高殷的兩位皇叔高演、高湛是其中的中堅分子。北齊政壇出現了兩派針鋒相對的勢力。

尚書令楊愔決定扳倒高演、高湛，和鄭頤等人商量後，將兩位皇叔外調地方刺史，以消除威脅。他們覺得李太后是漢族人，會站在自己一邊，就把這事向李太后做了匯報。李太后果然站在漢族大臣們的一邊，但沒有一點保密意識，把這個陰謀和身邊的一個女官說了。這個女官就是當年高澄強奪的高仲密的妻子李氏。李氏在高澄死後入宮做了女官。李太后想當然認為李氏和自己同姓，是同一邊的。不想，李氏權衡利弊後，跑去向太皇太后告密了。太皇太后馬上叫來高演、高湛，密謀殺掉楊愔等漢族大臣。任命頒布後，高演、高湛二人藉口慶祝，擺宴招待大臣們。楊愔等人不知有詐，坦然赴宴，被當場拿下，砍了腦袋。太皇太

后把李太后、高殷叫過來，訓斥了一頓，逼他們將實權轉移到高演手上。沒過幾個月，太皇太后又廢高殷為濟南王，扶持常山王高演登基做了新皇帝。高演就是齊昭帝，這一年是乾明元年（五六〇年）。

退位的高殷很快被高演殺死，史稱廢帝。

高演第二年（皇建二年，五六一年）就死了，傳位給弟弟長廣王高湛，高湛就是武成帝。高演為什麼不傳位給兒子呢？為了保住兒子高百年的性命。北齊權力鬥爭激烈，與其讓兒子當皇帝，權力和生命都受到篡位者的威脅，倒不如誰願意當皇帝就讓誰當去。

高湛是北齊的第四個皇帝，也是婁昭君第四個當皇帝的兒子（長子高澄被追尊為皇帝）。高湛接手的帝國，矛盾叢生，國庫空虛，已經出現了衰敗跡象。高湛千頭萬緒不知從何入手，乾脆自暴自棄，甩手不管了。他在政治上無所作為，終日沉湎於美色之中，一心享受。皇帝昏庸無為，朝政更加黑暗，奸佞橫行。和士開、穆提婆、高阿那肱等人專權腐化，反而受高湛寵信，小人得志。奸臣和士開為人猥瑣，在取悅高湛方面卻很有本事。高湛越來越離不開他，兩人之間沒有半點君臣的樣子。高湛心底還是有治國雄心的，隱隱間為朝政的墮落焦急。和士開就勸他說：「自古帝王都已經化為灰土，明君堯舜和昏君桀紂又有什麼區別呢？陛下應該趁年輕力壯，抓緊時間享樂，國事吩咐大臣去辦就行了，陛下不必親自操勞。」高湛竟然覺得非常有道理，更是當起了甩手掌櫃，把朝政都委託給和士開辦理。他三四天才上一次朝，和士開權傾朝野，黨同伐異。和士開的膽子越來越大，甚至和胡太后發生姦情，朝野一片憤慨。高湛睜隻眼閉隻眼，乾脆在河清四年（五六五年）傳位太子高緯，當起了太上皇。天統四年（五六八年），高湛因為酒色過度而死，時年三十二歲。

繼位的高緯，史稱齊後主。他深得乃父高湛的真傳，雖然自家王朝已經風雨飄搖，他依然自顧自地荒淫享樂，自稱「無愁天子」。高緯日常生活窮奢極欲，後宮金碧輝煌還嫌不足，把宮殿拆了又造、造了又拆，為了享樂晚上燃油照得夜空如同白晝。宮廷之外是賣官鬻爵，高緯則肆意封賞，連寵愛的狗、馬、鷹、雞都被封為儀同、郡官、開府等高官，讓寵物像達官顯貴那樣坐著車輦，由人伺候著。他把畜生看得比百姓重，百姓也就不把他當皇帝看。

和士開在高湛死後，雖然還把持著大權，但地位危險多了。仇家們看準高緯不理朝政，凡是上奏的檔案一般不看就簽字，密謀陷害和士開。武平二年（五七〇年），大臣王子宣上了一道彈劾和士開的奏章，羅列了大量罪名，奏請逮捕和士開法辦。大臣馮子琮將這道奏章夾在一大堆公文中呈遞上去。高緯果然看都不看，一道一道地簽字蓋章了。走完「合法」手續後，琅琊王高儼、領軍大將軍庫狄伏連等人在宮門口埋伏士兵，在和士開上早朝時一擁而上，亂刀砍過去將他殺死。高緯聽到風聲後，慌忙寫了道赦免文書派人趕來救和士開，可惜晚了一步。

一個奸臣的死，並不能拯救滑入黑暗深淵的北齊。和士開死後，朝政沒有絲毫起色，反而越來越糟糕。高緯在位十三年，是統治時間最長的北齊皇帝，最大的本領就是陷害忠良。

當時天下三足鼎立，亂世重兵，重兵就得重將。北齊大將斛律光是朔州（今山西朔縣）高車族人，擅長騎射，從基層做起，積功做到了大將軍、太傅、右丞相、左丞相。在與北周近二十年的爭戰中，斛律光多次參戰指揮，連戰連捷，曾大敗北周名將韋孝寬，算得上令敵人膽寒的一代名將。韋孝寬和斛律光交戰多次，屢戰屢敗，心裡很鬱悶。戰場上打不贏，就從政治上想辦法。韋孝寬知道高緯猜忌多疑，又知道斛律光

179

長期在外領兵，在朝堂上並沒有多大根基，就使了一招反間計。他派人到處散播斛律光擁兵自重、陰謀篡位的謠言，還派奸細混入鄴城到處傳唱：「百升飛上天，明月照長安。」百升為一斛，明月是斛律光的字，謠言直指斛律光有篡位野心。眼紅斛律光的大臣們乘機向高緯進讒言，誣告斛律光謀反。武平三年（五七二年），高緯招斛律光入宮覲見，埋下伏兵，用弓弦殘忍地勒死了他，並以謀反大罪將斛律家族抄家滅族。斛律光一心為國，為官清廉，抄家的人只看到一些弓箭刀鞘。斛律光死後，前線將士為之心寒，士氣大為低落。高緯自毀長城，朝野有識之士莫不痛惜。斛律光的死訊傳到北周後，在位的周武帝宇文邕喜出望外，為此宣布大赦，還下詔追封斛律光為上柱國、崇國公。滅亡北齊後，宇文邕還在鄴城感慨：「斛律光若在，朕豈能至鄴？」高澄的四子、蘭陵王高長恭按輩分是高緯的堂叔。他驍勇善戰，功勳卓著，也引起了高緯的猜忌。高長恭為了避禍，刻意保持低調，平日深居簡出，不過問軍隊事務，可還是被高緯賜酒毒死。如此反覆，等大戰來臨時，北齊都沒有能拿得出手的將帥了。

只過了二十多年，原本在三足鼎立中最強大的北齊，迅速被宿敵北周超越，就連對南陳的優勢也喪失了。它成了三國中最弱的一方。這其中的原因，一是北齊的高氏皇族家庭教育有問題，沒教出一個奮發有為、勵精圖治的皇帝來；二是北齊各種矛盾糾結，朝野始終沒有找到解決的方法。無論是恢復、發展屢遭戰火摧殘的經濟，還是彌合民族矛盾，北齊都無所作為，白白浪費了高歡奠定的好基礎。它最終被銳意改革的北周滅亡，也就在情理之中了。

又是統一，北周滅亡北齊

一

　　基礎比北齊差、建國比北齊晚的北周，內部也有眾多矛盾。但它在發展中逐一解決了問題。

　　北周的開國皇帝宇文覺登基時只有十五歲，是中國歷史上年紀最小的開國君主。但是實際權力掌握在堂兄宇文護手中。矛盾就此產生了。

　　雖說是堂兄弟，但宇文護的年紀比宇文覺大了二十多歲，幾乎就是兩代人。宇文護是宇文泰大哥宇文顥的兒子，出生在六鎮起義前的武川鎮。宇文泰之父宇文肱非常喜歡這個孫子。北方大亂後，宇文顥在與起義軍的混戰中陣亡，年幼的宇文護隨著各位叔叔在北方流蕩，先後投奔過葛榮、爾朱榮等陣營。他是在刀光劍影中長大的，隨著叔叔宇文泰南征北戰，屢建戰功，曾與于謹、楊忠南征，攻破江陵。宇文泰死時，兒子們都年輕沒有經驗，就選擇姪子宇文護為兒子保駕護航。宇文護在西魏政權中地位本不高，在各位柱國大將軍之下。柱國大將軍于謹權衡後，支持宇文護繼承軍政實權，擔任大司馬、封晉國公。宇文護趁熱打鐵，逼迫西魏恭帝元廓禪位於宇文覺，建立了北周。從這點上說，宇文護不負所託。

　　宇文護的缺點是作風太過強硬，容易招人忌恨。柱國大將軍趙貴、獨孤信是宇文泰的同輩人，也算是西魏政權的締造者，對後來居上的宇文護不太滿意。趙貴領銜柱國大將軍，想推翻宇文護，找獨孤信聯手。獨孤信拒絕參與，趙貴就此作罷。此事終究還是被人告發，宇文護殺死趙貴，又逼獨孤信自殺。他就透過這樣的強硬手段，排擠一批人，換上

自己人，獨攬了大權。

　　問題是，名義上的天王宇文覺也是個作風強硬的人，而且正值青春叛逆期，不甘心大權旁落。他在身邊聚集親信，密謀殺宇文護。密謀沒實施就洩漏了，宇文護毫不手軟地廢黜了只當了幾個月天王的宇文覺，不久又毒死了他。

　　宇文護挑選宇文泰的長子宇文毓當新天王。宇文毓就是北周明帝。

　　宇文毓登基前溫文儒雅，不想登基之後也變得作風強硬，對宇文護不滿。宇文護不得不宣布「歸政」，將所有權力都交還給宇文毓，只保留兵權。宇文護的理由是局勢還不穩，自己要幫堂弟控制軍隊、穩定局勢，實際上是以退為進，觀察宇文毓的下一步行動。宇文毓以為大權在手，興沖沖地正式稱帝（之前北周的最高統治者不稱皇帝，稱天王），並雄心勃勃地要大展拳腳。宇文護害怕起來，擔心宇文毓對自己不利，在武成二年（西元五六〇年）毒死了他。無論是宇文覺還是宇文毓，在位時間都很短，宇文護則忙於攬權和弒君，北周朝政無所作為。

　　宇文護挑選的北周第三任皇帝是宇文泰的第四個兒子宇文邕，當時只有十八歲。宇文邕就是北周武帝。

　　宇文邕沉穩低調，平時不怎麼說話，一說話就擲地有聲。宇文泰生前很喜歡宇文邕，誇獎他：「成吾志者，此兒也。」宇文泰的確沒有看走眼。對於專權霸道的宇文護，宇文邕曲意尊崇，讓堂兄擔任大塚宰、都督中外諸軍事，繼續做他的晉國公。遇到事情，宇文邕都讓大臣先請示宇文護。有大臣說宇文護的壞話，宇文邕都加以訓斥，甚至通報給宇文護。漸漸地，宇文護對宇文邕放心了，覺得不會發生什麼意外了。

　　天和七年（五七二年）三月的一天，宇文護覲見皇太后。宇文邕和宇文護兩人邊走邊聊。宇文邕無意中提到皇太后年紀大了，卻還酗酒，

對身體不好，請宇文護一會兒勸太后少喝酒多運動。宇文邕還拿出事先寫好的〈酒誥〉，請宇文護唸給皇太后聽。宇文護一點都沒生疑，見到太后就照著〈酒誥〉認真唸了起來。突然，宇文邕拿起手裡的玉珽，從背後狠狠地砸了宇文護。宇文護一擊倒地，還沒有死。宇文邕喝令一個帶刀近侍上來補上一刀。近侍緊張得手腳發軟，刀砍下去竟然不見血。宇文邕的弟弟、衛王宇文直這時衝了進來，給了宇文護致命的一刀。宇文邕又誅殺宇文護的親信，順利親政，正式走上臺前。

當時，北周已經建立十五年了，之前宇文護都沒有什麼大的動作，國家發展緩慢。宇文邕宣布宇文護的罪狀時，指責他「任情誅暴，肆行威福，朋黨相扇，賄貨公行」，「使戶口凋殘，徵賦勞劇」。宇文邕上臺後，大刀闊斧地變革，一方面延續父親宇文泰的改革措施，一方面向鮮卑舊俗開刀，釋放奴隸，融合內部矛盾。建德元年（五七二年），宇文邕下詔在江陵戰役中被俘獲的南梁奴隸全部赦免為民。這其中聚集了不少南方的政治、文化菁英，宇文邕擇才錄用。針對當時佛教勢力膨脹，和道教頻繁發生矛盾的問題，宇文邕評定儒、佛、道三家的長短，定佛教為末位。建德三年（五七四年）五月，宇文邕又下詔禁止佛教、道教，銷毀經像，強令和尚、道士還俗為民。一時間，北周境內滅佛焚經、驅僧破塔風氣大盛，佛門寶剎都變更為民宅，和尚道士還俗的有兩百多萬人之多，開始向國家納稅服役。不過，宇文邕保留了兩教各一百二十人，稱通道觀學士，專事闡釋三教經義。「周武帝滅佛」是歷史上三大滅佛事件之一。此外，宇文邕還禁絕淫祀，凡是與禮典記載不符，都廢除禁絕。經過這一番的興革發展，北周戶口稠密，賦稅增長，在綜合國力競爭中超越了北齊。

宇文邕一生勤於政事，堅持做兩件事情：第一是終身厲行節儉，生

活極其簡樸。他平常穿布衣蓋布被，只有十餘個妃嬪。宇文護掌權時建造的宮室，都被拆毀，其中的珠玉寶物都被賞賜給貧民。第二件事情是宇文邕堅持和將士同甘共苦，戎馬倥傯時堅持身先士卒。他重視軍隊訓練，經常親自到校場閱兵，每年都參加部隊的演習。演習時，宇文邕和將士們一起在山谷中行軍，辛苦跋涉；他還參加將士們的宴會，每次都執杯向大家敬酒或者親手給將士們賞賜。宇文邕不是一味地討好官兵，其實他是一個嚴酷少恩的人，但平易近人、不辭辛勞，行事無私果斷，在軍隊中的威望越來越高。每次征戰，宇文邕都親臨戰陣，還常常帶頭馳騁衝鋒，感動得將士們都願意為他效死力。

宇文邕的種種表現，都和荒淫無恥的高洋形成鮮明的對比。之前歷史發展的規律告訴我們，北周的勝利只是時間問題了。

二

宇文邕有心統一天下，首要目標就是滅亡宿敵北齊。之前三十餘年，宇文勢力和高家勢力激戰了多場，雙方都傷痕累累，結果誰也滅不了誰。北周朝野普遍認為東西方均勢還未打破，反對與北齊決戰。

北周建德四年、北齊武平七年（五七五年），宇文邕力排眾議，決定御駕親征討伐北齊。周軍主力出河南，殺向洛陽而去。宇文邕以統一為目的，視北齊百姓為自己的子民，嚴肅軍紀，嚴禁周軍進入齊境後伐木、踐稼，犯者斬首，因此頗得民心。周軍順利攻占了河陰（今河南孟津縣東），宇文邕親自帶兵進攻金墉城（今河南洛陽附近），不克。北齊

右丞相高阿那肱從晉陽率大軍南下救援。宇文邕不巧得了急病，周軍只得退兵。

第二年十月，宇文邕集中了十幾萬大軍，再次御駕親征。這次，周軍不再出兵河南，而是渡過黃河進攻晉陽。晉陽是高家的巢穴，北齊主力雲集此處。擊潰了山西的齊軍主力，就等於勝利了一大半。宇文邕本次採取先難後易的策略，行軍布陣小心謹慎，重兵圍住晉陽的門戶平陽。宇文邕分派各軍，守住各處關隘，以阻遏晉陽的齊軍南下；占領要害，阻遏河內的齊軍北上；另派步騎兵扼守蒲津關，以保證後方的安全；再分出一萬兵力攻打平陽周圍的城池，分散齊軍。宇文邕派王誼指揮主力進攻平陽城。北齊的海昌王尉相貴據城死守。北方統一戰爭的第一場決戰就在平陽展開了。宇文邕異常重視此戰，親自到城下督戰。北齊官員則人心渙散，行臺左丞侯子欽首先出城投降；北齊晉州刺史崔景嵩防守北城，喪失信心，向宇文邕投降。北周將領段文振率數十人為先遣，在崔景嵩接應下，首先登上城牆。周軍攻破平陽，俘獲尉相貴及齊軍八千人。周軍旗開得勝，迅速占領了平陽周邊地區。

平陽大戰正酣時，齊後主高緯正和寵妃馮淑妃在天池（今山西寧武縣西南）打獵。前線告急文書雪片一樣飛來，早晨一封，上午一封，中午又是一封飛馬傳書，右丞相高阿那肱都扣下來不向高緯報告。他說：「陛下正享樂，前線小小交兵，都是常事，不用急著奏聞！」晚上，前線信使又送來急報：「平陽失陷。」高阿那肱這才把戰事報告給高緯。高緯要趕回去處理，馮淑妃卻撒嬌要再打一次獵。高緯竟然置國家安危於不顧，又和馮淑妃打起獵來。

等到十一月，高緯親率十萬大軍南下平陽。齊軍軍容嚴整，宇文邕不願和他們硬碰硬，決定撤軍避其鋒芒。他留一萬軍隊給梁士彥堅守平

陽，留其他軍隊散布河東各地，聲援平陽，自己返回長安。宇文邕試圖在新占領區採取守勢，以逸待勞，讓齊軍銳意消磨在堅城要害之中。齊軍包圍平陽，晝夜不停地攻打。城中情況危急，城堞皆盡，久不見外援，守城將士難免有些驚慌。梁士彥神態自若，激勵將士們說：「死在今日，吾為爾先。」將士們看主帥身先士卒，士氣大振，都以一當百，奮勇殺敵，擊退了一波波進攻。在戰鬥間隙，梁士彥動員軍民乃至婦女，抓緊修繕城牆。齊軍改挖地道攻城，挖塌了一段城牆。齊軍乘虛而入。在這緊急關頭，高緯突然傳令暫停攻城。原來，高緯要和馮淑妃一起觀看齊軍攻破平陽城的勝利一幕。後方的馮淑妃用最快的速度塗脂抹粉，再趕到前線也需要相當一段時間。等她到的時候，周軍早已利用間隙用木板把城牆缺口堵上了。

宇文邕回到長安，得知平陽危急，馬不停蹄就率軍返回山西。十二月，宇文邕就再一次出現在平陽城下。各路周軍集結而來，大約八萬人，近城紮營，東西綿延二十餘里。大戰臨近，宇文邕命齊王宇文憲去查探齊軍虛實。宇文憲轉了一圈回來後，信心滿滿地報告宇文邕：「請破之而後食。」宇文邕高興地說：「如汝言，吾無憂矣！」兩人這麼一表演，周軍士氣大振。宇文邕又乘馬巡視各軍。平時的累積在此時發揮了作用，宇文邕能夠高聲叫出各軍主帥的姓名，加以慰勉。遇到熟悉的官兵，宇文邕也都打招呼。將士看到皇帝竟然知道自己的部隊，士氣更加高昂。

大決戰開始了。應該說當時周齊兩軍人數、裝備、實力都不相上下，但周軍士氣高漲，齊軍漸漸有所不支。高緯帶著馮淑妃在後方高崗上觀戰。馮淑妃遠遠看到齊軍有敗退跡象，沒心沒肺地大喊：「敗啦，齊軍敗啦！」愛妃慌張了，後果很嚴重。高緯帶上馮淑妃慌忙向後撤去。

齊軍看皇帝帶頭逃跑，軍心大亂，連戰皆潰。平陽一戰，齊軍陣亡上萬人，餘者倉皇撤走。齊軍丟棄的軍械甲仗，散落了數百里。周軍打掃的戰利品，堆積得像小山一樣。齊軍主力在事實上被打垮了。

高緯敗逃晉陽，宇文邕乘勝向晉陽進軍。高阿那肱率軍一萬鎮守高壁，看到宇文邕率軍殺到，望風而逃。介休守將韓建業率軍投降。宇文邕迅速殺到晉陽城下。高緯想棄城投奔突厥，隨從大臣和侍衛們大多不願意，四散而走。高緯北逃不成，向東折向首都鄴城。宇文邕成功攻破晉陽，尾隨殺向鄴城。

當時北齊還占有河北、山東，元氣尚存。鄴城的大臣們都勸高緯重整軍備，再與宇文邕決戰。將領們請高緯檢閱部隊，還為他準備好了講稿，要他對著將士們慷慨流涕，激勵人心。一切準備就緒，高緯也走到了將士們面前，可是他突然忘記了將領們教他的詞（一開始就沒好好記），茫然站了一會兒，哈哈大笑起來。高緯這一笑，笑得隨從們先是不知所措，接著也禁不住大笑起來。臺下將士們見此，紛紛說：「皇帝這副模樣，我們還為他賣命做什麼？」人心一下子就散了。高緯無計可施，只好使出了最後一招：禪位。他把皇位讓給了八歲的皇太子高恆，自己做了太上皇。鄴城保衛戰沒開打，就失敗了。

北齊承光元年（五七七年）正月，宇文邕率軍攻破鄴城。太上皇高緯在城破的前一天帶上小皇帝高恆和一百多個騎兵向東方逃去。周軍輕易攻入鄴城，北齊王公以下官員都投降，無人為朝廷「捐軀」。高緯一行人逃到濟州，覺得兩個皇帝（一個太上皇、一個皇帝）的目標太大了，派人拿著皇帝璽綬到嬴州，又禪位給任城王高湝。不管高湝同意不同意，高緯再逃往青州。可是，宇文邕就是認準了高緯，派遣精兵強將追擊到青州。奸臣高阿那肱看高家大勢已去，在青州投降，高緯、高恆只

帶上十幾個人倉皇南逃，想投奔陳朝，途中被周軍俘獲。二月，周軍攻下信都，俘虜任城王高湝、廣寧王高孝珩等北齊宗室。北齊王朝算是徹底滅亡了。隨後，宇文邕又派軍平定了北齊各地的反抗，從此統一了整個黃河流域和長江上游地區。北方在分裂了將近半個世紀之後，再次歸於一統。

齊後主高緯被送到長安，先受封侯爵，幾個月後被宇文邕扣上「謀反」的大罪，株連家族。北齊高姓皇子皇孫全被處斬。高緯的寵妃馮淑妃淪落為奴，替人舂米；其他皇后、公主則流落各地，貧窮無依，淪入了社會底層。

滅亡北齊後，宇文邕還有「平突厥，定江南」的理想沒有實現。吞併北齊的第二年（五七八年），宇文邕計劃征討突厥，不想在出征前夕病逝，年僅三十五歲。當時北周對南陳擁有絕對優勢，統一勢在必行。宇文邕在邁向天下一統大門的最後一步時倒下了。不過，他為隋唐時期的大一統局面打下了基礎。

三

宇文邕在世時，挑選長子宇文贇作為繼承人。他對兒子的要求非常嚴格，尤其是對繼承人宇文贇動不動就施用體罰，頗有恨鐵不成鋼的意思。周武帝嚴令太子東宮官屬每月寫一份詳細報告，細細稟明太子在這個月的所作所為；還常常警告宇文贇：「自古至今被廢的太子數目不少，難道我別的兒子就不堪繼任大統嗎？」儘管父親從來沒有將更立太子的

事情提上日程，但宇文贇始終戰戰兢兢、如履薄冰。宇文贇原本是好酒好色的年輕人，現在不得不壓抑自己的癖好，堅持每天和大臣們一樣，五六點鐘就佇立於殿門外等待父皇早朝，即使是嚴寒酷暑也不例外；堅持待人接物不卑不亢，說話溫文爾雅。因此，周武帝對宇文贇的表現大致還是滿意的。

實際上宇文贇是個傑出的演員。歷史上出現過很多像他這樣登基之前規規矩矩，實際上滿肚子男盜女娼的太子。宇文贇和同時期南齊的蕭昭業一樣，平常因為有父親的嚴格管教，言行不僅正常，還多有值得稱讚的地方。但一旦父親去世，沒有人再拘束他們，他們就會坐在皇位上將天下鬧得天翻地覆。

周武帝死的時候，宇文贇剛好二十歲。父親的棺材還擺放於宮中沒有入殮，宇文贇就原形畢露。他不但絲毫沒有悲傷之色，還撫摸著腳上的杖痕，惡狠狠地對著父親的棺材大聲叫罵：「死得太晚了！」

宇文贇將父親的嬪妃、宮女都叫到面前，排隊閱視，將長得漂亮、自己喜歡的都納入後宮，毫不顧及人倫綱常。從此，宇文贇開始了淫蕩荒唐的執政生涯，活生生葬送了父親奠定的基業。宇文贇在寶座上肆虐了九個月後，覺得做皇帝太麻煩了，於是將帝位傳給七歲的兒子宇文闡，寵信鄭譯等人，透過他們遙控指揮朝政。宇文贇執政時期，北周的大權開始轉移到權臣手中。

又是政變，這回主角是楊堅

一

日後被追封為隋太祖的楊忠其實出身很苦。

隋朝建立後，朝廷說楊家出身於著名的弘農楊氏，楊忠是漢太尉楊震的第十三世孫。這樣顯赫的出身已經難以考證，但是我們可以確定的是，楊忠沒有享受到這樣的出身帶來的任何好處。楊忠出身於北魏六鎮漢族家庭，家境貧寒（一說其父是北魏寧遠將軍楊禎，很可疑）。六鎮起義時，楊忠沒有參加鎮兵。他想過平穩安逸的生活，所以就拚命地往南方逃亡。但是跑到北魏南部邊境的時候，他實在是無路可去了。不得已，他也參了軍，做了名北魏士兵。爾朱榮發動河陰之變後，北魏宗室汝南王元悅、北海王元顥、臨淮王元彧和部分刺史南逃投降了梁朝。楊忠也莫名其妙地被裹挾在這股南逃的潮流中，到了江南。不久，南梁扶持元顥返回中原爭奪帝位，楊忠又莫名其妙地隨軍返回了中原。爾朱榮打敗了這股北上的軍隊，楊忠也就做了俘虜。他的這段早期經歷展現了一個無依無靠的普通百姓隨波逐流、為生存而奮鬥的艱辛，完全可以拍一部現代版的電影《小兵楊忠的故事》。

爾朱榮並沒有屠殺俘虜，反而挑選其中強壯順眼的編入自己的軍隊。楊忠就被挑中，被編入將軍獨孤信的部隊。楊忠於是跟隨獨孤信轉戰南北。在戰爭中，楊忠和獨孤信結下了終身的友誼。北魏分裂後，楊忠追隨獨孤信，跟著元修西入關中，投入宇文泰的陣營。獨孤信的部隊被派往東南方收復荊州。獨孤信以楊忠等人為前鋒，一舉收復了被東魏占領的荊州。不久東魏大軍反攻，獨孤信部一敗塗地。楊忠便跟著獨孤

信又一次逃亡江南，在南梁度過了三年遊蕩生活，直到西魏透過外交途徑將他們贖回來。西魏對從南梁歸來的將領們非但沒有懲罰，反而加官晉爵，比如賀拔勝被封為太師，獨孤信被提升為驃騎大將軍、加侍中、開府。楊忠則被宇文泰看中，直接調入自己帳下聽用。

在宇文泰的直接指揮下，楊忠在對突厥、東魏和南梁的戰爭中屢建戰功。宇文泰死後，楊忠又成為幫助宇文覺建立北周政權的鐵桿將領，因功受封為柱國、隋國公。楊忠歷經了宇文泰、宇文覺、宇文毓、宇文邕四朝，在北周天和三年（西元五六八年）因病結束征戰生活，回到京城長安。皇帝宇文邕和主政的宇文護親自到楊家探望病情，授予楊忠帝國元勛的榮耀。幾天後，楊忠死在家中。

《隋書》對楊忠的記載相當簡單：「皇考從周太祖起義關西，賜姓普六茹氏，位至柱國、大司空、隋國公。薨，贈太保，諡曰桓。」但是楊忠的功勛、地位和人際關係，為兒子楊堅的崛起奠定了扎實的基礎，賦予了楊堅較高的政治起點。因為父親被皇帝賜姓的緣故，楊堅的前半生被稱為普六茹堅，小名那羅延。

隋朝的李德林《天命論》中說楊堅「帝體貌多奇，其面有日月河海，赤龍自通，天角洪大，雙上顴骨，彎回抱目，口如四字，聲若釧鼓，手內有王文，乃受九錫。昊天成命，於是乎在。顧盼閒雅，望之如神，氣調精靈，括囊宇宙，威範也可敬，慈愛也可親，早任公卿，聲望自重」。大意是說楊堅長得很大氣，威武雄壯。李德林還將楊堅身上的特徵都和天命、日月等敏感事物連繫在一起，極力論證楊堅的形象就注定了他必將成為皇帝。很可能楊忠的外貌和體魄都不錯，遺傳給了兒子楊堅。我們現在看那一時期的雕塑，武將的形象大致如此。

一代梟雄宇文泰見了楊堅後，感嘆說：「此兒風骨，不似代間人。」

意思是說楊堅這個小孩子長得很好，不像是來自於代地這樣的北方邊鎮。宇文毓即位後還曾經派遣善於相面的趙昭去觀察楊堅，看看這個小孩子日後會不會成為奸雄。趙昭回來對宇文毓說：「楊堅不過是做柱國的料。」柱國類似於大將軍，意思是說楊堅日後最高也就做到大將軍，不會對北周的皇位造成威脅。但是一轉身，趙昭就悄悄對楊堅說：「公當為天下君，必大誅殺而後定。善記鄙言。」意思是說，你以後肯定會登基做皇帝的，但是要先經歷一場殘酷的殺戮才能平定天下。這些話都被記載在《隋書》楊堅的傳記中。

楊堅十四歲的時候就因父親的緣故進入政壇，成為京兆尹薛善的功曹。十五歲時，楊堅因為父親的功勳被授予散騎常侍、車騎大將軍、儀同三司的高位，被封為成紀縣公。第二年，楊堅再次升遷為驃騎大將軍，加開府。宇文毓即位後晉升楊堅為右小宮伯，晉封大興郡公。宇文邕即位後任命不滿二十歲的楊堅做了隨州刺史的實職。

楊忠的好朋友、柱國大將軍獨孤信把女兒許配給楊堅。獨孤家的女兒就成為了後來有名的獨孤皇后。兩家聯姻，關係更進一步。獨孤家族所代表的軍隊勢力成為了楊堅有力的靠山。

當時主政的宇文護不知為什麼，看楊堅特別不順眼，多次想加害他。大將軍侯伏、侯壽等一再袒護楊堅。不久楊忠死了，楊堅襲爵為隋國公。不滿宇文護的周武帝聘楊堅的長女為皇太子妃，替楊堅的地位加了一層保障。齊王宇文憲對周武帝宇文邕說：「普六茹堅相貌非常，臣每見之，不覺自失。恐非人下，請早除之。」意思說，楊堅這小子有反相，應該早日除去這個禍害。宇文邕說：「此止可為將耳（我只讓楊堅做到大將軍，不會有事的）。」內史王軌又對宇文邕說：「皇太子非社稷主，普六茹堅貌有反相。」意思說，皇太子不像是個好君主，而楊堅卻有反相。

宇文邕見有人說自己長子的壞話，不高興了：「必天命有在，將若之何（有天命在，能怎麼辦，能有什麼事情）！」

　　楊堅聽說了這些對話後，心驚膽顫起來。他採取了韜光養晦的方法，開始裝出一副平庸木訥的樣子來。可見在早期，楊堅的能力和地位就引起了朝野的嫉妒。有的人還想藉機打擊楊堅。但楊氏家族、獨孤家族的勢力護衛著楊堅基本的地位，加上楊家的長女又是周武帝太子的王妃，所以這些暗箭終究沒有對楊堅構成致命的威脅。

　　宇文贇即位後，楊堅的長女做了皇后。楊堅升任上柱國、大司馬，參與朝廷大權。宇文贇的昏庸荒淫、倒行逆施，使他很快在群臣中失去威信。一向有野心的楊堅開始結交大臣，準備取而代之。但宇文贇並不是笨蛋，多少對楊堅的行動有所察覺，只是沒有抓住確切的把柄。一次，宇文贇單獨召見楊堅，事先對左右侍衛說：「如果一會兒楊堅在席上神色有所異常，就立即殺了他。」楊堅來了後神色自若，與皇帝面對面毫無異常，左右侍衛們也就沒有下手。宇文贇既沒有楊堅謀反野心的真憑實據，又礙於他是自己的岳父，更難下決心除掉楊堅了。

　　楊堅為了避免皇帝的猜疑，不得不主動放棄朝廷權力，計劃到地方上去任實職。他想曲線救國，等將來天下有變時利用實力爭奪皇位。楊堅將自己的願望告訴了結交的朋友、皇帝身邊的紅人、內史上大夫鄭譯。史載：「高祖為宣帝所忌，情不自安，嘗在永巷私於譯曰：『久願出藩，公所悉也。敢布心腹，少留意焉。』譯曰：『以公德望，天下歸心，欲求多福，豈敢忘也。謹即言之。』」可見當時楊堅說：「我想到外地去鎮守藩鎮，希望你能在宮中幫我多留意留意。」鄭譯回答說：「楊公的德望，天下人誰不知道。大家都支持你。現在你想進一步發展，我怎麼能不幫忙呢？」西元五八〇年，宇文贇決定出兵南伐，想調親信鄭譯去

南邊。鄭譯便向皇帝請示元帥人選。宇文贇就問他的意見。鄭譯回答：「若定江東，自非懿戚重臣無以鎮撫。可令隋公（楊堅）行，且為壽陽總管以督軍事。」他鄭重地向皇帝推薦了楊堅。宇文贇對鄭譯一向信任，而且覺得將楊堅放到外地去也是個不錯的選擇，就下詔任命楊堅為揚州總管。

<h2 style="text-align:center">二</h2>

楊堅剛被任命為揚州總管還沒有出征，宇文贇就病倒了，而且是日益嚴重。北周的宮廷之中開始醞釀起宇文贇死後的權力分配來。《隋書·帝紀第一》記載：「內史上大夫鄭譯、御正大夫劉昉以高祖皇后之父，眾望所歸，遂矯詔引高祖入總朝政，都督內外諸軍事。周氏諸王在藩者，高祖悉恐其生變，稱趙王招將嫁女於突厥為詞以徵之。丁未，發喪。」短短的兩行字就概括了決定中國命運的巨大的政治陰謀。

這段紀錄透露出宇文贇不久就在宮中死去。內史上大夫鄭譯、御正大夫劉昉這兩個深受宇文贇信任的大臣暗地裡與楊堅關係密切，決定推舉楊堅主持新朝的朝政。對於鄭譯、劉昉兩人來說，新皇帝年幼，如果要想保持榮華富貴，必須與新的主政人搞好關係。其中最簡單的方法就是扶持與自己關係密切的大臣主持朝政。於是他們選擇了楊堅。而楊堅身為原來的皇后，現在的太后的父親，自然很容易進出宮廷。於是三人在宮中一拍即合，偽造了一份宇文贇的遺詔，宣布由楊堅輔助新皇，主持朝政，都督中外軍事。楊堅、鄭譯、劉昉三人都害怕掌握實權的宇文

家族諸位王爺發難。於是，他們封鎖了皇帝的死訊，宣布趙王宇文招的女兒將要嫁給北方的突厥人，徵召各位王爺入長安。等一切都安排定了，三人才宣布皇帝死訊，公布遺詔。

鄭譯、劉昉兩人在這場政變中發揮了關鍵的作用。他們都是世家子弟出身，政治起點高，長期活動在宮廷中，親近宇文贇。宇文贇也都將他們視為心腹。這樣的宮廷政治人物通常都出身高貴，但是輕浮奸詐，隨性妄動。比如劉昉是大司農劉孟良的兒子，「性輕狡，有奸數」，「及宣帝嗣位，以技佞見狎，出入宮掖，寵冠一時」。劉昉在宮廷中的輕浮狂妄的舉動，曾經使他受到廢黜。但宇文贇離不開這樣的角色，不久又任命他為大都督、小御正，與御正中大夫顏之儀一起主持宮廷事務。

《隋書·劉昉傳》對這一場宮廷政變有更為詳細的描述，告訴我們這並不像《隋書·帝紀第一》所概括得那般簡單、平穩。「及帝不瘳，召昉及之儀俱入臥內，屬以後事。帝暗不復能言。昉見靜帝幼沖，不堪負荷。然昉素知高祖，又以后父之故，有重名於天下，遂與鄭譯謀，引高祖輔政。高祖固讓，不敢當。昉曰：『公若為，當速為之；如不為，昉自為也。』高祖乃從之。」

宇文贇快不行的時候，召劉昉和顏之儀進入臥室，囑咐後事。宇文贇當時基本喪失了語言能力，只是示意兩人照顧好兒子宇文闡。劉昉見宇文闡還是個小孩，承擔不了一個亂世王朝的政治重任，於是就想引入自己認識的、皇后的父親、揚州總管楊堅輔政。劉昉和鄭譯一謀劃，兩個人就去找楊堅了。楊堅一開始還不敢參與這場陰謀（可能是裝裝樣子），劉昉就說：「你想做，就趕緊和我們一起行動；如果不做，我劉昉就自己做了。」楊堅這才同意放手一搏。

就在劉昉和鄭譯兩個人去找楊堅的時候，另一個在臥室裡的大臣顏之

儀也沒閒著。《隋書‧劉昉傳》說：「時御正中大夫顏之儀與宦者謀，引大將軍宇文仲輔政。仲已至御坐，譯知之，遽率開府楊惠及劉昉、皇甫績、柳裘俱入。仲與之儀見譯等，愕然，逡巡欲出，高祖因執之。」顏之儀與宦官們的關係比較好，他們開啟宮門引入了大將軍宇文仲，也想偽造詔書以宇文仲為輔政大臣。他們的動作比楊堅要快，宇文仲都已經到達皇帝的寶座了，鄭譯（這時候）才得到消息，急中生智，帶著開府楊惠及劉昉、皇甫績、柳裘等大臣進入大殿，計劃與宇文仲、顏之儀等人展開面對面的較量。色屬內荏的宇文仲和顏之儀等人見大臣們都進來了，滿臉驚愕，自亂了陣腳。他們不僅不敢展開針鋒相對的鬥爭，還猶猶豫豫地想逃走。這時候楊堅出場了，輕易就將宇文仲、顏之儀等人抓了起來。

之後楊堅等人的政變有條不紊地進行著。鄭譯等人做了一封假詔書，以宇文贇遺詔的名義宣布：楊堅總管朝政，輔佐自己的外孫、剛八歲的宇文闡。楊堅等人又利用假詔書奪取了京城部隊的指揮權，穩定了政局。宇文贇時期，政令嚴苛、刑罰殘酷，老百姓群心崩駭，人心浮動。楊堅剛輔政，就清理這些嚴刑峻法，撫慰百姓，以身作則，躬履節儉。天下百姓也認同了新的執政團隊。

楊堅在鞏固輔政地位後，開始向威脅自己輔政地位的宗室各位王爺展開了攻勢。當時剛去世的宇文贇的弟弟、漢王宇文贊在朝廷中和楊堅的地位不相上下，與楊堅同帳而坐。宇文贊的存在不僅使楊堅不能完全施展拳腳，而且很容易成為政敵利用的旗幟，成為替代楊堅的潛在威脅。《隋書‧劉昉傳》說劉昉幫助楊堅巧妙地除去了這個政敵。劉昉蒐羅了許多美女獻給宇文贊。宇文贊當時還不到二十歲，高興地接受了美女，對劉昉也親近起來。劉昉和宇文贊熟悉了後，就勸說宇文贊：「大王您是先帝的親弟弟，眾望所歸。現在是孫子當國，怎麼能夠承擔軍國大事呢！如今先帝剛剛駕

崩，人心尚未穩固。大王不如先退回宅第，等局勢安定後再出來主政，還可能入宮做天子。這才是萬全之計啊！」宇文贊實在是太年輕了，缺乏社會閱歷和政治經驗，聽劉昉這麼一說，竟然覺得非常有道理，就從此深居簡出，不與楊堅爭奪權利了。楊堅高興地拜劉昉為下大將軍、封黃國公，鄭譯為沛國公。兩人因為有定策之功，一起成為楊堅的心腹。

除去宇文贊，當時在地方掌握實權的近支王爺一共是五位，分別是：趙王宇文招、陳王宇文純、越王宇文盛、代王宇文達、滕王宇文逌。楊堅在政變的時候就害怕這五位王爺聯合起兵反對自己，所以（楊堅）封鎖皇帝的死訊，利用假詔書將五王都召回長安，剝奪了他們的實權和軍隊。五位王爺在楊堅輔政後，都很不服氣。但是他們已經失去了實權，無法與楊堅抗衡了，所以五個人便透過另一位王爺畢王、雍州牧宇文賢祕密聯繫外藩將領起兵。

相州總管尉遲迥是北周的重臣宿將，也對楊堅的輔政非常不滿，在東夏起兵反對新政府。一時間，河北、河南、山西一帶出現騷動。十幾天時間裡，尉遲迥聚集了近十萬反對力量。宇文冑在滎州、石愻在建州、席毗在沛郡、席毗的弟弟席叉羅在兗州響應尉遲迥。尉遲迥還派遣自己的兒子向南方的陳國請援，並作為人質。楊堅果斷地命令上柱國、郧國公韋孝寬率領大軍討伐關東的叛亂，很快平定了這場騷亂。韋孝寬將尉遲迥的首級送到長安，還討平了騷亂餘黨。尉遲迥作亂的時候，郧州總管司馬消難割據本州響應，淮南的很多州縣都參與了叛亂。楊堅平定尉遲迥後，命令襄州總管王誼討伐司馬消難。司馬消難被打敗，逃往南陳。荊郢一帶的少數民族卻乘機作亂，楊堅又命令亳州總管賀若誼討平這一帶。事後查明，這場騷亂有畢王宇文賢和趙陳五位王爺在幕後陰謀作亂的影子。楊堅捉拿宇文賢處斬，但寬恕了趙王五個人的罪過，還

下詔給予在長安的五位王爺劍履上殿，入朝不趨的待遇，安定人心。

鎮守四川地區的上柱國、益州總管王謙也是個野心家。他看到幼主在位，楊堅輔政，就以清除權臣、匡復朝廷為藉口，發動巴蜀的軍隊作亂。楊堅一開始因為關東和荊州一帶騷亂分散了精力，沒有馬上討伐四川。王謙的軍隊屯劍閣，乘機攻陷了始州。現在楊堅命令列軍元帥、上柱國梁睿討伐王謙，很快就在長安的宮殿裡看到了王謙的首級。楊堅看到巴蜀阻險，常常發生叛亂，於是開闢平道，毀掉劍閣險要，防止再次動亂。

在解除了中央的威脅和地方勢力的反對後，楊堅在短時間內完全掌握了北周政權。

楊堅的成功讓長安的五位王爺坐臥不安。他們走了著險棋，在趙王府擺下鴻門宴邀請楊堅參加。五位王爺的面子楊堅還是要給的，加上楊堅也想看看五個人想做什麼，所以就去趙王府赴宴了。趙王在府裡埋伏了甲士準備取楊堅的性命，楊堅進入了非常危險的境地。甲士還沒出動，楊堅的隨從元冑就有所察覺拉著楊堅找了個藉口跑出來。趙王陰謀暴露，楊堅以謀反罪殺掉了主謀的趙王宇文招、越王宇文盛。

經過這次未遂暗殺，楊堅加強了對政權的控制，加緊篡位的準備工作。

三

大象二年（五八〇年）九月，宇文闡下詔說褒獎「假黃鉞、使持節、左大丞相、都督內外諸軍事、上柱國、大塚宰、隋國公」楊堅道高雅俗，德協幽顯，運帷帳之謀，行兩觀之誅，掃萬里之外，對朝廷功勳

卓著。詔書罷免了左、右丞相的官制，任命楊堅為唯一的大丞相。十月，宇文闡又追封楊堅的曾祖父楊烈為柱國、太保、都督徐兗等十州諸軍事、徐州刺史、隋國公，上諡號「康」；追封楊堅祖父楊禎為柱國、太傅、都督陝蒲等十三州諸軍事、同州刺史、隋國公，上諡號「獻」；追封楊忠為上柱國、太師、大塚宰、都督冀定等十三州諸軍事、雍州牧。在完成對楊氏家族的世系追封後，楊堅同月誅殺陳王宇文純，第二月誅殺代王宇文達、滕王宇文逌。

十二月，北周晉封楊堅的公爵為王爵，位在諸侯王上。隋王楊堅可以劍履上殿，入朝不趨，贊拜不名；朝廷備九錫之禮，賜予楊堅璽紱、遠遊冠、相國印、綠綟綬。北周以中原各州二十郡為隋國，隋國置丞相等上下官員。楊堅一再推讓，以各種理由拒絕接受。於是，朝野掀起龐大的對楊堅的歌頌浪潮，恭請隋王接受恩賞。最後楊堅不得不接受王位，但他只要了中原的十個郡作為封地。之後，北周下詔晉封楊氏各位先祖為王爵，各位夫人封為王妃。

楊堅在通往皇位的賽跑中開始衝刺。現在，連傻子都知道楊堅即將登基稱帝了。

北魏的漢化改革雖然促進了民族融合。但是在政治領域，鮮卑等少數民族掌握著實權。北魏、北齊和北周都是少數民族建立的王朝，上層貴族排斥漢人，熱衷於黃河流域的鮮卑化與胡化。楊家就因為從政有功被賜胡姓普六茹，楊堅之前一直被稱為普六茹堅。楊堅上臺後立即恢復了自己的漢姓。大定元年（五八一年）二月楊堅又下令：「以前賜姓，皆復其舊。」 楊堅開始毫不手軟地對付反叛舊臣和豪強大吏，清理少數民族貴族。他罷黜了一些沒有真才實學的人，即便有些人對楊家有著這樣那樣的功績；提拔有真才實幹的人輔佐自己管理國家政務。這不僅遏止

了半個多世紀的鮮卑化趨勢，而且也意味著長期處於政治劣勢的漢族人能夠真正進入政壇。漢族人士自然支持楊堅的執政。

同月，楊堅接受了九錫之禮。沒幾日，宇文闡又下詔允許楊堅佩帶有十二旒的帝冕，建天子旌旗；出警入蹕，乘金根車，駕六馬，備五時副車，置旄頭雲罕。隋王王妃為王后，世子為太子。這一次楊堅在推讓了三次後平穩地接受了。宇文闡又馬上下詔，承認周德將盡，天命從宇文家轉移到了楊家，自己要依漢魏故事，禪位給楊堅。楊堅依然是再三退讓。宇文闡先後派遣太傅、上柱國、杞國公、大宗伯、大將軍、金城公等高官貴族敦請楊堅接受帝位。朝廷百官也紛紛勸進，恭請楊堅順應上天和百姓，登基稱帝。楊堅這才點頭同意受禪。

楊堅於是在人們的簇擁下，從相國府穿著平常的衣服入宮。在臨光殿，宇文闡恭敬地將皇位禪讓給楊堅，楊堅更衣即皇帝位。同時，朝廷在長安南郊設祭壇，楊堅派遣太傅、上柱國、鄧公竇熾柴燎告天。意思是告訴上天，楊堅做了地上的皇帝。同日，楊堅上告太廟；大赦天下；改年號「大定」為「開皇」；變更北周官制，恢復漢魏時期的漢族舊官制。《隋書》記載禪讓當天，京師長安出現了祥雲。整個禪讓過程和之後的宣示讓長安城忙碌了一天。

這時的楊堅剛四十歲。因為楊家的爵位是隋王，因此楊堅依慣例將新王朝定名為「隋」。都城是漢族舊都長安城。

退位的宇文闡還是個年僅九歲的小孩子。楊堅封宇文闡為介國公，食邑五千戶，待之以隋朝賓客之禮。介國公的旌旗、車服、禮樂，一應照舊，按照他在位時期的標準配給。宇文闡上書可以不稱表，答表可以不稱詔。北周的諸王也都降封為公爵。

三個月後，介國公就死了。《隋書》對這位小遜帝退位後的生活只記載了兩句話：「辛丑，陳散騎常侍韋鼎、兼通直散騎常侍王瑳來聘於周，至而上已受禪，致之介國。」「辛未，介國公薨，上舉哀於朝堂，以其族人洛嗣焉。」前一句話透露了介國公的死因。南陳事先不知道北周禪讓的確切時間，派遣散騎常侍韋鼎、兼通直散騎常侍王瑳兩個人出使北周。兩位使節到達長安的時候，北周已經不存在了，隋朝剛剛建立。韋鼎和王瑳兩個人都是死腦筋，覺得自己是向北周出使的，現在也理當去見介國公。於是這兩個人就去拜見宇文闡，當做完成使命。宇文闡只是個九歲的孩子，哪知道其中的奧妙所在，接見了南陳皇帝派來的使團。楊堅必定對這件事極為震怒。沒幾天宇文闡就死在家裡了，享年九歲。楊堅在朝堂上為宇文闡舉哀。因為宇文闡沒有子嗣，隋朝在宇文家族後人中找人延續了宇文闡這一脈。

　　我們對照《周書》對宇文闡最後生活的描述，可以發現一些微妙的內容。《周書》中說宇文闡當介國公的食邑是一萬戶，但是一切待遇「有其文，事竟不行」。意思說介國公空有爵位，實際上隋朝並沒有給予他相應的待遇。「隋開皇元年五月壬申，帝崩，時年九歲，隋志也。」在這句話中，《周書》記載了介國公的死，基本史實與《隋書》一樣。但最後加了個小尾巴「隋志也」。意思是說，這是隋朝官方的說法，《周書》沒有做考證，也不敢對真實情況進行調查。我們有充分的理由懷疑介國公宇文闡是被自己的外公楊堅殺死的。

　　宇文闡被隋朝追諡為靜皇帝，葬在恭陵。（巧合的是，楊堅是從宇文氏手中奪取的帝位，其子隋煬帝楊廣卻又是命喪宇文氏之手。）

金陵王氣黯然收

一

楊堅建立隋朝時，陳朝皇帝陳叔寶對他很感興趣，很想看看這個梟雄的長相。別人都說楊堅「貌異世人」，陳叔寶就更好奇了，安排一個畫家為出使隋朝的副使去北方，任務是把楊堅畫下來。陳叔寶這才看到了楊堅的畫像。陳叔寶看到楊堅的畫像後，竟然嚇得面色蒼白，語無倫次起來。他喊道：「我再也不想見到這個人了！」陳叔寶是一個在深宮中被纖纖玉手撫養大的文人皇帝。他可能是被楊堅那魁梧、凶猛的北方大漢形象給嚇到了，也可能是被楊堅身上透露出來的凶悍、幹練的氣質給嚇到了。他隱約感覺到，自己遇到了一個剋星。

如今，陳叔寶在文學領域的名氣比在政治領域要大得多。他最著名的作品是〈玉樹後庭花〉：「麗宇芳林對高閣，新裝豔質本傾城；映戶凝嬌乍不進，出帷含態笑相迎。妖姬臉似花含露，玉樹流光照後庭；花開花落不長久，落紅滿地歸寂中！」整首詞寫得非常瑰麗，一點亂世的背景色調都沒有。陳叔寶還充分發揮自己的文人想像力，建築了臨春、結綺、望仙三閣，整天和妃嬪、狎客們在其中游宴，賦詩贈答。每次宴會開始的時候，妃嬪、近臣和狎客們交雜而坐，飲酒作樂。陳叔寶是文人，在座的也都是文人，對這美景美酒，當場寫詞作曲。陳叔寶欣賞的都是曼詞豔語。文思遲緩、寫不出來的人和寫得不合陳叔寶心意的人都會被罰酒，寫得好的詞則被譜上新曲子，交給聰慧的宮女們學習、演唱、配舞表演。陳叔寶通常安排上千名宮女演唱那些靡靡之音。除了〈玉樹後庭花〉，〈臨春樂〉也是經常表演的曲目。

陳叔寶最寵愛兩個嬪妃，一個是張貴妃，一個是孔貴嬪。張貴妃名麗華，長得是傾國傾城、國色天香，一頭秀長的頭髮拖到地面，光彩照人。而且張麗華很聰明，記憶力很好，能記住連陳叔寶都搞不清楚的大小政務。陳叔寶上朝退朝的時候都離不開張麗華，常常是抱著張麗華坐在自己的膝蓋上一起批閱公文。孔貴嬪長得也很漂亮，陳叔寶誇獎她賽過西施和王昭君。孔貴嬪也很喜歡對政務指指點點。於是大臣們就透過宦官，勾結張貴妃和孔貴嬪，賣官鬻爵，黨同伐異。

　　在眾多的大臣中，陳叔寶最喜歡的是尚書顧總，因為顧總的詩寫得很好，滿紙浮靡之氣，沒有一句有用的實話。因為趣味相投，顧總成了陳叔寶宴會的常客。好事者爭相抄傳顧總的那些滿紙脂粉氣的豔詩，作為混官場的敲門磚。山陰（今浙江紹興）人孔范雖然也寫得一手瑰麗文章，但趕不上顧總的水平，只好另闢蹊徑，和孔貴嬪結為兄妹，結果也成為了陳叔寶的座上客。陳叔寶不喜歡批評的聲音，孔范就一心替他文過飾非，憑著一套拍馬屁的本領後來居上，做了丞相。

　　做文人做久了，陳叔寶也覺得不好玩了，就自己去佛寺賣身為奴，算是去宮外「體驗生活」，還美其名是「禳壓妖異」。總之，對於陳叔寶來說，做詩度曲才是正業，而管理國家只是副業，有心思的時候處理一下，沒心思的時候就擱到一邊去。孔范曾對陳叔寶說：「外間諸將，起自行伍，通通不過是一介匹夫，不能指望他們有什麼深謀遠慮。」陳叔寶深以為然，對帶兵將帥很不重視。將領們一有小過失，就會被奪去兵權。陳朝邊備越來越鬆弛。

　　亂世之中，朝廷畢竟離不開軍隊的支撐。陳叔寶時期，陳朝最著名的將領除了任忠（任蠻奴），就是蕭摩訶了。蕭摩訶是陳朝草創時期湧現出來的老將軍，對陳叔寶有擁立大功。陳叔寶即位後，和蕭摩訶結為親

家，娶蕭家的女兒為皇太子妃。蕭摩訶喪偶，續娶了夫人任氏。這個任氏年少美麗，體態容貌都很出眾。因為和張麗華結為姊妹，任氏經常出入宮廷。在宮中，任氏羨慕宮中風流自在的生活，陳叔寶則被她的美色所吸引，兩人眉來眼去，勾搭成奸了。自此，任氏自由出入宮廷，時常留宿過夜，和陳叔寶縱情享樂。任氏對蕭摩訶解釋說自己常常被張麗華挽留，夜宿宮中。蕭摩訶直腸子，開始還信以為真，後來聽到的風言風語越來越多，這才意識到妻子讓自己戴了一頂碩大無比的綠帽子。他很生氣，又無可奈何，嘆道：「我為國家出生入死，功勳卓著，而皇上不顧綱常名分，奸汙臣妻，教我有何顏面立於朝廷！」

面對隋朝建立後，南北方局勢越來越緊張，不斷有人提醒陳叔寶加強軍備。陳叔寶卻自信地認為：「王氣在建康，他人又能怎麼樣？」孔範附和說：「長江天險，限隔南北。北方的虜軍，怎麼能過飛渡天塹呢？肯定是那些前線的將領要冒領功勞，妄言事態緊急而已。」陳叔寶覺得孔範的話說到自己心裡去了，對長江天險更加有恃無恐，對日益增多的軍事警告不放在心上。

而長安的楊堅從登基第一天開始，就開始準備伐陳。他向高熲徵求將帥人選，高熲推薦了賀若弼和韓擒虎。韓擒虎，河南東垣（今河南新安東）人，將門出身，當年四十三歲。韓擒虎小的時候很受宇文泰賞識，在北周時歷任都督、刺史等職，參加了消滅北齊的戰爭，也有過與陳朝作戰的經驗，屢挫陳師。賀若弼，洛陽人，祖先是漠北部落首領，當時三十七歲。賀若弼文武雙全，年輕時候就小有名氣，被齊王宇文憲招攬為幕僚。他也參加過與陳朝的戰爭，攻占過陳朝數十座城池，還擔任過隋陳邊界的壽州、揚州等地的刺史。楊堅對兩人都很滿意，隨即任命韓擒虎為廬州（治所在今安徽合肥）總管，賀若弼為吳州（治所在今江蘇蘇州）總管，把平陳重任託付給了二人。

隋朝要吞併陳朝，困難還不小。隋朝建立之初，只是占領黃河流域、江淮地區和四川的割據政權而已。它的南方是並不弱小的陳朝，北方是非常強大的突厥人。突厥騎兵一直盯著富裕的中原地區，時不時闖進長城以南來搶掠一下。開皇元年（西元五八一年）九月，楊堅曾經倉促發動過一次伐陳大戰，由高熲負責節度諸軍。雖然隋軍攻占了湖北的長江以北地區，但沒有能力突破長江防線南下。而北方的突厥人一看隋朝軍隊主力南征去了，耀武揚威地殺向中原而來。剛好此時南方的陳宣帝陳頊被嚇死了，陳叔寶繼位，求和討饒。高熲有了臺階下，就以「禮不伐喪」為冠冕堂皇的理由奏請班師。開皇二年（五八二年）二月，楊堅命令高熲等人撤回，草草結束了伐陳戰役。

　　經過這次失敗，楊堅君臣意識到伐陳是一項巨大的系統工程，需要拔除許多障礙才能順利進行。首先，楊堅進行內部整頓，主要是在軍事上「將定江表，首置軍府，妙選英傑」。君臣一心，經過幾年勵精圖治，隋朝的財政收入大為改善，軍力顯著增強。其次，隋朝需要有一個有利的伐陳環境。隋朝夾在突厥和陳朝之間，旁邊還有吐谷渾等少數民族騷擾，不能集中精力對付陳叔寶。楊堅思索著，強大的北方游牧民族，比陳叔寶的靡靡之音要難對付得多，因此定下先南後北的策略，對少數民族採取撫慰策略。隋朝加強和吐谷渾的聯繫，不斷派遣友好使團，誇獎的誇獎，送禮的送禮，把吐谷渾給穩住了。

　　突厥鐵騎比吐谷渾難對付多了。楊堅即位的第二年，突厥汗國大軍就殺入長城作為「賀禮」。開皇三年（五八三年），突厥大軍再次殺入長城以南劫掠。這一次，楊堅針鋒相對地進行反擊。在反擊突厥的戰鬥中，有一名河西的戍卒，叫做史萬歲，毛遂自薦來到轅門前要求參軍去打仗。剛好突厥人派了一名勇士來叫陣挑戰，隋軍將領就叫史萬歲去會

會突厥勇士，看看這個史萬歲有沒有什麼真本事。結果，史萬歲上前三下兩下就把突厥勇士的腦袋給砍了下來。突厥軍隊見自己千挑萬選的勇士被隋朝普通的一名戍卒輕易給解決了，大驚失色，從此再也不敢猖獗地叫陣單挑了。史萬歲可不是一般的戍卒。他是京兆杜陵（今西安東南）人，父親史靜是北周的大將。史萬歲從小就學習騎射，好讀兵書，少年時代跟隨父親史靜參加了北周伐齊的戰爭，後來又參與平定尉遲迥的反叛。遺憾的是，開皇初年史萬歲被牽連進一樁謀反案，被發配到敦煌當了一名戍卒。殺突厥勇士的時候，史萬歲已經三十四歲了。因為表現突出，楊堅不僅免了史萬歲的罪，還越級提拔他為車騎將軍。

這一回，突厥沒有從隋朝掠奪到什麼好處。不想，這一次行動就成為了突厥鐵騎最後的輝煌。撤軍後，突厥陷入了大分裂狀況，「且彼渠帥，其數凡五，昆季爭長，父叔相猜」，爭權奪利，內訌得不亦樂乎。楊堅緊緊把握住這次機會，抓緊時間加強北邊防禦工事，鞏固邊防。從開皇元年（五八〇年）到開皇七年（五八七年），七年之間隋朝五次修築長城、一次在沿邊險要築城，而且越臨近伐陳前夕，築城的時間相隔越近，最頻繁的時候兩年之中隋朝四度築城。逐漸地，突厥也不再成為隋朝伐陳的障礙了。

二

解決了北方問題後，楊堅君臣把目光重新投向了南方。

當時在湖北地區有依附隋朝的傀儡政權：西梁。北周被隋朝取代後，西梁又向楊堅稱臣。儘管西梁很恭順，楊堅也不能容忍一個割據政權的

存在。開皇七年（五八七年），楊堅徵召西梁皇帝蕭琮入朝。蕭琮不敢違抗，於是率領群臣二百餘人從江陵趕到長安朝見新主子。蕭琮前腳剛走，楊堅派遣的軍隊後腳就進駐了江陵城，宣布廢掉西梁政權。蕭琮一到長安，就被封為莒國公被軟禁了。西梁就此滅亡，存在三十三年。

吞併西梁後楊堅任命三兒子、秦王楊俊為山南道行軍元帥，率領水陸大軍十餘萬進屯漢口，負責長江中游地區的軍事行動；同時，提拔嶄露頭角的楊素為信州總管，駐守在永安郡（治所在今湖北新州）。楊素的主要任務是造船 —— 突破長江防線需要大量的船隻。楊素製造了每艦能容戰士八百人的「五牙」、每艦能容戰士百人的「黃龍」以及規模稍小的「平乘」、「舴艋」等船艦，準備在上游順江而下，掃平江南。之前北方王朝吞併南方王朝（西晉滅東吳），就是船隊出三峽，順江而下取得成功的。當然了，在盧州的韓擒虎和駐軍吳州的賀若弼兩支部隊才是隋軍的主力。他們布置在長江下游，直接威脅陳叔寶小朝廷的心臟地區。韓擒虎、賀若弼面對的是蕭摩訶和任忠的部隊，是陳朝的主力部隊。

部署完畢，隋朝緊鑼密鼓地展開了戰前準備。賀若弼向楊堅獻上了〈取陳十策〉。楊堅頗為讚賞，賜寶刀一口，讓賀若弼放手去做。

賀若弼的策略是：欺騙。首先，他在廣陵駐紮隋軍一萬人，過一兩個月時間就派新的部隊將原來的軍隊替代下來。一萬人的軍隊反覆調防，鬧得動靜很大。一開始的時候，江南岸的陳朝軍隊很緊張，做好了戰備；後來看到隋朝每隔一段時間就反覆調軍，是例行的軍隊調動，心想「隋軍真是有病，整天瞎折騰」，也就不去管它了。接著，賀若弼動不動就帶上大隊人馬，到長江邊上打獵，旗幟招搖，人馬喧噪。對岸的陳朝軍隊見賀若弼等人打獵打得很帶勁，也沒有多想，又在心底想「隋朝真是沒人了，讓這麼一個田獵將軍來領兵」，之後任由賀若弼往來江岸各

地，不放在心上。賀若弼不僅打獵，還和陳朝人做生意。南方缺馬，賀若弼就用老馬和陳朝交換船隻。陳朝人不是笨蛋，就把最舊最破的船隻換給賀若弼。結果賀若弼買了五六十艘破船，停在江北的軍營裡。陳朝人以為自己得了大便宜，心想：「隋朝人連好船都沒有，把幾條破船當寶貝，捏在手裡。」

至此，賀若弼已經麻痺了陳朝軍隊的警惕性。陳軍已經對北方的軍隊調動和將領往來視若無睹了。暗地裡，賀若弼在揚子津集結了大量的戰船，在渡口堆積了大量的蘆葦、枯荻，堆得像山一樣高，把戰艦遮蔽得好好的。為了更保險，隋軍的所有戰船都被塗成和枯荻一樣的黃色。即使是陳朝的間諜細作，也沒有發覺賀若弼的戰備情況。同時，賀若弼常常派遣都督來護兒渡江偵察。來護兒是南方人，在長江兩岸駕輕就熟，把敵人的底細摸得一清二楚。

大臣高熲則向楊堅建議，在經濟上打擊陳朝，來個釜底抽薪。

江北地寒，作物成熟比南方要晚；江南土熱，自然條件好，水田早熟。江南田地成熟，就要進入農忙收割季節的時候，隋朝突然揚言要發動大軍進攻江南。陳朝趕緊調集軍隊防守，把農田暫時放在一邊。等陳朝大軍雲集的時候，隋朝又偃旗息鼓，沒有動靜了。陳朝人剛要收割農田，隋朝大軍又鼓聲大作，陳軍只好再次戰備。這樣一而再，再而三，農時荒廢了，江南一季的收成就錯過了。同時，陳朝對隋朝所謂的大軍討伐的消息也不相信了，以為又是在逗自己玩。高熲還根據南方的物資儲存不是像北方一樣放在地窖裡，而是放在竹片和茅草建造的房子裡的情況，派出大量間諜縱火，燒毀陳朝的官府儲備和軍事物資。這樣反覆幾年的騷擾，搞得陳朝不堪其擾，心力財力俱疲。現在，萬事俱備，只等總攻命令下達了。

開皇八年（五八八年）三月，楊堅很高調地宣布討伐陳朝，發誓要統一天下。楊堅君臣羅列了陳叔寶二十條大罪，抄寫三十萬份傳單散發江南，下詔說：「天之所覆，無非朕臣，每關聽覽，有懷傷惻。可出師授律，應機誅殄，在期一舉，永清吳越。」陳叔寶君臣看到傳單，心想：嗯，隋朝這次又想矇騙我們，讓我們白忙一場，我們才不會再上當呢！因此，陳朝上下一點都沒放在心上。

十月，楊堅在壽春（今安徽省壽縣）設定淮南行臺省，任命次子晉王楊廣為行臺尚書令，總管滅陳事宜。當時楊廣剛滿二十歲，不懂軍事，所謂的主帥只是名義上的，伐陳的具體事務由左僕射高熲負責，「三軍諮稟，皆取斷於熲」。楊堅為前線調集了五十一萬八千大軍，制定了分進合擊，直指陳朝都城建康的軍事計畫：晉王楊廣由六合出發，秦王楊俊由襄陽順流而下，楊素的水軍從永安東進，韓擒虎由廬江急進，賀若弼從吳州渡江，此外還有荊州刺史劉思仁、蘄州刺史王世績、青州總管燕榮等人從海陸各地出兵，各軍都以滅亡陳朝為目標。

儘管在政治上很高調，隋朝的伐陳戰役在軍事上卻很低調，是典型的突襲戰。

西元五八九年的元旦夜，吳州方向的賀若弼率軍乘大霧從廣陵祕密渡過長江。將要渡江的時候，賀若弼酹酒發咒說：「我賀若弼親承廟略，遠振國威，伐罪弔民，除凶翦暴，上天和長江為我作證。如果上天善惡分明，就讓我大軍得勝歸來；如果出師不利，賀若弼葬身江魚腹中，也死而無恨。」賀若弼說完，率領大軍浩浩蕩蕩地渡江前進，對岸的陳軍竟然沒有發覺。等隋軍安然渡過長江，殺向陳軍各據點後，陳軍才倉皇組織抵抗。正月初六，賀若弼成功占領京口（今江蘇鎮江），俘虜了陳朝的南徐州刺史黃恪和五千陳軍。京口是陳軍的倉儲重地，賀若弼是輕

裝渡江襲擊，沒有帶領多少輜重，占領京口後利用陳軍的儲備解決了自身的供應問題。賀若弼下令發給陳軍俘虜口糧和遣散費，讓他們每個人帶上伐陳的傳單，各回鄉里去做隋朝的義務宣傳員。陳朝官兵們撿了條命，都說隋軍的好處，高高興興地拿著傳單散往各地。因為有俘虜的宣傳效應，再加上賀若弼所部軍令嚴肅，下令有軍士敢拿民間一物者立斬不赦，全軍與百姓秋毫無犯，進展順利。

廬江方面，韓擒虎嫌大軍進攻速度太慢，率領五百精騎撇下主力，單刀直入，殺向江南而去。韓擒虎這一支奇兵趁著夜色渡過長江，襲擊了江南岸的重要渡口採石（今安徽當塗西北）。當時陳軍守衛都喝醉了。韓擒虎輕易就占領了重鎮採石，繼續飛速向建康穿插前進。

隋軍煞費苦心對陳朝的欺騙策略取得了圓滿成功。陳叔寶君臣依賴的長江天塹就這樣被輕易「飛渡」了。

三

各地的軍情急報像暴風雪一樣湧入陳朝宮廷，形勢已經非常緊急了。

陳叔寶和他的那群文人朋友還是不以為意。僕射袁憲特別著急，奏請陳叔寶發兵抵禦，起碼也要在首都附近組織抵抗。陳叔寶根本聽不進去袁憲的話，對隋軍深入州郡告急的現實視若無睹，每天依舊奏樂侑酒，賦詩歌唱「美好的生活」。他還笑著問左右近臣說：「南北分治以來，北齊曾經三次進攻南朝，北周也出兵了兩次，都慘敗而去，這是為什麼？」孔范說：「長江天塹，自古以來就隔斷南北。隋軍又怎麼能飛渡

成功呢？這肯定又是前線將領們想立功想瘋了，妄言事急，為自己撈好處。我孔范還覺得自己功勞小、官職低微呢！如果北虜真敢渡江，我就能殺敵做個太尉公了。」陳叔寶對孔范的回答相當滿意。當時，有拍馬屁的人謠傳說隋軍的戰馬不習慣江南的水土，一到南岸後就成批死去。孔范搖頭晃腦，嘆息說：「可惜了，那些將來都是我們的馬，為什麼死了啊？」陳叔寶哈哈大笑，跟著孔范一起惋惜起來。建康城的君臣上下從此歌妓縱酒，把前線的告急文書拆都不拆就丟在床底下，繼續生活在天堂裡。

卻說賀若弼、韓擒虎兩軍從東西兩個方面快速推進，陳軍各部望風而散，隋兵如入無人之境。賀若弼分兵堵住曲阿（今江蘇丹陽），防止現在長江三角洲及以南地區的陳軍增援建康，自己率主力進攻建康；韓擒虎在占領姑孰後，沿著長江逼近建康。不久，建康周邊就出現了隋軍的前鋒部隊了。

陳叔寶這才害怕起來。他膽子本來就小，對軍事一竅不通，慌忙召蕭摩訶、任忠等人來商議軍事。蕭摩訶因為陳叔寶和妻子通姦，根本就沒有為朝廷而戰的意志，一言不發。當時賀若弼的部隊已經占領了鍾山（今南京紫金山），被陳朝看做心腹大患。陳朝決定調集諸軍在白土岡（今南京東）一帶布陣決戰。

正月二十日，陳叔寶命令陳軍出戰，去消滅賀若弼。陳軍魯廣達、孔范、蕭摩訶、任忠、田瑞、樊毅等部先後逼近白土岡，南北綿延二十里。賀若弼所部大約有八千甲士。陳叔寶在建康有十萬大軍。陳軍在數量上占據絕對優勢，但是陳叔寶倉促命令各部進擊，事先沒有完整的進攻計畫。陳軍各部之間缺乏協調，分別發起進攻。田瑞首先率部進攻，被賀若弼軍擊退。魯廣達等部趕到後也投入了戰鬥。賀若弼抵擋不住，

不得不暫時後退。陳軍取得了勝利。為了避免陳軍追擊，賀若弼下令施放煙幕，掩護隋軍整頓恢復。在緊張的戰鬥間隙，賀若弼保持了冷靜的思考。他觀察到陳軍各地得勝後出現了驕惰情緒，同時孔范率領的部隊陣列和士氣最差。於是，賀若弼督屬將士以必死的決心向孔范所部發起決戰衝鋒。孔范就是一個窩囊廢，在賀若弼的反攻面前一敗塗地，倉皇逃竄。孔范部隊的戰敗導致了陳軍全線潰退。陳軍各部缺乏秩序，爭相逃命，場面失控，有五千多人因為互相擠踏而死。陳朝軍隊的主力就這樣潰散了。賀若弼乘勝追擊，推進到樂遊苑（今南京玄武湖南側）。

蕭摩訶在亂軍中被俘虜。賀若弼命令刀斧手將他推出斬首。蕭摩訶畢竟是一代名將，臨刑前神色自若。賀若弼很敬佩，下令免罪鬆綁，以禮相待。蕭摩訶投降了隋軍。

西邊的韓擒虎正在進攻姑蘇（今江蘇蘇州），半天就占領了這座名城，第二天占領新林（今南京市西南）。韓擒虎在江南百姓中的威信很高，許多人晝夜不絕前來韓擒虎軍中投降。被賀若弼打敗的東邊的許多陳軍部隊也向韓擒虎投降了，其中包括任忠、田瑞等人。陳叔寶也聽說了韓擒虎的大名，緊急派遣將軍蔡徵守住朱雀航（在今南京秦淮河上）。結果派出去的陳軍聽說對手是韓擒虎，竟然一鬨而散。任忠引導著韓擒虎的五百精騎從朱雀門進入了建康城。當時，城內還有部分陳軍要負隅頑抗。任忠現身說法，勸降說：「老夫都投降了隋朝，你們還怕什麼呢？」任忠在陳朝軍隊中威望很高，他的喊話渙散了陳軍的鬥志。殘存的陳軍紛紛繳械投降。韓擒虎以區區五千人竟然長驅直入，一舉占領了建康城。

賀若弼沒能第一個進入建康城，因為他在玄武門南遭到了頑強的抵抗。陳將魯廣達率領殘存的部隊苦戰不降，殺死了數百隋軍。一直打到

日薄西山，陳軍越來越少，隋軍越來越多。魯廣達對著陳叔寶的宮闕方向跪地叩首，悲傷慟哭，最後繳械，束手就擒。賀若弼在當天傍晚從北掖門進入建康城。

隋朝大軍進入建康城的時候，陳朝的宮廷中依然鼓樂聲聲，陳叔寶還在那喝酒吟詩。

隋軍殺入朱雀門的時候，陳朝的大臣就逃得無影無蹤了。

陳叔寶見原來在身邊的人都逃跑了，這才意識到問題的嚴重。僕射袁憲在王朝的最後時刻不離不棄，還在陳叔寶身邊。空蕩蕩的朝廷中，只剩下陳叔寶和袁憲兩個人了。陳叔寶傷感地說：「朕從來待眾臣不薄，今天眾人皆棄我去，只有你留了下來。不遇歲寒，焉知松柏？我朝就要滅亡了，並不是朕無德，而是江東衣冠道盡啊！」誠然，大臣們道德低劣，沒有為國盡忠之心，是陳朝速亡的一大原因。但是陳叔寶將王朝湮滅的全部責任推到大臣們身上是不公平的，難道你陳叔寶就沒有責任嗎？

陳叔寶說完，也要找個地方躲藏起來。袁憲勸說道：「皇上是九五之尊，北兵來了，想必也不敢對陛下怎麼樣。事已至此，陛下還能到什麼地方去呢？不如整理衣冠，端坐在正殿之上，像當年梁武帝見侯景的樣子，去見隋軍。」陳叔寶哪有蕭衍那樣的氣魄。他又一次拒絕了袁憲的勸諫，像無頭蒼蠅一樣，在宮廷中找藏身的地方。袁憲還想勸，陳叔寶說：「鋒刃之下，哪有兒戲，朕自有辦法。」陳叔寶跑到後堂景陽殿，發現了一口深井，突然計上心頭。他趕緊去拉來張貴妃、孔貴嬪，三人抱在一起，拉住一根繩子，跳入井中躲藏起來。袁憲一直跟在陳叔寶身邊，見皇帝找到了這麼一個藏身之處，悲傷欲絕，跪地痛哭，最後朝著深井叩首後，逃命去了。

韓擒虎的部隊衝入皇宮後，到處搜尋不到陳叔寶。隋兵就抓了幾個內侍，逼問陳叔寶藏在什麼地方。一個內侍最後指指井口。隋朝士兵看井裡漆黑一團，叫幾聲沒人應答，不相信一個皇帝會藏在裡面。有個隋兵往下扔了塊石頭，才聽到下面傳來求饒的聲音。眾軍扔下繩子去，喝令陳叔寶拽住繩子上來。大家拉繩子的時候，覺得繩子特別重，有人就打趣說：「別人都說南方人瘦，怎麼陳叔寶這麼胖啊！」拉上來一看，噢，原來是陳叔寶和張貴妃、孔貴嬪三個人。看著陳叔寶狼狽的樣子，眾軍笑得前仰後翻。

據說當時張麗華的胭脂蹭在井口，有人就把這口井叫「胭脂井」。又有人不齒於陳叔寶禍國自取其辱的行為，把它叫做「恥辱井」。

賀若弼的部隊隨後進入皇宮。賀若弼聽說韓擒虎捉住了陳叔寶，傳令將陳叔寶帶來看看。陳叔寶來了後，誠惶誠恐，汗流浹背，雙腿顫慄，向賀若弼求饒不止。賀若弼很實在，安慰說：「你是小國之君，進入我大隋朝後，還能做個歸命侯，不需要恐懼！」陳叔寶再三拜謝，放心了不少，可還是誠惶誠恐，聲音發抖。

四

除了江東戰場外，隋軍在其他各條戰線也都進展順利。

楊素率領艦隊出三峽，原本計劃進攻兩湖地區。陳軍在三峽橫綴了大鐵索，阻礙了楊素戰艦的東下。後來，楊素發動夜襲，一舉打敗陳軍守衛部隊，然後率水軍東下，一路上艦船遍布江面，旌甲曜日。隋軍以破竹之

勢先後打敗各處陳軍。一路上，楊素端坐船上，容貌雄偉，兩岸的陳國百姓看到他，彷彿看到了江神，心生畏懼。楊素打到巴陵（今湖南嶽陽）的時候，隋朝的地方政權已經土崩瓦解了。最後，楊素與秦王楊俊勝利會師。

陳朝南部廣袤的嶺南地區，處於半自治的狀態。隋滅陳的時候，嶺南各地奉高涼（今廣東陽江西）的冼夫人為主，保境拒守。這位冼夫人是原來高涼太守馮寶的夫人，已經六十多歲了，經過了歷次的政治風雲，威望很高，被嶺南人視為「聖母」。陳叔寶被俘後，按照隋朝的意思寫了一封信給冼夫人，告訴冼夫人陳朝已經滅亡了，要求冼夫人帶著嶺南各州縣投降隋朝。楊堅派遣韋洸攜帶著陳叔寶的親筆信和冼夫人先前進獻給陳朝的「扶南犀杖」招降冼夫人。冼夫人知道陳朝滅亡的消息後，召集各地和各部落首領數千人集體痛哭了一整天，然後派孫子前去迎接韋洸進入嶺南。嶺南各地也併入了隋朝的版圖，冼夫人因功被封為「宋康郡夫人」。

建康淪陷後，江東的部分地區拒絕投降。正月底二月初，隋軍把主要精力都花在消滅江東的陳朝殘餘勢力上。隋朝大將宇文述率領三萬人，也參加了伐陳的戰爭，一度占領石頭（今南京城西清涼山）。然後，宇文述聯合從海上來的燕榮的軍隊，將各地的抵抗勢力一一擊破。

各地初定，高潁身為「接收大員」，先行進入建康，接收陳朝圖籍數據，封鎖府庫。名義上的主帥楊廣早早就聽說了張麗華的美貌，在高潁出發前私下拜託說：「您進入建康，一定要找到張麗華，不要傷害她啊！」楊廣這個傻小子在高潁走了後，一直在做自己和張麗華的若干春夢。誰想，高潁一點面子都不給楊廣，把張麗華叫來後，說：「此等妖妃，豈可留得？昔日姜太公滅紂，蒙面斬妲己，我也要學他。」說完，高潁就把張麗華的腦袋砍了下來。

除了求色不成外，楊廣的其他作為還是可圈可點的。楊廣「封存府庫，金銀資材一無所取」，嚴令軍隊「秋毫無所犯，稱為清白」，因此天下都稱讚他的賢德。楊堅對二兒子也很滿意，任命楊廣為江南總管，留在南方鎮撫各地。楊廣奏請宇文述為壽州總管，協助自己統治江南。此後，楊廣治理江南十年，期間南方經濟迅速復甦，社會安定，百姓安居。楊廣、宇文述等人功勞不小。

五

　　四百年的分裂局面就此結束，中國開始邁向大一統的盛世。

　　隋朝重新統一天下，離不開楊堅、高熲等人個人的作用，更是當時社會發展的要求。俗話說「分久必合，合久必分」，這是有一定道理的。南北方的長期戰亂，主要原因是南北方的民族紛爭。在長期的民族爭戰中，各民族差異逐漸消失，各民族相互融合，產生了文化認同。南朝名將陳慶之從黃河敗回後感嘆：「自晉、宋以來，號洛陽為荒土，此中謂長江以北，盡是夷狄。昨至洛陽，始知衣冠士族，並在中原。禮儀富盛，人物殷阜，目所不識，口不能傳。」可見在南方人的心目中，北魏也不再是割據的蠻夷政權了。隋朝初年，大文人薛道衡身為聘陳內史出使陳朝，正月裡看到鴻雁從南方返回北方，寫下了〈人日思歸〉：「入春才七日，離家已二年。人歸落雁後，思發在花前。」這樣的文字，一點都不比南方繼承漢族正統學識的文人們寫得差。

大家都認為南北方人都有同樣的文化了，那為什麼還要分裂呢？

　　那麼為什麼由北方的隋朝統一了天下，而不是陳朝消滅隋朝呢？北方王朝統一天下的必然性在於北方一直是中國的政治、軍事中心，實力強於南方。楊堅即位後，隋朝國勢蒸蒸日上，而當時陳朝門閥制度把持政治，土地兼併嚴重，正處於衰弱時期。北方出了一個隋文帝，南方卻是陳後主當政，僅憑兩人的表現，我們也能知道應該是誰消滅誰。

　　南北統一後，高熲帶著陳朝的俘虜北歸大興。陳叔寶受到了楊堅的禮遇，生活得相當不錯。隋朝每次舉辦宴會的時候，楊堅怕陳叔寶傷心，規定不能奏吳音。陳叔寶經常參加隋朝達官顯貴們的聚會，時間久了，奏請楊堅說：「我沒有官爵職位，每次參加朝集，都感到有點尷尬，希望能獲得一個官號。」楊堅聽說陳叔寶主動要求當隋朝的官，感嘆說：「陳叔寶這個人沒心沒肺。」陳叔寶在大興，依然每天醉酒吟詩，很少有清醒的時候。楊堅就向監護陳叔寶的人問他每次飲酒多少。官員回答說：「陳叔寶與其子弟每日飲酒一石。」楊堅大吃一驚，繼而感嘆道：「隨他去吧，否則叫他如何度日？」

　　楊堅曾對陳叔寶有過一個評價：「如果陳叔寶能把作詩和喝酒的心思用來治國，又怎會有今天呢？」楊堅要感謝歷史賜予他的機遇。僅憑統一天下的功績，楊堅就能夠名垂青史。何況，隋唐盛世的大門即將開啟，還有更大的機遇等待著他呢！

王羲之父子

一

據說琅琊王家南遷後信奉道教，為子弟取名都帶個「之」字，比如王導等人替子姪輩取名王羲之、王胡之、王彪之、王晏之、王允之等，孫輩取名王徽之、王獻之、王恢之等。這似乎是辨認琅琊王家子弟的一大特徵。

王導這一輩之後，琅琊王家名聲最大的當屬「書聖」王羲之。

王羲之，王導之姪、王曠之子（王曠做過淮南太守，曾勸司馬睿南遷）。雖說是書聖，王羲之小時候一點都不聰明，相反還很笨，連話都說不好。雖然名士周顗曾摸著十三歲的王羲之的腦袋，說孺子可教，前途不可限量，但一般人還是把這看做是周顗判斷失誤。王羲之二十歲的時候，太尉郗鑑想和王家攀親戚，把女兒嫁入王家。王導說，我們家人才濟濟，你隨便挑吧！郗家就真的派人來挑女婿了。回去後，郗鑑問有什麼好人選。

家人報告說，王家的小夥子都挺好的，精心打扮，相貌堂堂，只有一個人除外。那個人躺在東邊房間的床上，露著肚子啃東西吃呢！郗鑑說，就是他了，我要選那個挺著肚子的小夥子。不用說，這個特立獨行的小夥子就是王羲之。雖然郗鑑很自豪地誇王羲之是「東床快婿」，但多數人心中都不以為然，覺得郗老太尉也看走了眼。

事實上，王羲之是那種大智若愚，大器晚成型的孩子。一些小時候異常聰慧、表現突出的孩子往往長大了平庸無奇，而小時候埋頭低調學習的孩子，比如王羲之，常常是一鳴驚人。王羲之進入仕途後，表現出了不俗的政治素養。王導之後，東晉王朝高層政治紛爭不斷。老有那麼

幾個人鼓動北伐，想借北伐替自己貼金。殷浩北伐的時候，王羲之明確寫信反對，勸阻他。擔任地方官時，王羲之開倉賑災，奏請朝廷減免苛捐雜稅，很有父母官的樣子。

王羲之憑藉家族勢力擔任過江州刺史這個重要官職。在刺史任上做得很不錯。朝廷屢次提升他讓他來做京官，王羲之就是不去。當時有人寫信勸他，說他傻。王羲之回信表白說：「我沒有廟廊之志。」其他人這麼說多數不是虛偽的表演就是待價而沽。王羲之則是真的沒有廟廊之志，不想攀爬權力的金字塔。他追求的是人生的品質，追求理想的修為。聽說安徽宜城的風光不錯，王羲之向朝廷請求，希望能去宜城當太守。朝廷原來是想把王羲之提拔到更高的職位上去，沒料到王羲之要求官越當越小，要去一個小城當太守，當然不准了。朝廷的世家高官們更不同意了：你王羲之可是天下第一望族的子弟，去當什麼宜城太守。你不怕自貶身價，我們這些同伴還覺得抬不起頭呢？於是，也不徵詢王羲之本人的意見，朝廷宣布提拔他為右軍將軍、會稽內史。會稽（今浙江紹興）是東南大郡，是江東世族和南渡大族的聚居地，地位突出。會稽內史的地位自然也很重要。這一回，王羲之高興地接受了任命。因為他早就聽說會稽山水秀美，人文典雅。於是，他打點行裝來到了顧愷之形容的「千巖競秀，萬壑爭流，草木覆蓋其上，彷彿雲燕霞蔚」的會稽。千年之後，我們會發現王羲之的這個選擇是中國文化的大幸。

王羲之追求的便是平淡的生活，幽雅的精神。他來到清麗秀美的會稽，做官是次要的，享受是主要的。當時的會稽人文薈萃，有和王羲之伯父王導認識、正隱居在東山、離「東山再起」還有段日子的謝安，有達官貴人都以得到他撰寫的墓碑為榮的文人孫綽，有遊寓江南、提出「色即為空」大論的名僧支遁，有隱居山林、大談玄學和山水詩的隱士許

詢等等。王羲之很快就和這些人打成了一片，還組織了一個叫做「蘭亭之會」的聚會把他們一網打盡。

永和九年（西元三五三年）暮春之初的三月三日，又是一年一度的修楔節。

這一天，王羲之、謝安、孫綽等四十多人齊聚會稽山陰城外的蘭亭，洗洗身子，喝喝酒水，清談閒聊。他們不知道，永和九年暮春的蘭亭，將會成為中國文化史上的一座豐碑。

根據王羲之的記載，當日的蘭亭「天朗氣清，惠風和暢，群賢畢至，少長咸集」。此地的風光也相當對得起觀眾，「此地有崇山峻嶺，茂林修竹，又有清流激湍，映帶左右，引以為流觴曲水，列坐其次」。因此雖然聚會上沒有絲竹管絃、歌舞助興，但聚會的文人雅士們一一觴詠，大到宇宙，下到具體的花草品類，暢敘幽情。恍惚之間，王羲之感嘆上天公平地給予每個人一個生命，每個人都要走完一生，有的人飛黃騰達，有的人感悟良多，有的人放浪形骸，殊途同歸而已。行走之人，不知老之將至，常常是剛剛欣賞的東西轉眼就成為陳跡。「每覽昔人興感之由，若合一契，未嘗不臨文嗟悼，不能喻之於懷。」王羲之的結論是：圈知死生為虛誕，齊彭殤為妄作。若干年後的我們審視今天，就像今天的我們審視昨天一樣。和王羲之一樣，與會者紛紛提筆寫文，抒發感想。這些文章，多少帶有當時玄學為了玄專們寫得讓人看不懂的意思，更多的是抒發對人生、對宇宙的看法。

會後，眾人把文章收集起來，整合成一本小集子，委託王羲之作序。王羲之當時已經微醉，也不推辭，提筆立刻寫了一篇序言。這篇因為編輯需要被定名為「蘭亭集序」的文章，一氣呵成，初正楷後小草，莊中有變，變中有雅，令人賞心悅目，是書法和文章的雙重瑰寶。後人

有愛事者，認真檢視了帖子，發現王羲之在裡面沒有寫兩個完全相同的「之」字。據說，王羲之事後對原稿不甚滿意，想重寫一份，超越原稿。他聚精會神認真重寫了幾份。感覺都不如醉酒的時候寫得好。索性，王羲之不寫了，就將寫於蘭亭的、帶有修改痕跡的原稿定為作品。

「蘭亭集序」之所以成為書法極品，一大原因是王羲之將書法提高了一個新境界。之前人們是為了寫字而寫字，王羲之是為了欣賞而寫字，為了表達而寫字，為了內在的修養而寫字、練字、賞字。書法開始在王羲之的手中，從實務超脫成了藝術。這是王羲之的書法境界，也成為中國書法的入門意識。王羲之是琅琊王家最優秀的書法家，卻不是唯一的書法家。

官宦世家同時也是文化世家，家人文化素養高於常人。琅琊王家的前輩王街、王戎等人都是書法家。二人擅長草書，輕便沒有拘束，很符合玄學大家的氣質。之後，王教、王導、王廣、王曠等王羲之的父輩也都寫了一手好字。與王家交往的謝家、庾家也出了多位書法大家，王羲之的岳母郗夫人就是有「女中仙筆」美譽的大書法家。王羲之在這樣的環境中沾染了習書練字的風氣，更得益於大家族的雄厚物質基礎和優越生活，將書法從其他事情中獨立出來，當作一門藝術來對待。也只有琅琊王家這樣的門閥世家才能培養出新藝術門類的大師。

王羲之在書法的世界中越走越遠，後人用八個字形容他的作品：飄若浮雲，矯若驚龍。他的作品被後世奉為神品。比如〈蘭亭序〉的真跡，人們普遍相信被唐太宗帶入了墳墓，今人看到的都是摹刻本。

永和十一年（三五五年）初，厭倦了官場的王羲之棄官而去，在會稽金庭定居下來。晚年的他種地蓋院子，教導子弟書畫，也去河邊放鵝釣魚，悠然自得。

王羲之的身上完全沒有了父輩輾轉奔波、指點江山的氣度了。同樣

褪去政治光芒和雄心的還有同輩的王胡之等人。王胡之是王廙的兒子，他們父子倆都是老莊之說的信徒。王胡之的經歷和王羲之近似，在山水優美的吳興當一個生活優裕的太守，心情很愉悅，不管朝廷怎麼調動他的職位，就是在吳興太守任上賴著不走。朝廷拿這樣的「釘子戶」無計可施。和王羲之一樣，王胡之和謝安的關係也不錯，兩人常有詩歌唱和。王胡之曾向謝安寫道：「巢由坦步，稷契王佐。太公奇拔，首陽空餓。各乘其道，兩無貳過。願弘玄契，廢疾高臥。」在他看來，功成名就的姜子牙也好，不食周粟餓死的伯夷叔齊也好，每個人都有自己的生活狀態，他王胡之的理想就是高臥山林，聽聽風聲，撫摸泉水。

琅琊王家在王導、王敦一代人之後就黯淡了呼風喚雨的權勢。王羲之這一輩的多數人的確把注意力從政治上轉移走了，但是王家的聲望依然存在。東晉王朝建立在東南世家大族的支持基礎上，制定了一整套保障世家大族利益的制度，王羲之這一代人不需要創業干政就能保持權位。如果王家還像王導、王敦那樣掌權掌軍，反而會觸動清靜無為的東晉王朝的敏感神經。既然大環境不希望你在政治上有所作為，本也不願積極干政的王羲之他們，何樂而不從政壇轉身而去，醉情藝術與山水？

二

那麼，王家還有沒有人留在朝堂中呢？有。他就是王彪之。東晉王朝一直將琅琊王家作為朝廷的依靠。是依靠，就得有人在權力中央，領取朝廷的官爵利益，也把家族的支持傳達給中央。而王彪之就是溝通朝

廷和王家的新一代橋梁。

王彪之是王彬的兒子，是個典型的「少白頭」。剛過二十歲，就鬚髮皆白，人稱「王白鬚」。他鬚髮皆白的重要原因是讀書太用功了，尤其對歷代規章制度用功很深，舉凡周禮儒學、歷朝歷代典章制度、文物典故等刻苦鑽研。王彪之還有收集文獻的習慣，把相關的學習數據都收藏在一個青箱之中，後來又把自己的著作和文章也收入箱子裡，讓後人世代相傳。王彪之的這個習慣成就了一門學問：王氏青箱學。

早年，王彪之也任過會稽內史。他嚴於執法，六親不認。當地橫行鄉里的中小世族對王彪之恨得牙癢癢，但鬥不過琅琊王家，不得不收斂氣焰。三萬多戶被世族大家逼得遠走他鄉的百姓先後回遷了。朝廷考慮到王彪之的實際情況，任命他為太常。太常在秦漢是九卿之一，地位很高，到東晉太常的地位大大削弱了。因為太常主管朝廷的典章制度，可算是朝廷專業性最高的職位了。王彪之很適合太常的職位。學問深厚，為人嚴謹莊重。

王彪之出仕之時，桓家勢力後來居上，與琅琊王家、陳郡謝家平分秋色。大將軍桓溫試圖控制朝廷，許多世家子弟爭相向桓家靠攏，派親信向桓溫表示忠心。王彪之是極少數拒絕向桓溫獻媚的人之一。恆溫對他懷恨於心，將王彪之罷官，還將他逮捕入獄。好在琅琊王家勢力尚在，讓王彪之先降職後調任回京，還升任了尚書僕射（相當於副丞相）。

王彪之和謝安、王坦之（名字很像琅琊王家子弟，卻是太原王家的人）三個人一起聯合起來對付桓溫日益膨脹的野心。

東晉孝武帝司馬曜即位時只有十一歲，皇太后褚氏打算請桓溫攝政。

王彪之、謝安、王坦之三個人都不同意。桓溫和王教一樣，身體不

好，遇到挫折就一病不起了。 臨終時，桓溫也決心最後一搏，向朝廷要求「九錫」（天子賜給權臣的禮器，後來演變成了奸臣篡逆的先兆），還讓筆桿子袁宏草報了〈九錫文〉。袁宏把〈九錫文〉拿給王彪之看，王彪之諷刺他說：「你這樣的大才，怎麼寫這種文章！」 袁宏碰壁後，去找謝安。謝安的政治技巧很高，不說同意不同意，而是笑著讓袁宏反覆修改。袁宏修改了一遍又一遍，謝安都笑說不滿意，只好又去請教王彪之。王彪之知道謝安的用意，說：「謝安的用意，你還不明白嗎？桓溫病情一天比一天重， 馬上就要死了，你著什麼急啊？」袁宏恍然大悟，對〈九錫文〉也不再熱心了。沒多久，桓溫被拖死了，請九錫的事情不了了之。

桓溫死後，朝廷由謝安、桓沖、王彪之三人輔政。桓家勢力大降，謝家勢力上升，政令大多出自謝安之手。琅琊王家和陳郡謝家的關係不錯，王彪之和謝安的私交也不錯。但王彪之對謝安不合禮制的做法也會毫不留情地批評抵制。謝安痛打落水狗，要把桓沖排擠出朝，表面上恭請皇太后臨朝，深層意思是方便謝家操縱實權。王彪之引經據典，認為謝安這麼做不合制度，堅決反對。謝安藝術細胞比較多，講排場，對修宮殿等「藝術行為」有濃厚的興趣。王彪之堅持要與民生息，反對大興土木擾民。王彪之立論嚴謹、義正詞嚴，謝安反駁不了，在王彪之在世時都不能放開手腳進行「藝術創作」。

西元三七七年，王彪之逝世。他的一生，基本繼承了王導，王敦父輩的衣缽。安分地扮演好王朝支柱的角色，不越位，不退縮。

三

王羲之、王彪之之後，琅琊王家的興趣普遍從政治上移開。

王羲之一共有七子一女，這八個子女都在書法上小有成就。王羲之唯一女兒的名字無考，只知她嫁給了浙江餘姚的劉暢。她和劉暢有個孫女，嫁入了陳郡謝家，生了一個曾外孫，取名謝靈運。大詩人謝靈運就是王羲之的重外孫。

王羲之七個兒子中，最有名的是王獻之。王獻之曾擔任過吳興太守。

官職終於中書令，但他最大的成就還是在書法方面。書史上把他與父親王羲之並稱為「二王」。王家的人書法成就斐然，得益於家庭提供的優越物質基礎，更是他們刻苦練習的結果。王羲之練習書法的時候，吃飯走路都不放過，人們常常看到他用手指在身上划來划去，因此王羲之的衣服換得特別勤。後人經常舉兩個王羲之練字的例子，鼓勵現在的孩子以他為榜樣。第一個例子是一次王羲之在書房練字忘了吃飯，家人把饅頭送入書房，王羲之太投入了摸了一個饅頭就蘸著墨吃起來。家人進來收拾的時候，看到滿嘴墨黑的王羲之還在啃「墨水饅頭」呢！還有一個例子是王羲之洗硯把一池水都給洗墨了。人們把這樣的水池稱為「墨池」，現在紹興、水嘉、廬山等地都爭著說王羲之的「墨池」在自己的地盤裡。王獻之開始練字的時候，問父親王羲之書法的祕訣是什麼。王羲之指著院子中滿滿的十八口大水缸說，那就是祕訣。王獻之練字研磨，把那麼多水都給用完了，書法程度果真大進。王獻之的書法，繼承了父

親的風格，又更加無拘無束。中國書法史上「一筆書」的狂草就是王獻之的創舉。

王獻之的婚姻生活很不幸。他先是娶二貝郗縣之女為妻，小兩口子感情很深，但被迫與愛妻離婚，當了新安公主的駙馬。王獻之和新安公主生有一女，就是後來的安僖皇后。

王羲之後代中經歷最傳奇的是王徽之。王徽之也是書法家，但成就遜於父親和弟弟王獻之。他的官也小，只做過參軍和黃門侍郎之類的中級官員，心思根本不在官場上，平日不修邊幅，工作時蓬首散帶，根本不過問職責內的事情。一次桓溫問他現在擔任什麼職務，王徽之搔搔頭，說看到衙門口馬匹進進出出，可能是個管馬的衙門（實際上是軍府）。

桓溫又問，最近衙門裡死了幾匹馬啊？王徽之冷冷地說，我連衙門裡有幾匹活馬都不知道，哪裡知道有幾匹死馬啊！這麼不負責任的回答，竟然讓王徽之獲得了玄學界的一致好評。上級知道這段奇聞後，臉上掛不住，找王徽之談話，要求他工作要認真。王徽之盯著天花板，一副愛理不理的模樣。談話結束後，王徽之乾脆棄官而去。相比官場，王徽之更喜歡山陰的鄉間生活。一夜。山陰大雪。半夜。王徽之醒來，發現大地白茫茫的一片，自飲自酌起來。徬徨間，王徽之想起了居住在剡縣的好友戴達，連夜叫人備船要去造訪。當夜，皎月當空，一葉小舟穿行在浙東的水系之間。王徽之邊飲酒，邊吟詩，等天邊露出魚肚白的時候終於到達了戴達府前。奇怪，王徽之卻叫船伕調頭回山陰。船伕問其故，王徽之答：「吾本乘興而行，興盡而返，何必見戴？」他要的就是造訪的過程和期待的感覺。王徽之的後半生與竹子為伴。浙江丘陵的竹子挺拔茂盛，成林後氣象萬千，王徽之自評生活不可一日無竹，最後終老竹林之中。

丞相謝安想和王家聯姻，原先挑中的人選就是王徽之。聽說王徽之「雪夜訪戴」一事後，謝安反悔了，將姪女轉嫁給了王徽之的哥哥王凝之。

王凝之的成績不如兄弟，活得也不夠瀟灑。他最後擔任的職務是會稽內史，掌管地方軍政大權。正趕上海匪孫恩起義，起義軍圍攻會稽。部下建議備戰，王凝之卻相信道家神祖能夠保佑會稽無恙，只是終日閉門祈禱。部下催得急了，王凝之就說：「吾已請大道，許鬼兵相助，賊自破矣。」結果起義軍長驅直入，殺入會稽。王凝之和子女一同遇害。後世喜歡用王凝之的極端例子，來證明王家勢力的衰敗，進而論證整個門閥世族勢力在南朝的逐漸沒落。這有一定的道理，但東晉南朝的大政治是清靜無為，不喜歡出事情。後人想當然的奮發進取的政治姿態，並不利於世族勢力的維持與發展，相反只能讓他們與王朝政治格格不入，帶來危險。既然制度保障世族的利益，所以世族子弟們選擇清靜，漫天論神。王家選擇從政壇走向書法和玄學，也是一種必然的選擇。起碼在整個東晉南朝，琅琊王家都保持了南朝第一家的地位。

大文豪、大狂人謝靈運之死

一

經過幾代人的努力，尤其是在「淝水之戰」的推動下，陳郡謝家躋身世族領袖地位。由東晉後期直至南梁，陳郡謝家一直和琅琊王氏並稱「王謝」，是南朝的最高門第。

南朝歷代皇帝登基加冕的時候，都喜歡找謝家輩分高的人來當司儀，象徵著世族大家對新皇帝的支持。謝家子弟慢慢地隱退幕後，不喜歡打理實際政務，但頭等門戶的光輝始終不落。南梁時，王琮娶了始興王的女兒繁昌縣主為妻。後來，始興王悔婚，要王琮和女兒離婚。王琮的父親王峻向始興王求情。始興王推託道：「這是皇上的意思，我也不願如此。」王峻就放狠話說：「臣太祖是謝仁祖（謝尚）的外孫，我們家也不需要借與殿下聯姻來提高門戶。」好幾代之後，謝家外孫的身分都能讓人在王爺面前強硬起來，謝家的門戶勢力可見一斑。

謝家的崇高地位展現在三個方面，或者說這三個方面支撐了謝家的權勢。首先，謝家世代為官，而且都是大官。自東晉至南梁（西元三一七～五五七年），謝氏共有十二代、一百餘人見於史傳。其次，謝家聚集了大量資產。比如謝安的孫子謝混有「田業十餘處，僮僕千人」。到宋代元嘉年間，謝混這一支還有「資財巨萬，田園十餘所，奴僮數百人」。而謝玄的孫子謝靈運在會稽老家的地產更多，包括兩座山、五所果園和數不清的竹林菜圃。第三，謝家子弟大多才華出眾，家族重視文化教育和知識累積。政治世家不管是怎麼起家的，發達後都會重視家族教育。文化素養可以提升家族的形象，保障子弟的品格。在崇尚清談、醉

心文藝的南朝，文教更是世族子弟不可缺少的必修課。

　　謝安在家族中隱居時間最長，早期生活最閒，謝家兄弟就把子女留在東山託付給他教育了。謝安彷彿是一大家子的家庭教師，教書育人，不過他的教育內容與政治技巧有關的不多，多數是與文學和做人有關，無意中塑造了陳郡謝家重文學、喜清談瀟灑的家風。後世一直用「芝蘭玉樹」來指代謝氏子弟，說的也是謝家子弟自由灑脫的才氣、秀氣。這其中最著名的無疑是一代文豪謝靈運。

　　謝靈運是名將謝玄之孫、謝瑛之子。謝瑛資質平庸，只擔任過祕書郎，娶了王羲之的外孫女，生下謝靈運。也許是隔代遺傳，謝靈運繼承了王羲之、謝玄的若干優點，文學成就超過了先輩和父親。

　　謝靈運的政治起點很高，因為父親早死，謝靈運八歲就世襲了康樂公的爵位，食邑二千戶。加冠後，謝靈運便出任撫軍將軍劉毅的參軍，從此開始曲折的仕途，一生顛沛流離。當時政治上層風浪迭起。謝家漸漸遠離了實權，虛名為多，只能在政治風波中隨波逐流，難有作為。劉毅在與劉裕的權爭中兵敗自殺，謝靈運的堂叔謝混被誅殺。劉裕卻沒有追究跟隨劉毅、與謝混關係密切的謝靈運，反而起用他為太尉參軍，表示拉攏。此後謝靈運在一系列可有可無的小官職位上時斷時續，起起伏伏。不久劉裕取代東晉，當起皇帝建立了宋朝。新王朝建立後，晉朝的封爵不算數了。劉裕為了表示對前朝世族大家的尊崇，宣布對王導、謝安、溫嶠、陶侃、謝玄五家保留封爵，但爵位下降一級，食邑減少。謝靈運因此由公爵降為「康樂縣侯」，食邑縮為五百戶。

　　謝靈運繼承了家族精講玄學和精通文學的傳統，多少有點隱逸自娛的性情和豁達寬鬆的胸懷。官運不佳沒關係，謝靈運把精力都花在寫詩吟詞上。劉裕的次子、廬陵王劉義真是文學的和藹傾聽者和慷慨支持

者。他很欣賞謝靈運的文才，對謝靈運的詩文愛不釋手，對謝靈運的灑脫輕浮也很認可，認為自古文人皆如此。劉義真還聲稱有朝一日要是當了皇帝一定任命謝靈運為宰相。劉裕死後，太子劉義符即位。劉義符年少無才，不久被權臣廢黜。按封建宗法，劉義符之後就輪到劉裕次子劉義真繼位，但徐羨之等權臣擁戴了劉裕三子劉義隆。權臣們先下詔將劉義真調離京城，接著又以不拘小節、誹謗朝臣的罪名貶謝靈運為永嘉太守，剷除劉義真的羽翼。安排妥當，劉義隆順利登基坐了龍椅。

永嘉在今浙江溫州，山水旖旎，風光秀麗，是當今的旅遊勝地。但在南朝時，永嘉卻是烏煙瘴氣，閉塞落後得很。那雁蕩山是橫亙在人前的天險。謝靈運到了任上，也不問政事，整天尋思著怎麼征服山山水水，攀登幽靜險峻的山峰。為了登山，據說謝靈運發明了木製的釘鞋，上山取掉前掌的齒釘，下山取掉後掌的齒釘，這樣上下山既省力又穩當，史稱「謝公屐」。如果屬實，謝靈運應該在體育史上擁有無可替代的地位。美麗的山山水水淨化了謝靈運的心靈。他本因政治鬥爭失敗而來，登山多少也有逃避現實尋求心靈寧靜的目的。永嘉的山水讓謝靈運找到了心靈棲息地。很少有人能夠在一生中找到撫慰滋補心靈的地方，謝靈運在不幸之後幸運地找到了，並激發出了巨大的創作熱情。仕途失利的謝靈運在文學詩歌上找到了成功。他吟唱山水，書寫四季，記錄日月，發展出了一種全新的詩歌形式：山水詩。謝靈運就是中國山水詩的鼻祖。

「池塘生春草，園柳變鳴禽。」在這裡，謝靈運將一個普通的南方庭院有聲有色地展現在讀者面前。「密林含餘清，遠峰隱半規。」在這裡，謝靈運和讀者分享看到的山色美景。他的詩歌沒有兩晉詩歌玄思虛幻的色彩，更絕少說教與晦澀，清新美麗，平實易懂，徹底扭轉了後世的詩

風。鍾嶸在《詩品》中說謝靈運的山水詩「猶青松之拔灌木，白玉之映塵沙」，上千年後依然被人傳唱。當時永嘉和建康通訊不便，但謝靈運一有新作，立即以最快速度被傳抄到建康。人們稱「謝康樂的大作來了」，爭相傳閱，成為時尚指標。

謝靈運在永嘉無為而治，縱情名山勝水，即便如此他也覺得太守的職位難熬，留在那裡並非自己心願。到任兩年多後，謝靈運稱病辭職，回到上虞東山隱居。

宋文帝劉義隆逐漸長大，也加入了謝靈運崇拜者的行列。在剷除權臣鞏固皇權後，劉義隆徵召謝靈運回朝廷，先任命為祕書監，隨即升遷為侍中，恩寵無比。劉義隆稱讚謝靈運的詩和字為「二寶」。謝靈運的春天來了！謝靈運身上的文人陋習膨脹爆炸了出來。他自恃門第高貴，又才華橫溢，名望在外，誇耀說：「天下才共一石（一石等於十斗），三國大才子曹植獨占八斗，我占了一斗。剩下的一斗天下人平分。」他盲目樂觀，以為位極人臣、重塑陳郡謝家輝煌的日子就在眼前。他踴躍向朝廷建議，積極和同僚們商談政事，劉義隆無一採納。劉義隆很尊重謝靈運，但那是文藝領域的尊重，不涉及權力。他提拔謝靈運在身邊，「唯以文義接見」，只是當做文學侍從而已。不料，謝靈運一相情願地要介入政治。沒多久，謝靈運也看出了皇帝的真實意思，皇上對他是用文字輕政治，朝廷真正得道的是另外一些有能力的實幹之才。他們的門第和名望都不能和謝靈運相比，但他們得勢了。也許朝政真的需要他們。謝靈運第二次選擇了辭官。他知道這個選擇基本上意味著告別了政壇，人生不會再有先前的良機了。謝靈運替自己的政治前途判了死刑。

辭官回鄉後，謝靈運守著碩大的莊園，寫詩作畫，找朋友遊玩取樂。他是待不住的人，不時率領數百隨從去深山幽谷探險覽勝。會稽南

邊的臨海郡在群山峻嶺環抱之中，交通極其不便，據說風景優美，但很少有人去過，更沒有多少吟誦文章。謝靈運好奇心切，帶上五百個家丁家將就出發了，逢山開路，遇水搭橋，就是要一覽廬山真面目。臨海太守王秀得到報告說，有幾百人開通了天臺山和括蒼山，奔臨海郡城而來。臨海很少有人造訪，王秀的第一反應就是這是一夥強盜，不是來攻打郡城就是來打劫的，下令緊閉城門做好防範。謝靈運是來旅遊的，卻吃了個閉門羹。經過交涉，王秀才知道是大名鼎鼎的謝靈運來臨海創作了，虛驚一場。謝靈運遊興不減，在臨海玩夠了，臨別時還拉著王秀，邀請他一起繼續探索深山老林。王秀可沒有謝靈運那樣的閒情逸致，更不敢擅離職守，趕緊推辭了。

居家的謝靈運又惹上了麻煩。他要填湖開田，會稽太守孟顗不同意。謝靈運說孟顗不讓他開發農田是因為迷信佛教，怕填湖讓魚蝦喪生，並嘲笑他說：「得道靠的是天性聰慧，你生在我前，成佛必在我後。」孟顗恨死謝靈運了，告了他一狀，說他有「異志」。謝靈運嚇得趕緊連夜進京申辯。劉義隆對謝靈運很了解，不僅沒有追究，還留他在建康主持典籍編輯。半年之內，謝靈運聯合他人編訂圖書上萬卷。

劉義隆覺得謝靈運這個人可惜了，起用他擔任臨川內史。到了臨川，謝靈運仍舊不理政事，終日遊蕩。人際關係也沒經營好，謝靈運再次被地方官員彈劾。自己滿腔抱負，非但得不到重用，卻多次和那些亂七八糟的人糾纏申辯，蒼天真是不公啊！謝靈運這次發怒了，把告他的人扣押了起來，還賦詩一首：「韓亡子房奮，秦帝魯連恥。本自江海人，忠義感君子。」滿腹牢騷的謝靈運將劉宋王朝比做暴秦，自比張良、魯仲連。這兩位都是要推翻暴秦的人。暴秦是誰？人們第一就聯想起本朝來。那麼謝靈運是要推翻朝廷了！劉義隆終於忍受不了謝靈運了，決心

要治他的罪。司徒劉義康親自派人收捕他，謝靈運一不做二不休，竟然調兵拒捕。結果罪上加罪，被捕後降死一等，流放廣州。

謝靈運依然不改狂放本色，坦蕩地到廣州去了。不想，剛到廣州，新的詔書就跟到了。朝廷稱謝靈運叛逆不道，下令就地正法。謝靈運在廣州被當眾斬首，年僅四十九歲。同時被朝廷下令殺害的還有劉義真。謝靈運被斬首前嘆息道：「真是小狂風雅，中狂討嫌，大狂送命。」

二

謝靈運的死多少意味著陳郡謝家不可挽回的衰敗。在他之後，謝家又出現了一位謝朓。謝靈運與謝朓並稱文學史上的「大小謝」。謝朓留下了「魚戲新荷動，鳥散餘花落」的詩句，風格與謝靈運相近，性情也是灑脫不羈，名聲在外，被南齊藩王器重。南齊後期，始安王蕭遙光陰謀篡位，謝朓不預其謀，反遭誣陷，下獄冤死。「大小謝」極其類似的悲劇命運何嘗不是謝家走向沒落的反覆宣示。

說到陳郡謝家的衰落，最直接的原因就是連年的戰亂和殺戮。孫恩造反時，謝家勢力正處於巔峰時期，主持了鎮壓造反的工作。結果，兩年中近十位謝家青壯子弟死於戰火，好幾支血脈遭到了滅門。之後，桓溫的兒子桓玄繼承父親的野心，再次造反作亂，悍然稱帝。桓玄一度要占烏衣巷的謝家作兵營。謝安的孫子謝混苦苦哀求。桓玄考慮到桓謝兩家的先人關係不錯，最後放棄了占謝家為兵營的念頭。這兩個大劫加上侯景之亂時的殺戮，令謝家蒙受了重大損失。其次，新的政治人物和勢

力的興起，尤其是寒門勢力的崛起衝擊了陳郡謝家等老牌門戶。政治氣候變了，謝家的政治田地不再旱澇保收了，後代要想重掌祖輩的權力難上加難了。後期，陳郡謝家子弟雖然充斥南朝各代，但有所作為的政治人物已不多見。世族子弟的無所作為，與政治漸行漸遠是有必然性的。陳郡謝家的衰落僅是其中的一個表現。

陳郡謝家在史書上的最後一個名士是謝安的九世孫謝貞。謝貞一生如浮萍一般在亂世中飄蕩。侯景叛亂中，謝貞隨無數難民被擄掠到長安，後回到南陳，又遇到整天唱著玉樹後庭花的陳後主。人生多舛、國家無望，謝貞苦悶異常，又遇到母親去世，他痛哭氣絕，竟然也死了。也許正是這種看似異常的「孝行」才讓謝貞在史書上為家族爭得了最後的讚譽。

謝貞詩歌才華不錯，流傳下來的卻只有「風定花猶落」一句。有人說，只憑這一句謝貞就能在中國文學史上占有一席之地，也有人說謝貞這句參詩一語成讖，寫出了陳郡謝家和兩晉南朝整個貴族門閥的沒落。謝貞死後第四年，腐朽的南陳王朝覆滅了，金陵王氣黯然收。兩晉南北朝世族門閥的昌盛時代正式結束，王謝子弟蹤跡難尋，舊時堂前的燕子現在都出入尋常百姓家了。

舊時王謝門前燕

一

魏晉南北朝時期，尤其是在東晉南朝時期，中國的官員錄取主要標準就一項：出身。

出身豪門大族的子弟，就算是塊木頭也能平步青雲；出身寒門地主的子弟，就算是文曲星下凡也只能位列下僚，終身埋首文山案牘沒有出頭之日。這一切的成因都要從九品中正制度說起。

漢朝官員入仕主要靠「徵辟」。朝廷覺得哪個人有才華，地方官府或者大官員看到哪個人有能力，都可以直接發文任命他為官。挑選的標準是品德優秀、才學出眾。在發展過程中，一些家族重視家庭教育，「詩書傳業」、「禮法傳家」，子弟都很出色，就世代為官。同時，品德和才學的高下，沒有統一的測試標準，主要靠鄉黨的評議。東漢末期，品評人物優劣的「清議」開始出現。品評人物，影響朝廷的徵辟。曹魏推行「九品中正制」認可了之前的現狀，又考慮到亂世之中人才四散漂流，鄉黨評議不盡準確的實際情況，將鄉間的評議權力收歸政府，設立專門的中正官員評議轄區人才，將人才分為上中下三等九品，根據品級的高低授人官職。人事任免的權力被中正官員操縱，加上中正官員都由現職官員出任，新挑選的官員自然都是官家子弟。那些世代為官的氏族子弟就占了優勢。所以說，陳群等人創議「九品中正制」之初就是站在氏族大家的立場上，與即將稱帝的曹丕討價還價。隨著氏族官員掌握中正官制，氏族子弟充斥上品，最後出現了「上品無寒民，下品無士族」的局面。入仕的標準簡化成了只看家族出身，不問其他。再後來，整個制度

異化為純粹以血緣為標準了。

在東晉和南朝，世族子弟二十歲即可入仕，而寒族子弟要三十歲才能「試吏」（從基本辦事員做起）。世族子弟入仕後，壟斷清貴顯要的官職，比如祕書郎、佐著作郎、黃門侍郎、散騎侍郎等。這些官職成了世族子弟的專利，能很快轉遷高官。我們看南朝的許多人物傳記，「起家著作佐郎」、「領著作」、「掌著作」、「掌國史」、「修起居注」的記載比比皆是。這些人中間，文字功底扎實、有真才實學的人不能說沒有，但絕大多數人並沒有文史之才。而寒族出身的人，即便文采出眾也做不了這些官職。南梁時人吳均，是公認的大才子兼史學家，先是「待詔著作」，後來又為梁武帝編《通史》，就因為不是世族出身，一輩子都沒當上官。此外，東晉和南朝都明文規定世族可以蔭護部分人口，依附世族的人口可以免除賦稅徭役；規定世族可以封山固澤，圈地占地；當官帶來的地位、權力和收益等好處順帶著也落入了世族子弟的囊中。部分世族還擁有私人武裝。這些好處世代相傳，又反過來增強了世族大家的勢力。

世族出身的好處顯而易見，而且越來越大。南方的世族大家們為了壟斷仕途和利益，做了許多荒唐的事情。

比如「譜學」開始流行。所謂譜學，就是研究家譜的學問。這可是「大學問」，是明確各個家族貴賤高低，防止寒門地主冒充世族的「根本所在」。所以每家世族都很重視編撰家譜，明確誰是自家人；各家之間相互學習家譜，辨別誰才是同類人。官員選拔，各級中正官員不管才能，只翻家譜，凡是高門大戶的一律定為上品。擔任中正官的人，除了本身是世族外，還必須對各家世族的祖宗十八代都瞭然於胸。發展到顛峰時，官場中人都鑽研「譜學」，將各家的譜系名諱等背得滾瓜爛熟，免得交往時張冠李戴或者犯了名諱。誰不精通譜學，便被認為「無能」、「不

稱職」，遭到裁撤。一批批「譜學家」應運而生，梁人徐勉著《百官譜》二十卷，為了官員選拔做到「彝倫有序」；陳朝吏部尚書孔奐，因為「詳練百氏，凡所甄拔，衣冠縉紳不悅伏」。東晉時，譜學家賈弼之奉命編撰《姓氏簿狀》七百一十二篇，集十八州一百一十六郡士族，「凡諸大品，略無遺闕」。後來南梁王僧儒「知撰譜事」（一個專門的譜學官職），在《姓氏簿狀》的基礎上撰成《十八州譜》七百一十卷，作為官方的「譜學」版本。琅琊王氏，高平郗氏，陳郡謝氏，太原王氏，潁川庾氏，河南褚氏，陳郡袁氏，魯郡孔氏，陳留阮氏等是公認的高門貴戶。而遲至梁朝，官方譜學的前百名都沒有南方的本地世族。世族也分高低，永嘉之亂時從北方南渡的世族是高門，欺壓南方世族。南北世族的內部矛盾一直存在。

修了家譜，世族們又為了保證家族血統的純正，聯手杜絕與世族圈子之外的人通婚。王謝兩大世族就經常聯姻，吳郡的朱張顧陸是一個婚姻集團，會稽的孔魏虞謝則是另一個婚姻集團。世族子弟其他都風風光光的，婚姻選擇的範圍卻非常狹窄，門第、輩分和年齡都合適的對象沒幾個。南齊時期，發生了王源嫁女給富陽滿氏的案子，轟動一時。王源的老婆死了，家裡又很窮，吳郡富陽人滿璋之家境富裕，替子滿鸞求娶王源的女兒。滿璋之給了五萬錢作為聘禮，王源就答應了。五萬錢的數目很大，王源不僅操辦了女兒的婚事，還用餘錢續了弦。不想，當時的世族領袖沈約彈劾王源將世族女子嫁給寒門子弟。王源的曾祖父王雅是西晉的尚書右僕射，祖父和父親也都是清官顯要，他的世族身分沒有人懷疑。但是富陽滿家卻被世族圈子懷疑是寒門地主。王源解釋，滿璋之說富陽滿氏是高平世族滿寵的後代（滿寵在魏明帝時任過太尉，其孫滿奮是西晉的司隸校尉），自己又見滿璋之擔任王國侍郎，準女婿滿鸞擔

任主簿，才定下這門親事的。沈約認為，滿璋之的世族門第沒有明確根據。滿家最後顯赫的人滿奮早在西晉就死了，後代之後默默無聞，滿璋之的家世顯系偽造。（可能是各家譜牒中都沒有有關滿家親屬的一絲半縷的記載。）因此，沈約彈劾王源「人品庸陋」，與滿家聯姻是唯利是求，「蔑祖辱親」。最後，王源被逐出世族行列，禁錮終身。可見，世族和寒門之間的界線涇渭分明。

　　世族人家更荒唐的是，最後竟然發展到不和非世族的人士交往，甚至想方設法地侮辱主動示好的非世族人士。南齊的中書舍人紀僧真出身寒門，卻風流儒雅，一副世族子弟的派頭。齊武帝蕭賾非常欣賞紀僧真，常說：「人生一世，何必計較士庶門戶？不要看紀僧真出身寒人，卻是許多士大夫所不及的。」紀僧真因此求皇帝為他「抬籍」（提升進入世族行列）。蕭賾不能做主，就讓紀僧真去找都官尚書江斆。江斆出身濟陽考城江氏，世代顯貴，母親是宋文帝的公主，自己又娶了宋武帝的公主，門第顯貴。紀僧真來江家拜訪，江斆倚在榻上養神，不等紀僧真開口就自顧自地吩咐下人：「把我的榻子抬遠一些，不要靠近紀大人，人家是士族清流，我高攀不上。」下人們過來抬起榻子就走，把紀僧真晾在一邊。紀僧真馬上知道抬籍是萬萬不可能的事情了，只好灰溜溜地告辭。宋武帝時，寒門出身的國舅路瓊之，錦衣繡服、鄭重其事地拜訪王僧達。王僧達出身琅琊王氏，雖無一官半職，但門第高貴。路瓊之來後，王僧達冷淡地客套了幾句，突然打斷路瓊之的話問：「過去我家中有一個馬伕叫路慶之，不知是你的什麼人啊？」路瓊之大為尷尬，隨即起身告辭。王僧達也不挽留，當即命令僕人將路瓊之剛剛坐過的床榻拿去燒掉。路瓊之回去後找路太后哭訴，路太后大怒，向宋武帝哭訴：「我還活著路家就這麼被人欺凌，我死了路家人還不沿街乞食啊！」宋武帝劉

裕是一代梟雄，殺人無數，但對這事一點辦法都沒有，說了一句：「瓊之年少，沒有事情去拜訪王僧達做什麼啊！活該他受人欺辱。王僧達那樣的貴公子，豈可以加罪乎？」

二

說到南朝的皇帝們，世族大家和他們的關係比較微妙。世族勢力是依附政權產生的，離開了政權他們的世襲權力就得不到保障。晉室南渡時，北方南下的世族紛紛支持司馬睿建立東晉，是為了保障世襲特權。之後南朝歷代禪讓，世族大家們都很務實地承認勝利者，主動支持新的王朝，對新皇帝表示效忠。目的也是保障世襲特權。

擺在世族大家面前的最大難題可能就是南朝皇帝的出身都不高。劉裕就不用說了；宋齊的蕭氏雖然算是地主出身，卻也不是什麼顯赫門第，勉強算是寒門；陳霸先則是南方住民出身，以小吏起家。世族們不和新皇帝來往又不行，怎麼辦？南朝史書特別重視載明人物的家世譜系，凡記世族人物必載其祖先官階履歷，寫得越早越顯赫越好。於是世族們就為新皇帝編撰一個顯赫的祖先，比如說南齊蕭道成是西漢相國蕭何的第二十四世孫，並煞有介事地拉扯出了從蕭何到蕭道成之父二十三代世系、官位，一代一代地註明，還將並非一族的蕭姓名人也拉扯進來。為非世族的皇帝們編排顯赫的譜系，除了對皇帝的奉承外，世族們的主要目的是證明皇帝也是世族中人，從一個側面證明世族血統的高貴。最終，他們還是為保障世襲特權。

南朝皇帝們需要世族大家們的支持，因為世族的勢力異常強大。新皇帝們不能也不敢取消世族的特權。但另一方面，世族勢力強大到了威脅皇權的程度，皇帝們不得不出面對世族進行抑制。皇權和世族權力的鬥爭潛伏在南朝政權發展的始終。

南朝主要的賦稅徭役來源是戶口登記在冊的自由農。但長期以來戶口政策流於形式，因為世族大家們隱藏了許多人口，供自己驅使，接受自己剝削。為了安置北方南下的百姓，東晉和南朝都設定了僑州、僑郡、僑縣。其中的百姓被稱為僑人，不算正式戶籍，不負擔國家稅役。東晉和南朝歷代都想整理戶籍，按實際居住地編定戶籍，取消對僑人的優待，統一接受政府剝削。東晉時，桓溫、劉裕都親自主持過戶口整理工作，都以嚴厲著稱，還處置過部分人。但世族大家紛紛反對整理戶口，害怕經濟利益和依附人口受損。最後，歷次戶口整理都不徹底，僑州、僑郡、僑縣始終存在。朝廷和世族的利益都受到了照顧，誰都壓不倒誰。

皇帝們在政治上與世族勢力鬥爭的主要手段就是扶持寒門地主勢力。世族子弟們都擠在那些清貴顯要、升遷快速的官職上，逐漸不屑於處理實際政務，導致許多負責實際事務、位置重要的職位落入寒門子弟手中。寒門子弟沒有根基，與世族子弟存在矛盾，就成了皇帝可以栽培的力量。南朝各代，寒門子弟不是典章機要，就是本身透過軍功掌握軍隊，力量上升。世族大家對攬權的寒門人士，每以「恩幸」視之，輕蔑之，侮辱之，不與之往來。然而，寒門地主力量雖有增長，卻不能動搖世族勢力的根基。一方面，寒門近臣雖然不乏有才幹之人，但品德大多低下，文化素養難以與世族相比。他們貪贓枉法，弄權營私，往往較世族更甚。另一方面，他們權重之後，喜歡模仿世族奢侈豪華的風氣，極

力設法混入世族行列，比如之前的紀僧真。世族控制著社會的主流生活形態，惹得寒門紛紛向其靠攏。

所以，無論是經濟鬥爭還是政治暗鬥，皇帝們都沒有成功。世族勢力不斷增長。朝廷之所以沒有立即覆滅，主要是因為世族彼此之間派系傾軋。頂尖世族之間存在矛盾，南渡和本地世族之間又存在矛盾。朝廷才能利用世族內部的矛盾，謀取均衡，維持政權。

三

南方的世族最終還是走向了衰落。老套地說，既有南方社會內部的原因，也有外在的變故。

這內部的原因不是寒門地主勢力的上升，而是世族自身逐漸腐化。世族的產生與壯大，重要原因是自身能力強，文化素養高，注意家庭教育。東晉是世族走向鼎盛的時期，豪門大戶都注重家學相傳。頂尖的世族，比如陳郡謝氏、琅琊王氏的家教和子弟的文化素養，都是出了名的優秀。前期的世族都當得起「書香門第」、「功勳門第」的稱號。但隨著權勢世襲，現成的地位和利益很快侵蝕了世族子弟。反正不用認真讀書、勤奮工作就能坐享其成，為什麼還要認真和勤奮呢？久而久之，世族子弟越來越不成器。梁朝全盛之時，貴族子弟大多不學無術。民諺云：「上車不落則著作（只要從車上掉不下來的小孩，就能當著作郎），『體中如何』則祕書（只要能在信中寫問候的話，就可以當祕書郎）。」「江南朝士，因晉中興，南渡江，卒為羈旅，至今八九世，未有力田，悉

資俸祿而食耳。假令有者，皆信僮僕為之，未嘗目觀起一坺土，耘一株苗；不知幾月當下，幾月當收，安識世間餘務乎？故治官則不了，營家則不辦，皆優閒之過也。」八九代人都沒種過田，都不知道什麼時候收割不分稻麥了，這樣的世族大家完全脫離了現實。南梁時，世族人士都褒衣博帶，大冠高履，塗脂抹粉，出則車輿，入則扶持，找不到能騎馬的人。別人送給世族人士周宏正一匹矮小得只能在果樹下走的馬做禮物，周宏正學會了騎這匹小馬，常常騎出去，就被圈子裡的人評為「放達」。至於有尚書郎敢騎馬，則會被圈子裡的人彈劾。建康令王復有一回看到馬又跳又叫，大驚失色，顫顫巍巍對人說：「這分明是老虎，怎麼叫做馬呢？」最後侯景叛亂，世族子弟們膚脆骨柔，體羸氣弱，不耐寒暑，只能坐著等死。

　　東晉南朝政治的鬆懈腐敗和懦弱，掌權的世族要負主要責任。

　　外部原因就是從侯景之亂開始的一系列變故了。侯景之亂間接導致了南梁的滅亡，摧毀了南方的世族結構。侯景剛投降時，備受寵遇。侯景就想向王謝兩家求婚，蕭衍勸他說：「王謝門第太高，你配不上。你不妨在南方世族的朱張以下門第看看。」侯景北方人，武人一個，竟然被南方的世族文化這麼打擊，受不了。他恨上了那些世族豪門，發誓要將世族兒女拉下臺來，許配給奴婢。叛亂期間，侯景進入建康後幾乎殺絕了王謝二家，其他世族也收到沉重打擊。同時，侯景造成社會極大破壞，「千里煙絕，人跡罕見，白骨成聚，如丘隴焉」，極大打擊了世族大家們的經濟和社會勢力；他還提拔了大量寒門人士甚至奴婢下人，破壞了原有社會結構。侯景之亂，西魏兩次攻略江陵。舊世族勢力一蹶不振，面目全非。子弟甚至淪落為農夫商販。到陳霸先以胥吏身分登基稱帝，南方地主抬頭，南渡世族勢力更加衰落。不久，隋朝興兵伐陳，南陳覆

滅。皮之不存，毛將焉附。南方所有的世族，不論南渡的還是原有的都隨著南方政權一起灰飛煙滅了。「舊時王謝門前燕，飛入尋常百姓家。」

　　北方世族的發展和南方不同。就政治和社會上的特權而言，南北世族是一致的，但兩者的境遇不同，作風也就有明顯的差異。一般說來，南渡的世族都是盛流名族，他們藉著擁戴王室的名義，各自封山占澤，成立莊園，把南方土地看做他們的殖民地，並且歧視南方世族，引起嚴重的僑姓與吳姓之間的對立。而滯留北方的世族，門第本來就不是最高的。他們處在少數民族的統治和壓迫之下，不得不扎根百姓結好民眾，增強自己的地位，從而博取其他民族統治者的重視。「所以南方的世族是『借上而凌下』，北方的世族則為『附下以抗上』。」

　　南方的世族養尊處優，心態上變得自私自利，不注重家庭。大家族慢慢分裂為小家庭，士大夫父母在而兄弟分居的占十之六七。他們往往「死亡不相知，飢寒不相恤」，甚至有「共甑分炊飲，同鐺各煮魚」的奇觀。平時各自享樂，有事時就各奔東西。北方世族就不同了。因為處境艱苦，同族之間凝聚力越來越強，家族組織趨於緊密的大家庭制。在亂世中，他們往往聚族而居。許多大家族還建立塢堡，聚攏流亡百姓，成為自給自足、亦農亦軍的社會組織。少數民族政權不敢輕辱，往往吸納他們進入政權。世族因為無力驅逐異族統治者，只有隱忍合作，奮鬥建立功業保全自己，同時透過參與胡族政權的機會，逐漸把漢族傳統文化和政治制度注入其中。因此，北方雖然戰亂不休，漢族政治傳統卻始終沒有斷絕，反而是將異族統治者的傳統融化消亡，最終使少數民族消失在漢族的汪洋大海之中。

　　因為漢族世族屹立不倒，始終具有強健的力量，從五胡十六國到北魏、北齊和北周，歷代王室對世族重視並引為己用。北方世族逐漸接觸

少數民族政權的權力核心，最終將政權重新奪回到漢族人手中。北魏時期的漢化政策使少數民族加快融入漢族，同時許多漢族世族人士也「胡化」，被少數民族接受為同族。北魏分裂後，北齊高氏漢化程度淺，政權保持了較多少數民族習氣，對黃河中下流的漢族世族人士並不重視。東部漢族世族勢力發展不起來。而西部的北周政權因為力量薄弱，特別重視爭取關中隴西漢人的支持，對關中隴西世族很拉攏。隋唐的建立者楊氏、李氏都是關隴世族人士，就是在這一時期被宇文家族拉入北周政權內部的。北周政權和漢人逐漸融合，力量由弱變強，最終消滅了北齊和南陳，時隔四百年後重新統一了中國。北周政權也被漢人出身的楊氏、李氏等關隴世族集團篡奪。中國歷史也進入了關隴世族掌權的隋唐時代。

佛教是如何在中國站穩腳跟的

佛教在兩漢時期就從古印度傳入了中原地區，但是當時人們對佛教教義比較無知，僅僅將它當做道教神仙的一種。少數信奉佛教的人也都是官僚體制當中的上層人士。他們往往將佛教當成和道教的黃老一樣的偶像來崇拜。在兩漢時期，人們出家為僧是非法行為。所以，當時佛教還僅僅是社會上一種邊緣思潮的存在，它的真正盛行是在魏晉南北朝時期。也是在魏晉南北朝時期，佛教解決了自己教義和中國傳統政治的深刻矛盾，最終在中國站穩了腳跟，綿延千年。

為什麼佛教在魏晉南北朝時期迅速流行？主要原因有兩點：第一，東漢末期以後，政治黑暗、社會動盪，作為統治思想的儒家學說，越來越不能解釋社會的黑暗面，社會各個階層對儒家學說的信任產生了危機。而此時的道教還處在宗教的原始階段，被統治階級視為民間劫黨，處於被官府取締的狀態中。當時新興起的玄學雖然逐步取得了一些思想市場，但它的信仰者基本局限在士大夫當中。於是，中國社會的思想信仰就出現了一種真空，迫切需要一種思想去填補。佛教思想恰逢其時，從天而降。

第二個原因是魏晉南北朝時期局勢動盪，王朝像走馬燈一樣更替，人民生活困苦不堪。動盪的社會是宗教發展的沃土。當在一個社會中，人人都懷著朝不保夕的恐懼和憂慮，神靈的超自然力量自然就成了人們寄託各種美好願望的對象。魏晉南北朝時期，上至王公大臣，下至普通百姓，都有保全身家性命、保護自己財產的迫切願望。於是，他們把目光投向了新興的佛教。我們翻閱南北朝時期的正史，就會看到裡面有許多荒誕不經的事情。比如說某個官員因為獲罪而被處死刑，臨刑的時候他默唸觀世音法號，竟能枷鎖自脫，還有的官員在行刑前默唸佛號，就在這時皇帝赦免的詔書及時送到了等等。這些被記入正史的傳說反映了

當時官員在動亂之際，企圖信仰佛教來保全身家性命的心理。官僚階層如此，百姓更是如此。以上兩個原因相互作用使得佛教在魏晉南北朝這個亂世迅速發展起來。

兩漢時期是不准百姓出家為僧的，魏晉時期石虎說我本來就是「戎」人，理當尊奉「戎神」（即佛）。他下令不論華夷貴賤，都可以自由出家。出家的禁令解除了以後，大批百姓為了逃避牢役、保全性命，紛紛削髮為僧，求得寺院的庇護。

一般情況下，一個割據政權苛捐雜稅，橫徵無度，百姓們出家為僧的比例就高；如果一個政權政治清明、社會穩定，和尚們還俗的比例就高。那些帝王和達官顯貴們自然不願意出家為僧，但是他們信佛、佞佛。南朝時期，王謝等世族大家皈依佛門的就有七八十人之多。即便是在東晉末年，晉恭帝還親自籌措資金數千萬，塑造了金佛，步行十餘里放置在金陵瓦罐市。南朝的梁武帝蕭衍就更出名了，他曾經三度出家到金陵同泰寺，甘願做一個寺奴，最後都是由梁朝的官員出錢將他贖回。

普通百姓和王公貴族的種種行為推動了佛教在魏晉南北朝時期泛濫成災。最突出的表現是當時中國的南北方都寺院林立，各家寺院收斂錢財、擴充田地，出家的和尚和尼姑數量大增。佛教寺院發展成了龐大的經濟和社會力量。據史料統計，南朝的都城建康（也就是現在的南京市）有佛寺五六百所；在北魏的前期都城平城（今山西大同市）有佛寺上百所，北朝寺廟超過了六千四百所。而南北雙方合計的寺廟猜想在三萬所以上。當時，僅北魏統治區域就有專業的僧尼兩百多萬人，到了北周時期，這個數量增加到了三百多萬人。

民間的信奉和達官貴族的尊崇，使得佛教藝術在當時大為發展。典型的表現就是佛教石窟的大量開鑿。今天，我們看到的幾大佛教石窟。

如敦煌莫高窟、山西大同雲岡石窟、河南洛陽龍門石窟、甘肅天水麥積
山石窟，還有山西天龍寺石窟、甘肅炳靈寺石窟等等都是在魏晉南北朝
時期開鑿的。其中最值得說的是敦煌莫高窟。敦煌自西漢設立郡縣以來
到西晉末年的數百年之間，迅速繁榮昌盛，逐步發展成為中國西北地區
的軍政中心和文化商業重鎮，成為華戎交會的大都會。進入魏晉以後，
河西地區先後建立過前涼、後涼、南涼、西涼、北涼等割據政權。西元
四〇〇年，李暠割據敦煌稱王，建立了西涼。敦煌有史以來第一次成為
了國都。敦煌在前涼、西涼、北涼三個割據統治時期，社會相對安定，
各個政權都注重修治內政，保境安民，輕徭薄賦，同時崇尚儒學，興辦
教育，招攬了大批讀書人和文化菁英。當時整個河西地區文化昌盛。敦
煌成為了文化中心，在當時的敦煌城裡，人們能夠看到各地前來避難的
士人、大師和普通百姓，著名的儒家大師在敦煌開課講學，往往能夠聚
集數百名甚至上千名學生。在地理上，敦煌是西域進出中原的交通要
道，扼守佛教傳入中國的咽喉。西域的商品、文化和宗教源源不斷地來
到敦煌，中原內地避難的百姓和儒家文化、生產技術也紛紛遷到敦煌，
使得敦煌成為中西文化碰撞的一個焦點。在這裡，飽受動亂之苦的中原
百姓紛紛拜倒在從西邊來的「佛」的腳下，希望能夠藉此解脫苦難。敦
煌由此成了佛教東傳的原點和西部地區的傳教中心。有一大批佛學高僧
在敦煌駐足講經，並經由敦煌進入中原大地。前秦符堅時期，開始有佛
教中人在敦煌城郊區的鳴沙山開鑿石窟。據說，當時有人看到，鳴沙山
上金光萬道，彷彿有千尊金佛，於是萌發了開鑿佛教石窟表示虔誠的心
意。這場浩浩蕩蕩的石窟造佛運動延續了千百年，最後造就了聞名於世
的敦煌藝術。敦煌雄厚的經濟基礎和燦爛的文化以及東西思想的碰撞，
全都展現在了一個一個的事物當中，表現為一幅幅著名的、美輪美奐的

壁畫和一個個淹沒在黃沙和穀子堆裡的淒美的故事。北魏滅亡北涼，統一了北方以後，河西地區的文化、人物和敦煌的佛教迅速進入中原。敦煌可謂是魏晉南北朝時候佛教發展的一個駐足點和一個原點。

　　魏晉南北朝時期，佛教泛濫的第三個表現是這個時期名僧輩出，翻譯大盛，是中國佛教思想的奠基時期。西晉永嘉四年（西元三一〇年），西域龜茲僧人佛圖澄來到洛陽，當時佛圖澄已經七十九歲了。據說他在中原主持建立過八百九十三所寺廟，收了將近一萬人的門徒，他在永和四年（三四八年）的時候，在鄴城去世，享年一百一十七歲，在他眾多的門徒當中，最著名的是僧人釋道安。中國僧侶習慣於以「釋」為姓，這個做法就起源於釋道安。釋道安是冀州常州人，十八歲出家之前是飽讀儒家經書的讀書人。他在鄴城見到了佛圖澄，受到了佛圖澄的賞識，之後就一心皈依佛門，弘揚佛法。後趙滅亡後，中原混亂不堪，釋道安帶著弟子遷徙往來，在東晉興寧二年（三六四年）率弟子慧遠等四百多人來到了南方的襄陽。他在襄陽注經、講經、翻譯經文，常常聚集信徒好幾百人。

　　釋道安的師傅佛圖澄來到中原的時候可能還靠一些迷惑人耳目的魔術來招攬信徒，到了釋道安時期，佛學家完全成了嚴肅的學問，他們靠的是傳授思想來招攬信徒。太元四年（三七九年）的時候，前秦軍隊攻陷襄陽，符堅將釋道安恭恭敬敬地請到了長安。在長安，釋道安組織大規模的翻譯佛經的事業，而他的弟子慧遠則在前秦軍隊攻占襄陽以後，帶領一部分人逃到了九江，後來定居在廬山。慧遠是山西雁門人，他少年的時候遊學於許昌、洛陽，學習的是儒家經典和黃老道家之術。二十一歲在山西恆山聽釋道安講經以後，毅然出家為僧。他在廬山居住了三十多年，弘揚佛法，後來發展成了淨土宗。淨土宗是當時南方最主

要的佛教宗派，廬山成了佛教重鎮，前往江南的西域和北方僧人往往匯聚廬山。廬山也發出了一封封探討佛經的信件，和北方同道通訊問學。

北方與慧遠同時代的著名僧人是鳩摩羅什。鳩摩羅什是西域龜茲人。前秦符堅命呂光進軍西域的時候，將已年屆中年的鳩摩羅什請到了涼州。後秦滅後涼後，又將他迎到長安。後秦姚興將鳩摩羅什敬若神明，命僧人八百餘人跟從他學習。鳩摩羅什最大的貢獻是組織了大規模的佛經翻譯事業。他精通梵文和漢字，在幾百名助手的協助下翻譯了大批佛經，對佛教經典的漢化做出了重要貢獻。

除了這些宣揚西方佛教的僧人以外，魏晉南北朝時期，還興起了中國本土僧人去古印度求法的熱潮。中國僧人西行求法，在東晉時期最著名的就是法顯和尚。法顯俗姓龔，平陽武陽人，他三歲的時候就進佛寺做了小沙彌，二十歲的時候受戒。東晉隆安三年（三九九年），法顯和一些同伴從後秦的首都長安出發，西行求法。求法的道路當中，旅伴時增時減，旅途生活極為艱難。比如，從敦煌到鄯善的一段，法顯就不得不以枯骨為標記，在戈壁荒沙中走了十七天。經過三年的跋涉，法顯在元興元年（四〇二年）才越過蔥嶺，進入北印度。他的足跡遍跡西、中、東印度各地，瞻禮佛陀遺跡，學習梵文，收求佛經。在東晉義熙五年（四〇九年），法顯搭乘商船到師子國（今斯里蘭卡），繼續求經律法。兩年後，他搭乘商船回國，途遇大風，在海上漂流了九十天，最後流落到今印尼爪哇島。又過了一年，他才從爪哇搭乘商船回到廣州，途中又遭遇暴風雨，漂流了兩個多月，結果到達了青州（今山東即墨）。法顯將自己沿途求法的經歷寫成了《佛國記》一書。在中國佛教史上，法顯是與唐朝的玄奘齊名的人物。

在喧囂的信佛、崇佛浪潮當中，也有許多人對佛教的泛濫進行了冷

靜的思考，提出了批評。比如，北魏官員李暠就根據儒家信仰對佛教進行了批評。他認為，中國的聖人不信神，不信鬼，而佛教卻宣揚天堂、地獄、靈魂等等，是道道地地的鬼教。他還曾上奏北魏皇帝，認為不應該捨棄堂堂正正之教（即儒教）而從鬼教。南朝官員天文學家何承天則根據佛教的因果報應學說認為其宣揚邪說，自相矛盾。他舉了一個例子：鵝吃草不殺生，卻最終要被人宰殺；燕子殺生，以蟲為食，而家家戶戶卻保護燕子。這樣看來，殺生者不一定有惡報，做善者卻沒有善果。何承天根據佛教思想內在的一些矛盾，認為佛教這些東西是欺騙老百姓的陷阱，應該遭到仁人志士的捨棄。

南北朝時期，對佛教最強而有力的批評來自於范縝。范縝是梁武帝的老朋友，在梁朝初年的時候曾經做到尚書左丞，後遭人彈劾被流放廣州，返回建康後擔任官卑職小的中書郎。當時，梁武帝崇信佛教，范縝卻對當時舉朝傾盡財力崇佛、老百姓破家佞佛的行為表示不滿，公開發表了〈神滅論〉。〈神滅論〉的主要思想就是人的精神和肉體是一體的、共生的，宣揚人死神滅，沒有靈魂。這就否定了佛教的因果報應。佛教的教義是博大精深的，但魏晉南北朝時期，一般信徒往往只知道因果報應和神靈。范縝就根據這兩點強調神形不可分，人死則靈魂消滅。後來上至梁武帝，下至竟陵王都驅使了一批佛教信徒與范縝辯論，結果都被范縝駁得無言以對。這也說明當時南北朝社會上下對佛教的信仰並不深，並沒有理解佛教的真正深義。很多官僚、百姓崇信佛教，大體都是抱著一種病急亂投醫的需求，這並不意味著佛教的博大精深的教義已經深入到人心當中。

佛教泛濫的表面喧囂，並不能掩蓋佛教和當時中國社會深層次的對立。

不解決這樣的對立，佛教就遠談不上在中國站穩了腳跟，佛教和中國社會深層的矛盾有哪些呢？除了剛才說的佛教的精神教義並沒為中國人正確接受以外，大量人口皈依佛門，大量金錢流入佛門，導致了佛教和正常的社會秩序爭奪財力、物力和人力。魏晉南北朝時期，戰亂頻繁，有一些縣的人口不足萬人，而一些大的寺廟往往擁有數以十萬的人口。這樣就使得佛教的勢力超過了地方州縣的勢力，這不能不引起各級政府的猜忌。

　　同時，佛教思想和中國傳統政治文化存在不可調和的矛盾。在古印度，佛教與世俗政權的關係無非是兩種。第一種是出家人四大皆空，不問塵世，入了佛門就是脫離紅塵。於是，許多早期的佛教僧侶住在深山老林裡面，不問世事，不和世俗政權交往。另一種情況就是古印度的一些王朝，比如孔雀王朝，政教合一，世俗的帝王就是佛教的最高教主。但是這兩種情況和中國的政治文化是不相融的。我們知道中國是一個崇尚大一統的國家，皇權至上，普天之下，莫非王土，率土之濱，莫非王臣。中國的中央政權絕不能允許有不受政府公權力管轄的特殊人物和事例存在。同時，中國也是一個「非宗教」的國度，世俗的帝王不可能兼任佛教的最高教主。這就導致佛教的教義、組織機構和中國的社會產生了深層次的矛盾。

　　在魏晉南北朝的早朝，佛教僧侶堅持古印度的慣例，出家人四大皆空，不關心與皇權、官府產生的衝突，乾脆就不理會皇權和官場。比如，當時的佛教僧侶看到了達官顯貴，既不跪拜也不行禮，常常漠然地擦身而過。這在達官顯貴看來就是一個不敬的行為。東晉時期，掌權的大將軍桓玄曾經責問南方佛教的領袖人物慧運。他說，僧人看見了官員甚至是看見了至高無上的帝王都不行禮，這是「大不敬」，而這個「大

不敬」在封建王朝的法律當中是可以抄家滅門的大罪。但是，慧遠專門寫了一篇題為〈沙門不敬王者論〉的文章來回應桓玄的責難。慧遠說：僧人出家，積善積德，實際上是孝敬父母。佛教教義有助於推動文化，其實是在協助官府和帝王教化百姓，所以，佛教僧侶雖然不拜帝王，但是不能說不敬。慧遠最後說，佛教僧侶是開天人之路的使者，只要帝王不違背天意、順從天意，佛教僧侶拜佛也就是在拜帝王。慧遠的這種辯解，讓桓玄無言以對。

在北方也是如此，北周武帝曾經下詔，佛教僧侶在皇帝面前不得自稱「貧僧」，必須稱「民」、稱「臣」。但是官府的這些命令並不奏效。魏晉南北朝前期，佛教仍然保持著與世俗政權抗衡的局面。這就不能不讓世俗的政治人物介懷。魏晉末期十六國的西夏赫連勃勃大王就想出了一個歪招。他出門的時候都要身背佛像。於是，看到赫連勃勃的佛教僧侶不得不恭恭敬敬地對著赫連勃勃敬拜，這樣赫連勃勃就變相地實現了讓佛教僧人敬拜自己的目的。但是，佛教僧侶在拜過之後，往往聲稱他們所拜的是赫連勃勃背著的佛像，而不是赫連勃勃本人。

到了北魏前期，太武帝拓跋燾雄心壯志，要統一中國。他所遭遇到的一大問題就是北方的佛教勢力過於強大，壟斷了大批的人力、財力，並且太武帝害怕佛教僧侶藐視王法，不肯臣服於世俗統治，可能妨礙自己大一統的事業。於是，太武帝開始了大規模的滅佛行動（據說得到了道教勢力的慫恿和大力支持），佛教在北方遭受了第一次毀滅性的打擊。但是，佛教的泛濫並不是一兩次舉起屠刀能解決的。太武帝死後，北方佛教捲土重來，並且盛於滅佛之前。到了北周時期，佛教僧侶竟然達到了三百餘萬人。同樣具有雄才大略的周武帝宇文邕試圖抑制一下佛教，於是就在朝堂上宣布「三教」的順序為：儒家第一，道教次之，佛

教第三。排序一公布，北方佛教徒大為不滿，自認為要排在道教之前。於是，道教、佛教兩派的主要人物當著皇帝的面吵個不休。周武帝宇文邕一怒之下，斷絕佛、道兩教，沒收道觀和寺院，迫令出家人還俗。實際上當時道教還被允許保留了兩處道觀，而佛教卻完完全全被廢，三百萬僧彌被押解回鄉，成為接受朝廷統治的編戶，佛教又一次遭受了滅頂之災。

在遭受了兩次「血的教訓」以後，佛教雖然在中國沒有絕跡，但很多佛教僧侶開始進行理智的思考。他們意識到，在政治權力強盛、習慣於大一統局面的中國社會，佛教只有跟世俗政權妥協，才能在中國生存、生根、繁盛。釋道安就說：「不依國主，法事難成。」為了弘法，佛教僧侶不得不低下頭開始屈從世俗政權，在教義和組織上做了不少妥協。此後，他們不但見到帝王、官員，開始主動行禮，甚至見到一般百姓都虔誠禮拜，無論男女老幼。更重大的變化是中國的佛教僧侶主動「修正」了佛教的教義，調和佛教教義和中國政治文化的深層矛盾。在主張出家、不問世事的同時，佛教高僧們開始意識到，出家人應該服務於社會，遵從世俗政治。他們用釋迦牟尼用法力降魔的說法彌合了出家和入世的矛盾。如果這個社會不太平，如果這個社會上還有暴政和不公平的現象，就存在著佛教教義當中的「魔」，身為出家人，佛教僧侶就有義務去深入社會，去驅除這些魔障，還百姓一個天下太平。而如何還百姓一個天下太平呢？其中很重要的一項工作就是接受世俗政權的指揮，按照世俗政權的命令去救贖、教化百姓。經過這種調和，佛教勢力就完全變成了世俗政權可以藉助來緩和矛盾的一種工具。

這樣的妥協開始於魏晉南北朝時期，完成於隋唐時期，唐宋以後，佛教這個外來宗教已經完全融入了中國社會和政治文化當中，成為了中

國社會和政治文化的一部分。佛教僧侶不僅和普通老百姓和鄉村士紳相互往來，甚至公然出入帝王豪門之家，恭恭敬敬地遇人就拜。歷朝歷代還出了一些國師，幫著帝王出謀劃策，深入地參與了政治事務。另一方面，官府深深介入了寺院的經濟乃至人事安排，就是在普通州縣衙門當中也有一些專門的佛官負責替要出家的老百姓們作證，替遠遊的和尚提供度牒。遠遊的和尚如果沒有官府提供的度牒，就是野和尚。在這樣的情況下，佛教完完全全被改造成了有中國特色的宗教。

說說南北朝官場的「臨時工」

一

　　南北朝官制大體沿用魏晉舊制。和大環境的政治動盪混亂一樣，南北朝的官場也怎是一個「亂」字了得。

　　一個朝代的官制貴在穩定不變，機構清楚、職權明晰，讓政務能夠暢通執行，讓官吏對自己的行為和前途有明確的預期。同時，一個穩定的官制能夠適應政治現實、平衡權力結構。所以，每個朝代莫不將官制視為首要之務，王朝建立之初就搭建政府架構、任官治事。南北朝的各個政權自然也想這麼做，無奈苦於政局動盪、矛盾叢生，對明晰官制心有餘而力不足。「臨時」、「隨意」就成了這個時期官制最大的特點，官場中出現了不少「臨時工」。

　　南北朝政權都是透過實權人物經由軍事鬥爭建立的。由於軍事爭鬥的需要，正常的官制遭到了破壞。這些強權人物往往有自己的一幫人馬，組成自己的一套班底，自成體系，繞開了正常的官制和機構，自由行使職權。又由於局勢動盪，軍、民、財等不再自成系統，往往為了作戰或者攬權方便就打破制度和常規。因事設制，因人設官，都很常見。所以，整個南北朝時期，「臨時處置」就成了官制的一大特色。

　　南北朝官制的另一大特色是「臨時起意」，任意增加官額、虛立官名來安置功臣、貴戚和豪門。官爵成了緩解矛盾的工具，比如一些人為了聚攏人才、累積名聲而大肆徵辟僚屬。各朝中普遍衙門多官員多，人浮於事。官員多了，事情卻辦不好，衙門和官員相互推卸責任，熱衷名位，反而造成統治不穩。

當時的實權人物、領兵大將，都建有自己的幕僚和政權組織，甚至擁有私家軍隊。他們的政權被稱為「霸府」。霸府幫助主人奪取政權，就擴充為正式的政權，其中的幕僚和將領就轉化為朝廷的文武百官。私家軍隊也「漂白」為政府軍。南北朝時期，政權更迭頻繁，霸府和正式政府並沒有嚴格的界限。南北朝時期，一些人投靠某個實權人物，進入他的幕府，等幕主建立藩鎮或者奪取政權後，這些人自然就成了當權官員。今日他們還是某人的幕僚，明天就成了朝廷的三公九卿了。宗室王爺繼承皇位、登基為新皇帝後，除了大肆封賞有功的幕僚和私將外，還總要將封國內的所有官員都加官晉爵。這就是南北朝官制的隨意之處。

說完南北朝官制的大概情況，下面分北朝和南朝、中央和地方，具體說說官場之亂。

拓跋鮮卑在建立政權初期，保留了大量游牧民族的色彩，政權簡單而粗糙。雖然吸收了漢族士大夫做長史、司馬，但底子還是少數民族的。一直到道武帝拓跋珪取得并州後，拓跋鮮卑才開始建立正規的政權機構。不用說，他們採納的是漢族的政治制度，魏晉時期的官制幾乎被他們全盤採納。自刺史、太守、尚書郎以下文官，拓跋珪一般都用漢族讀書人。漢族士大夫來軍門求見，不論老少，一概引入談話，量才錄用。北魏早期正是依靠這些漢族文官的支持，才建立起穩固的統治。對於北方的漢族老百姓來說，雖然統治者換成了異族，但統治的架構還是熟悉的舊時模樣，多少能減輕些牴觸情緒。

然而，北魏前期對漢族政治制度的吸收還不深入。比如他們保留少數民族的劫掠色彩，不給官吏薪資，客觀上逼得當官的人去貪汙腐化。另外，鮮卑貴族和漢族官吏之間存在深刻的矛盾，漢族的制度受到了鮮卑保守勢力的阻撓和破壞。直到孝文帝元宏時期，這個矛盾才得到根本

解決。比如元宏施行俸祿制，官吏在俸祿之外受賄一匹，就處以死刑。更重要的是，元宏雷厲風行地推行徹底的漢化改革，大力鎮壓保守的鮮卑貴族，解決了落後民族和漢族制度之間的矛盾。元宏之後的北魏王朝，起碼從外表上已經和漢族人的政權沒有大的區別了。

孝文帝死後，北魏進入內亂時期。此後貪汙腐化之風日盛，貴族豪強求官的人太多，吏部不敢得罪，選拔官吏只好以求官之人的年齡和資歷為標準，按順序補官，而不顧候選人的能力、品德等。北魏官吏大增，朝廷不堪重負，只好削減百官俸祿，這就在客觀上推動了貪汙之風。北魏晚期，朝廷乾脆賣官鬻爵，考核提拔也以賄賂的多少為準。不僅是州郡長官，就是縣裡的小吏也要出錢購買。這就使得只有貪汙的人才能平步青雲，逼得官吏們去搜刮民脂民膏、貪贓枉法。自然，百姓不堪剝削壓榨，人心浮動。

偏安的南朝一直是「華夏正朔」，繼承了秦漢、魏晉的政治遺風。它們面臨的問題，不是建立制度，也不是漢化改革，而是如何在混亂中鞏固政權。具體來說，就是如何在中央實力衰落的情況下，壓制住強大的地方藩鎮。中央和地方的關係，就成了南朝官制考慮的重要問題。鑑於時局困難、戰爭頻仍，南朝不可能採取「強幹弱枝」的手段，客觀上必須保證地方有相當的軍事和財政實力來保衛中央。所以，從劉宋王朝開始，朝廷一般任用宗室近親鎮守地方。尤其是荊州、江州等強藩的歷任刺史，幾乎都是皇帝的兄弟子姪。問題是，親兄弟也靠不住！劉宋、南齊兩代內亂不斷，哪一次沒有擔任地方藩鎮的宗室親王的影子？蕭道成滅亡劉宋，告誡子孫：若不是劉家骨肉相殘，天下哪會落入我們蕭家之手！同樣的話，蕭衍滅亡南齊後，又和子孫重複了一遍。

梁武帝蕭衍鑑於前兩代皇室骨肉相殘的教訓，為政寬縱。他大力推

行佛法，同時寬待宗室王公，希望以此來消弭內部矛盾，解決中央和地方的問題。結果寬縱導致中央權威喪盡，有實力的宗室親王蠢蠢欲動。等到侯景之亂起，皇室內部矛盾、中央和地方的矛盾和南北方矛盾攪和在一起，將江南富庶之地摧殘得白骨累累。

二

南北朝中央官制的最大特點是尚書、中書、門下三省制逐步確立，代替原來的三公九卿制。「三公九卿」變得徒有虛名，基本變成閒散職位。

東漢以來，丞相之名變動了多次，或稱丞相，或稱司徒。南朝繼承了丞相多變的名稱，且廢置不一，沒有定員。中樞政務的實權從東漢開始就早已默默轉移到各個尚書手中，經過三國、魏晉，到南北朝的時候已經成為定勢。尚書省掌握了中樞實權，真正總攬朝政大權的丞相必須加有「錄尚書事」的頭銜才行。「錄尚書事」的意思是負責尚書省的事務，實際上是一個「加官」或者說是「差事」。錄尚書事的人有權審閱一切公文。即便是威望極重的權臣，如果沒有「錄尚書事」的名號，也不能保證權力的集中。所以，判斷一個南北朝官員是不是真正的丞相，不看他的官銜，而看他有沒有「錄尚書事」。

南朝中央朝廷的最尊貴的官銜，繼承了西晉時期的「八公」，即太宰、太傅、太保、太尉、司徒、司空、大司馬、大將軍。這八個官銜都是一等一的好名字、好官職，但徒有其名，雖然有官署，卻沒有實際負責的事務，只是用來尊崇士族或者望重之人的榮銜、虛銜而已。「八公」

之下，南北朝還發明了「開府儀同三司」的官銜，也是虛銜。所謂「開府」，指開設府第，設官置吏；之前只有「三公」才有開府的待遇。儀同三司，指的是可以擺設和太尉、司徒、司空「三公」相同的儀仗。北朝的最高榮銜和南朝略有不同，北齊的中樞最高官是三師（太師、太傅、太保）、二大（大司馬、大將軍），下面才是三公（太尉、司徒、司空）。北周則是三公（太師、太傅、太保）、三孤（少師、少傅、少保）。名稱雖然不同，實質都是相同的。那就是它們都是虛銜，真正的實權在尚書省。

南朝時，朝廷改尚書臺為尚書省。尚書省最高長官是尚書令，副手是左右尚書僕射。在既沒有丞相，也沒有「錄尚書事」的時候，尚書令就是事實上的丞相。

不過為了限制尚書省的權力，防止出現權臣，南北朝的皇帝只將行政權力賦予尚書省，而讓身邊的中書省參與決策。中書省的最高長官是中書監，副手是中書令。中書監、中書令負責草擬詔令、策劃國政，分了尚書省的權力。中書省日漸位高權重，成了皇帝的新威脅。於是，原本只是皇帝侍從衙門的侍中寺被擴大至門下省，其最高長官侍中隨從皇帝左右，參與朝政，隨時作為皇帝的顧問。這樣一來，中書省分了尚書省的權力，門下省又限制中書省的權力。朝廷中樞分為尚書、中書、門下三省，三足鼎立，分享行政、決策和顧問權力。尚書令與中書監、侍中等同參與朝政。這隱隱中有了唐宋時期三省長官「參知政事」、「參政平章事」的雛形（南朝也有個例外，南陳的國家政務就歸中書省，尚書省反而唯命是從）。

三省權力擴大，「九卿」的職權就被侵奪了。和「三公」一樣，南北朝的「九卿」也只徒具虛名。有的完全成了可有可無的虛衙門，有的則「淪落」為後勤服務機構。比如光祿卿在秦漢時是皇帝的侍衛長，負責禁衛軍，到西晉時就只有虛名，都被排擠到皇宮之外，只在文武官員大規

模朝會的時候才來點個卯而已。北齊時，光祿卿所在的光祿寺成了安排宮廷筵席的衙門。

西魏和北周的中央官制最為特殊。名臣蘇綽等人依《周禮》六官制度改革官制，在北周開始實行。北周以天官塚宰總領地官司徒、春官宗伯、夏官司馬、秋官司寇、冬官司空五官，形成五府總於天官的格局。這樣的結構簡化了機構，有利於皇帝集權。六官只處理日常政務，朝廷大政的決策、審核等都由皇帝授意親信官員另行處理。不過這個制度存續時間很短，隋朝建立後就被捨棄了。

在中央官制中，御史臺是極少數在大亂世中保持不變的機構之一。南北朝時，御史臺的長官叫做御史中丞，負責監察百官。不管什麼時候，皇帝都很重視對官員的監察，便於自己集權。局勢越亂，矛盾越激化，皇帝越需要監察機構。所以，任憑其他衙門沉浮變換，御史臺都穩坐不移。

三

說完中央官制，再說說地方官制和軍制。

無論南北，地方官制都是州、郡、縣三級制。州是最高一級的地方行政區劃，行政長官為刺史，下設別駕、諸曹從事等。首都所在的州，刺史稱牧。郡的最高長官為太守，下面有郡丞、主簿等。首都所在郡的長官一般稱為尹，比如南朝建康所在的丹楊尹、北周長安所在的京兆尹。郡下為縣，大縣最高長官稱縣令、小縣稱縣長，下面有縣丞、縣尉等。縣下還有鄉和里。

南北朝的行政區劃和官制一樣混亂。行政區劃總的趨勢是：轄境日益縮小，數量大為增加。增加州縣，就能多安插人員。比如為了籠絡聚民自守的塢堡主，就地任命他們為當地的縣令、太守。有的時候則是為了防止強藩出現，朝廷將州縣越劃越小。比如南朝分荊州南部為湘州，拆交州為廣州、交州、寧州等。南朝還僑置州縣，產生了許多僑州、僑縣。北方則虛分州縣。北魏孝明帝以後，豪強、權貴、大族紛紛自立州郡，甚至連只有一百戶人家的小城，也稱為一州；三四個村子的地盤，也立為一郡。刺史、太守、縣令等為數眾多。北齊文宣帝的時候，下令縮減行政區劃，省去三個州、一百五十三個郡、五百八十九個縣。南朝也有類似的合併州縣的舉動，但成效不大。

　　南北朝官制混亂的另一個「重災區」是軍制。亂世重兵，軍隊規模擴大，軍官群體也日益壯大。軍銜自然「水漲船高」，總趨勢是越定越高、越任命越多。

　　秦漢時期，「將軍」名號是極寶貴、極罕見的，一般授予重要方面的主將、功勛卓著的宿將或者掌管大軍的權臣。絕大多數將領也就是「中郎將」、「校尉」等。從東漢亂世開始，「將軍」名號開始貶值，獲封將軍或者自封將軍的越來越多。到了南朝，將軍就泛濫成災了。劉宋因為戰爭頻繁，設定了許多將軍號，且突破了文武之分，高官要職紛紛兼帶將軍號。一些壓根不統兵的官職，也帶上了將軍號，只為提高地位而已。至於地方軍政首長，大多封將稱號。如果刺史或者太守，沒有得到將軍封號，就是「單車刺史」、「白板太守」，意思是沒有實權。這個現象，在南北朝各個政權中都存在。

　　劉宋將軍的尊卑高低，以「四征」（征東將軍、征西將軍、征南將軍、征北將軍）、「四鎮」（鎮東、鎮西、鎮南、鎮北）、「四安」、「四平」為序，最貴重者為征東將軍。特別尊貴的，則加「大」字，如某某大將軍，又在

一般將軍之上。而最大最貴的則是沒有具體名號的「大將軍」，不是授予元勛名臣，就是授予把持朝政的權臣。除此之外的其他將軍，比如漢朝、三國時期相當貴重的驃騎將軍、車騎將軍、左右前後四將軍等，又比如新出現的鎮國將軍、安國將軍、蕩寇將軍、鷹揚將軍、撫軍將軍等，都被稱為「雜號將軍」，不是授予一般的將領，就是作為官員的兼職。

南齊時期，「領軍將軍」、「中領軍」、「護軍將軍」、「中護軍」四個名號異軍突起，重於其他將軍。其中的原因就是他們統率京畿地區的中央軍，包括各支皇家衛隊和駐屯首都附近的正規軍。他們控制了皇宮和首都，且部隊裝備好、待遇好，優於其他軍隊，頗為其他將軍側目。南梁時期，軍銜更趨混亂。據統計，南梁的將軍號竟然有三百六十五個之多。

南北朝還有「以軍代政」的趨勢。大變亂時代，常常只有統兵的實權人物才能鎮撫地方。所以，各個政權也就任命將領們為地方藩鎮。這在戰時和戰後尤其明顯，往往是誰攻占了某地，就任命誰為太守、刺史。平時，各朝也以軍將為都督，督一郡數郡，或一州數州，同時兼任所在地的刺史或太守，治軍又領民。比如劉宋時沈攸之就曾擔任荊州刺史，都督荊、襄、雍、益、梁、寧、南北秦等八州諸軍事；陳霸先曾為揚南徐二州刺史，都督中外諸軍事。同時，有的將軍還加了「持節」的名號，像使節一樣擁有節杖，被稱為「持節將軍」。其中又有什麼奧妙呢？

名稱不同，權力不同。拿都督來說，「都督諸軍」為上，「監諸軍」為次，「督諸軍」為下。持節將軍以「使持節」為上，「持節」為次，「假節」為下。「持節」意味著有先斬後奏的權力，但使持節有權殺二千石以下的官員，持節有權殺平民，假節只能誅殺觸犯軍令的人。都督諸軍也好，持節也好，本質上也是臨時處置，不是正式官職，而是差遣，是「臨時工」。但因為有了差遣後位高權重，人人都爭著做這樣的「臨時工」。

南北朝歷史年表

四二〇年（宋永初元年）

劉裕廢晉恭帝自立，國號宋，史稱劉宋，劉裕就是宋武帝。南朝開始。

四二二年（宋永初三年，北魏泰常九年）

宋武帝劉裕病逝，太子劉義符繼位，是為宋少帝。

北魏南侵，奪取河南、山東部分地區。

四二三年（北魏泰常八年）

北魏拓跋燾登基，史稱太武帝。

太武帝信用道士寇謙之，於平城起天師道場，道教大盛。

北魏築長城，東西二千餘里，以防柔然。

四二四年（宋景平二年）

宋少帝被大臣們廢殺，劉義隆繼位，是為宋文帝。

四二六年（宋元嘉三年）

宋文帝誅殺權臣徐羨之、傅亮。謝晦據荊州造反，兵敗而死。

四二九年（北魏神廳二年）

太武帝拓跋燾大敗柔然。柔然人南附者數十萬人，餘部北遁。柔然元氣大傷。

四三〇年（宋元嘉七年）

劉宋北伐，失利而返。

四三一年（北魏神䴥四年）

大夏滅西秦，北魏攻夏，夏主赫連定西遷，為吐谷渾所俘送魏，夏亡。

四三六年（北魏太延二年）

北魏滅北燕。

四三九年（北魏太延五年）

太武帝拓跋燾滅北涼，北魏基本統一北方，十六國結束。北朝開始。

南北朝對峙局面形成。

四四四年（北魏太平真君五年）

太武帝下詔禁私養沙門、巫覡，不得私立學校。

四四五年（北魏太平真君六年）

北方蓋吳起義，反抗北魏的民族壓迫。

四四六年（北魏太平真君七年）

太武帝納崔浩言，禁佛教，毀經像、塔寺，坑殺僧人。

四四九年（北魏太平真君十年）

太武帝大破柔然，收人戶畜產百餘萬。柔然從此衰落。

四五〇年（宋元嘉二十七年，北魏太平真君十一年）

太武帝以修史「暴揚國惡」的罪名，殺司徒崔浩。

劉宋王朝幾乎傾盡全國之力發動元嘉北伐，計劃收復黃河以南失地，戰敗。

太武帝率大軍南進瓜步，揚言渡江，建康大震。魏軍到處燒殺，所過之處皆成赤地。

四五一年（宋元嘉二十八年）

正月，魏軍北撤，圍攻盱眙，宋將臧質堅守。盱眙保衛戰打響，魏軍戰敗。

四五二年（宋元嘉二十九年，北魏正平元年）

北魏中常侍宗愛殺太武帝。

宋文帝聞魏太武帝死，遣蕭思話等攻魏，無功而還。

四五三年（宋元嘉三十年）

太子劉劭殺宋文帝自立。劉駿起兵攻殺劉劭，被擁戴為孝武帝。

四五七年（宋大明元年）

南宋實行土斷，流寓之人編入當地戶籍。

四五九年（宋大明三年）

孝武帝與竟陵王劉誕相忌。劉誕在廣陵舉兵，孝武帝命沈慶之破城。劉誕被殺。

四六〇年（北魏和平元年）

柔然攻高昌，以闞伯周為高昌王，高昌稱王始於此。

雲岡石窟大約從本年起開鑿，至太和十八年（四九四年）完成。

四六二年（宋大明六年）

祖沖之奏上《大明曆》。祖沖之推算圓周率，在三點一四一五九二六與三點一四一五九二七之間，其圓周率之精密在世界上為最早。

四六四年（宋大明八年）

宋孝武帝死。太子劉子業即位，是為前廢帝。

四六五年（北魏和平六年，宋泰始元年）

魏獻文帝拓跋弘即位，年僅十二歲，丞相乙渾專權。

前廢帝殺戴法興，又殺劉義恭、柳元景、顏師伯等。朝野人人自危。江州刺史晉安王劉子勛起兵。湘東王劉彧等殺廢帝。湘東王即位，是為明帝，改元泰始。

四六六年（北魏天安元年）

馮太后臨朝稱制，立郡學，置博士、助教、生員。

四七一年（北魏皇興五年，宋泰始七年）

北魏獻文帝喜佛道，傳位於太子拓跋宏。拓跋宏即位，是為孝文帝。

四七二年（宋泰豫元年）

宋明帝死。太子劉昱即位，是為後廢帝。

四七六年（北魏延興六年）

北魏馮太后稱太皇太后，再次臨朝稱制。

四七七年（宋元徽五年）

後廢帝劉昱被殺，劉準繼位，是為宋順帝。蕭道成開始攬權。

四七九年（齊建元元年）

蕭道成迫宋順帝禪位，宋亡。蕭道成稱帝，國號齊，是為齊高帝。

四八二年（齊建元四年）

齊高帝死，太子蕭賾即位，是為齊武帝。

四八四年（北魏太和八年）

北魏開始施行「班祿」，每戶增調帛三匹、穀二斛九斗，以供百官之祿；另增調外帛二匹。給祿之後，官吏贓滿一匹者死。

四八五年（齊永明三年）

南方唐寓之暴動。

四八五年（北魏太和九年）

北魏頒行均田制。

四八六年（齊永明四年，北魏太和十年）

唐寓之攻占錢塘，稱帝，國號吳。

北魏改宗主督護為三長制。

四九三年（北魏太和十七年）

孝文帝藉口南征，率軍遷往洛陽。

四九四年（北魏太和十八年）

北魏朝廷正式從平城遷都洛陽。孝文帝詔禁士民胡服，開始大規模漢化。

洛陽龍門石窟約從本年起開鑿。

四九五年（北魏太和十九年）

北魏禁止在朝廷講鮮卑語；禁止遷洛代人還葬北方。

北魏在洛陽立國子、太學、四門、小學，推廣漢化教育。

四九六年（北魏太和二十年）

北魏定族姓，改皇室拓跋氏為元氏，其餘鮮卑諸姓均改為漢姓。鮮卑八姓與漢四大姓同等。

五○○年（齊永元二年）

雍州刺史蕭衍在襄陽起兵。

祖沖之死，生前首次把圓周率準確數值推算到小數點後七位數。

五○一年（齊永元三年）

齊南康王蕭寶融在江陵即位，是為齊和帝。

蕭衍攻入建康，東昏侯蕭寶卷被殺。

五○二年（梁天監元年）

蕭衍為梁公、梁王，殺齊明帝諸子。蕭衍推翻齊朝稱帝，國號梁，是為梁武帝。

五○三年（北魏景明四年）

北魏攻克淮河防線重鎮義陽。

五〇五年（梁天監四年）

十月，梁武帝任命臨川王蕭宏統領大軍北伐。第二年大敗而返。

五〇七年（梁天監六年）

魏軍圍攻鍾離，鍾離保衛戰爆發。梁軍大勝魏軍。

范縝發表〈神滅論〉。

五一五年（北魏延昌四年）

北魏孝明帝元詡立，胡太后臨朝稱制。

五一六年（梁天監十五年）

梁築浮山堰城，引淮水灌壽陽。秋，堰壞，沿淮城戍村落十餘萬口漂流入海。

五二〇年（北魏神龜三年）

元叉、劉騰發動政變，殺死清河王元懌，幽禁胡太后。

五二三年（北魏正光四年）

北魏懷荒鎮民起義。破六韓拔陵率沃野鎮兵民起義，殺鎮將。六鎮起義開始。

五二五年（北魏正光六年、南梁普通六年）

胡太后發動政變，誅殺元叉，重新掌權。

北魏徐州刺史元法僧以彭城投降南梁。梁軍北上，後因主帥蕭綜叛逃而大敗。

五二七年（梁普通八年）

梁武帝蕭衍在同泰寺出家為僧，三日後返回。此後二十年，蕭衍又三次出家，大臣用巨金贖回。

五二八年（北魏武泰元年）

胡太后毒殺元詡，並扶持小皇帝元釗。

爾朱榮以為元詡報仇為名起兵，殺胡太后及元釗，並在河陰屠戮文武百官，史稱「河陰之變」。

爾朱榮在鄴城大敗葛榮，降服百萬起義軍。葛榮遇害。

五二九年（梁中大通元年）

北魏北海王元顥在梁軍扶持下稱帝。梁軍一度攻克洛陽，旋即被爾朱榮大敗。元顥被殺。

五三〇年（北魏永安三年）

元子攸殺爾朱榮，爾朱榮餘黨攻陷洛陽，殺元子攸。

爾朱家族先擁立元曄為帝，後又逼元曄禪位給元恭。

五三一年（北魏普泰元年）

大將高歡起兵討爾朱氏，立元郎為帝。

五三二年（北魏普泰二年）

高歡廢元恭及元郎，立元修為帝，自為大丞相。元修就是孝武帝。

五三四年（北魏永熙三年）

高歡舉兵向洛陽，孝武帝奔關中，依附大將宇文泰。

高歡入洛陽，立元善見為帝，是為東魏孝靜帝，東魏遷都於鄴。

閏十二月，宇文泰毒殺孝武帝，立元寶炬為帝，是為西魏文帝，都長安。

北魏分裂為東西兩魏。

五三五年（西魏大統元年）

西魏丞相宇文泰定新制二十四條。蘇綽制定公文格式及計帳、戶籍之法。

五三七年（西魏大統三年）

宇文泰在沙苑大敗高歡，史稱「沙苑之戰」。

五三八年（西魏大統四年）

東魏與西魏在洛陽周邊大戰，史稱「河橋－邙山之戰」或者「河陰之戰」。

五四一年（西魏大統七年）

西魏宇文泰在蘇綽、盧辯等人相助下開始改革。

五四三年（西魏大統九年、東魏武定元年）

西魏與東魏在河橋、邙山地區再次大戰，史稱「邙山之戰」。

五四七年（東魏武定五年）

東魏高歡死，子高澄嗣位。孝靜帝被高澄幽禁。

侯景叛亂，試圖割據河南，同時「歸降」西魏和南梁。南梁出兵支援侯景，西魏出兵蠶食河南州縣。

楊衒之撰《洛陽伽藍記》。

五四八年（梁太清二年）

南方爆發侯景之亂。侯景於壽陽起兵反梁，渡江直入建康，圍臺城。

五四九年（梁太清三年）

侯景陷臺城，梁武帝蕭衍死，侯景立蕭綱為帝，是為簡文帝。

陳霸先在嶺南起兵，討伐侯景。

五五〇年（北齊天保元年，西魏大統十六年，南梁大寶元年）

高洋廢東魏孝靜帝，自立為帝，國號齊，都鄴，史稱北齊。高洋就是齊文宣帝。

西魏宇文泰創立府兵制。

湘東王蕭繹釋出檄文，討伐侯景

五五一年（梁大寶二年）

侯景廢簡文帝，立蕭棟，很快又廢棟自立，國號漢。

五五二年（梁承聖元年）

王僧辯、陳霸先克建康，侯景東逃。

蕭繹在江陵即位，是為梁元帝，向西魏稱臣。

五五三年（西魏廢帝二年）

西魏攻占益州。

五五四年（西魏恭帝元年）

西魏陷江陵，梁元帝蕭繹被殺。

五五五年（梁紹泰元年）

蕭詧在江陵稱帝，稱藩西魏，史稱後梁。這是西魏的傀儡政權，領土只有江陵附近幾個縣。

北齊強迫王僧辯在建康擁戴蕭淵明為帝。陳霸先起兵討伐，殺死王僧辯。蕭淵明退位。

陳霸先擁戴蕭方智登基，蕭方智就是梁敬帝。

五五六年（西魏恭帝三年，梁太平元年）

陳霸先大敗南侵的齊軍。

西魏仿《周禮》建六官。

宇文泰死，世子宇文覺嗣，姪宇文護統理軍國事。

歲末宇文護迫魏恭帝禪位給宇文覺，西魏亡。

五五七年（北周孝閔帝元年、梁太平二年）

宇文覺稱天王，是為孝閔帝，北周建國。

宇文護廢宇文覺，立宇文毓為天王，是為明帝。

陳霸先代梁稱帝，國號陳，是為陳武帝。

五五九年（陳永定三年、齊天保十年）

陳霸先病逝，姪子陳蒨繼位，是為陳文帝。

高洋病死，長子高殷繼位。

五六〇年（北周武成二年、北齊乾明元年）

宇文護廢明帝，立宇文邕為帝，是為周武帝。

高殷被廢為濟南王，叔叔高演即位，是為孝昭帝。

五六一年（北齊皇建二年）

高演病逝，傳位九弟高湛，是為武成帝。

五六四年（北齊河清三年）

北齊頒新律令，又重新頒布均田令。

五六五年（北齊河清四年）

高湛傳位於太子高緯，自為太上皇帝。高緯就是齊後主。

五六六年（陳天康元年）

陳文帝逝世，長子陳伯宗即位，是為廢帝。

五六八年（陳光大二年）

陳伯宗被廢為臨海王，叔叔陳頊即位，是為陳宣帝。

五七四年（北周建德三年）

周武帝宇文邕禁佛、道兩教，毀棄經像，強令和尚、道士還俗。

五七五年（北周建德四年）

北周大舉攻齊，因周武帝急病退兵。

五七六年（北周建德五年）

周武帝率兵再次攻齊，在平陽打垮齊軍主力。周軍攻破晉陽。

五七七年（北周建德六年）

周軍攻破北齊首都鄴城。北齊滅亡。

五七八年（北周建德七年）

周武帝死，太子宇文贇繼位，是為宣帝。

五七九年（北周大成元年）

周宣帝傳位於太子宇文闡，是為靜帝。

五八〇年（北周大象二年）

楊堅總國政，先後平定起兵反抗他的相州總管尉遲迥、鄖州總管司馬消難、益州總管王謙。

五八一年（隋開皇元年）

楊堅接受宇文闡禪位，建立隋朝，年號開皇。楊堅就是隋文帝。

隋軍伐陳，未能突破長江防線，於第二年撤回。

五八二年（陳太建十四年）

陳宣帝死，陳叔寶繼位，是為陳後主。

五八三年（隋開皇三年）

突厥大軍殺入長城以南劫掠，遭到隋軍反擊。

五八七年（隋開皇七年）

楊堅徵召西梁皇帝蕭琮入朝。西梁滅亡。

五八八年（隋開皇八年）

三月，隋文帝楊堅任命楊廣為主帥伐陳，統一戰爭開始。

五八九年（隋開皇十九年）

正月，隋軍攻破建康，陳叔寶投降。陳朝滅亡。

參考文獻

[01]　[唐] 李延壽：《南史》。

[02]　[北齊] 魏收：《魏書》。

[03]　[梁] 沈約：《宋書》。

[04]　[梁] 蕭子顯：《南齊書》。

[05]　[唐] 姚思廉：《梁書》。

[06]　[唐] 魏徵等：《隋書》。

[07]　程應鏐著：《南北朝史話》。

[08]　周一良、鄧廣銘等著：《中國歷史通覽》。

[09]　吳小如主編：《中國文化史綱要》。

[10]　沈起煒著：《細說兩晉南北朝》。

[11]　張程著：《禪讓》。

[12]　鄒紀萬著：《魏晉南北朝史》。

[13]　陳羨著：《悠悠南北朝─三國歸隋的統一路》。

[14]　吳小如主編：《中國文化史綱要》。

[15]　陳英：〈北魏孝文帝遷都洛陽及漢化心理剖析〉。

[16]　葛劍雄：〈蓋世英雄還是千古罪人─元（拓拔）宏及其遷都和漢化〉。

[17]　傅義漢：〈從太子詢被殺看北魏的遷都鬥爭〉。

[18]　陳爽：〈世家大族與北朝政治〉，載於《世家大族與北朝政治》。

[19]　陳爽：〈河陰之變考論〉，載於《中國社會科學院歷史研究所學刊》。

煙花與戎馬，南北朝的紛亂歲月：

從兩魏分裂到金陵漸衰

作　　　者：張程
發　行　人：黃振庭
出　版　者：崧燁文化事業有限公司
發　行　者：崧燁文化事業有限公司
E - m a i l：sonbookservice@gmail.
　　　　　　com
粉　絲　頁：https://www.facebook.
　　　　　　com/sonbookss/
網　　　址：https://sonbook.net/
地　　　址：台北市中正區重慶南路一段
　　　　　　61 號 8 樓
8F., No.61, Sec. 1, Chongqing S. Rd.,
Zhongzheng Dist., Taipei City 100, Taiwan

電　　　話：(02)2370-3310
傳　　　真：(02)2388-1990
印　　　刷：京峯數位服務有限公司
律 師 顧 問：廣華律師事務所 張珮琦律師

定　　　價：399 元
發 行 日 期：2024 年 06 月第一版
◎本書以 POD 印製
Design Assets from Freepik.com

國家圖書館出版品預行編目資料

煙花與戎馬，南北朝的紛亂歲月：
從兩魏分裂到金陵漸衰 / 張程 著 . --
第一版 . -- 臺北市：崧燁文化事業有
限公司 , 2024.06
面；　公分
POD 版
ISBN 978-626-394-397-1(平裝)
1.CST: 南北朝史
623.4　　113007802

電子書購買

爽讀 APP

臉書